"十三五"国家重点出版物出版规划项目

转型时代的中国财经战略论丛

我国区域经济增长差异的制度影响与实证研究

杨冬梅　万道侠　著

中国财经出版传媒集团

经济科学出版社
Economic Science Press

图书在版编目（CIP）数据

我国区域经济增长差异的制度影响与实证研究/杨冬梅，
万道侠著. —北京：经济科学出版社，2017.12
（转型时代的中国财经战略论丛）
ISBN 978 - 7 - 5141 - 8799 - 1

Ⅰ.①我…　Ⅱ.①杨…②万…　Ⅲ.①区域经济发展 -
区域差异 - 研究 - 中国　Ⅳ.①F127

中国版本图书馆 CIP 数据核字（2017）第 312340 号

责任编辑：于海汛　李一心
责任校对：隗立娜
责任印制：潘泽新

我国区域经济增长差异的制度影响与实证研究
杨冬梅　万道侠　著
经济科学出版社出版、发行　新华书店经销
社址：北京市海淀区阜成路甲 28 号　邮编：100142
总编部电话：010 - 88191217　发行部电话：010 - 88191522
网址：www. esp. com. cn
电子邮件：esp@ esp. com. cn
天猫网店：经济科学出版社旗舰店
网址：http://jjkxcbs. tmall. com
固安华明印业有限公司印装
710 × 1000　16 开　18. 75 印张　300000 字
2017 年 12 月第 1 版　2017 年 12 月第 1 次印刷
ISBN 978 - 7 - 5141 - 8799 - 1　定价：48. 00 元
（图书出现印装问题，本社负责调换。电话：010 - 88191510）
（版权所有　侵权必究　举报电话：010 - 88191586
电子邮箱：dbts@esp. com. cn）

总　序

《转型时代的中国财经战略论丛》（以下简称《论丛》）是山东财经大学"特色名校工程"建设的特色项目和重要成果，也是经济科学出版社与山东财经大学合作推出的系列学术专著出版计划的一部分，更是山东财经大学近年来致力于学术兴校战略一批青年学者在经济和管理研究方面的部分成果汇报。

山东财经大学是一所办学历史悠久、财经特色鲜明、综合实力突出，在国内外有一定影响的普通高等财经院校。学校于 2011 年由原山东经济学院和原山东财政学院合并组建而成。2012 年成功实现财政部、教育部、山东省人民政府三方共建。2013 年获得博士学位授予权，并入选山东省"省部共建人才培养特色名校立项建设单位"。山东财经大学还是中俄经济类大学联盟创始高校之一、中国财政发展 2011 协同创新中心和中国会计改革与发展 2011 协同创新理事单位。学校的发展为教师从事科学研究创造了良好环境和宽广平台。近年来，学校以建设全国一流财经特色名校为目标，深入实施"特色名校工程"，大力推进改革创新，学校发展平台拓宽，办学层次提高，综合实力增强，社会声誉提升，学校进入了内涵发展的新阶段。为推进"特色名校工程"建设，学校修订了科研成果认定和奖励制度，完善了科研评价与激励机制，同时实行"优秀青年人才特殊支持计划"和"青年教师境外研修计划"等，为青年教师脱颖而出和学术成长提供了政策保障。

随着经济全球化、区域一体化、文化多样化深入发展，新一轮科技革命和产业变革蓄势待发，我国经济发展进入新常态，但发展方式粗放、创新能力不强、资源环境约束加大等不平衡、不协调、不可持续问题依然突出，迫切需要更多依靠创新驱动谋求转型发展的出路。为了应对当今世界的深刻变革，我国启动了"双一流"建设，对财经学科发展提出了严峻挑战，同时又面临难得的机遇。作为以经管学科为主的财经类大学，如何坚持科研服务社会、服务人才培养的方向，主动适应实施创新驱动战略的要求，自觉对接国家和区域重大战略需求，充分发挥在经济和管理研究领域的优势，为国家和区域经济社会发展提供更大智力支持、培养更多高质量人才，一直是财经类大学更好履行使命的重要职责。《论丛》的出版，从某种程度上应和了这种趋势和需求，同时，展现了山东财经大学"特色名校工程"的建设成效和进展，对激励学者潜心研究、促进学术繁荣发展、加强对外学术交流和扩大学校社会影响具有重要推动作用。

作为山东财经大学从事财经教育和人文社科研究的青年学者，都要积极应对和研究时代赋予的重大命题，以求是创新的精神风貌，遵循科研规律，坚持教研相长，长于独立思考，善于团结协作，耐得住寂寞，放得下功利，才能不断推进学术创新，勇攀科学高峰，孕育无愧于时代的精品力作，努力成为社会科学创新的新生力量。

《论丛》的出版凝结了山东财经大学青年学者的心血和汗水，尽管可能存在一些不足，但是正如哲人所言"良好的开端就成功了一半"。相信只要青年学者们持之以恒，不辍耕耘，必能结出更加丰硕的成果。伴随着中国经济发展、改革和转型步伐的加快，我们期待着有更多更好的学术成果问世！真诚欢迎专家、同行和广大读者批评指正。

山东财经大学校长

2016 年 5 月 17 日

前　言

区域经济差异一直是区域经济学研究的核心问题之一，也是世界各国经济发展过程中要面对的一个普遍问题。中国作为最大的发展中国家，其复杂的区域经济发展差异格局不容忽视。自新制度经济学派将制度变革与经济增长紧密的联系起来之后，制度对区域经济增长的影响被国内外学者广泛关注。随着社会的进步和时间的推移，制度的影响将越来越大，制度的变革和创新将越来越多，因此，本书充分借鉴新制度经济学、经济增长理论、区域经济学和计量经济学的已有研究成果，密切结合我国经济体制转型的实际情况，采用多种主流和前沿的计量经济方法诠释制度因素是否是导致我国区域间差异的关键因素。

本书首先对区域经济增长差异理论及制度影响理论与研究方法进行系统梳理，基于新制度经济学派和新增长学派的思想，确定影响经济增长差异的制度因素，在理论分析的基础上提出制度的内生性和空间外溢性等假说，引领全文，后面的实证研究内容将对假说逐一检验。接下来，分上篇和下篇从两种视角对我国区域经济增长的差异与空间集聚特征、制度及传统影响要素的特性与关系、区域经济增长的制度驱动性等问题进行了实证分析。

上篇是基于截面数据模型的实证研究，分3章展开：一是度量改革开放以来我国各省（市区）之间的经济发展水平的绝对差距、相对差距、动态差异；二是采用包含制度变量的扩展索罗增长核算模型和三阶段 DEA 模型对我国区域生产效率进行要素分解，阐述制度因素在我国区域经济增长中的贡献差异；三是将聚类分析与方差分析结合应用，验证我国区域经济差异确实存在制度结构影响，通过协整分析判断何种制度要素差异决定区域经济差异以及变量之间的动态均衡关系，用分位数回归分析方法研究各制度要素对区域相对经济差异水平的边际效用及其细部特征描述。

研究表明，制度是我国经济增长的关键因素，并且在不同阶段制度安排、制度变迁及制度创新对经济增长具有不同的作用；制度创新通过影响资本配置效率、劳动配置效率、技术配置效率进而影响我国区域生产效率水平，并且在不同区域制度影响效果也不同，制度要素既是经济增长的主要动力，也是区域经济发展不平衡的主要原因。

下篇是基于空间计量模型的实证研究，分3章内容：一是利用空间探索性数据分析检验制度要素及传统要素的空间特性；二是构建模型并采用空间统计和计量分析相结合的方法对我国区域经济增长的收敛性进行分析；三是对制度要素与区域经济增长的关系采用动态面板模型对分类制度变量和制度变迁变量进行动力检验，采用空间计量模型验证制度要素对经济增长影响的空间外溢性并度量了包含空间效应的制度要素对经济增长的间接贡献。

实证研究表明，近三十年来我国经济增长存在条件收敛，制度要素相对于传统生产要素，不仅对区域经济增长的带动作用最大，而且对区域经济增长的收敛性驱动最明显。空间计量分析表明，制度要素与区域经济增长均存在显著空间外溢性，空间效应在研究制度要素与区域经济增长的关系中不容忽视，传统的计量分析忽视空间因素所得到的结果必然存在偏误；制度要素与传统的生产要素均存在内生性，资本与技术生产要素都能被制度变迁所解释，制度要素对区域经济增长的间接贡献是显著存在的，现有研究忽视其间接贡献得到的结果也必然低估了制度要素的作用。

最后，在总结前面部分定量分析结果的理论内涵和现实内涵的基础之上，提出促进我国区域经济协调发展的制度创新措施。

杨冬梅

2017 年 7 月

目　录

上篇　基于截面数据模型的实证研究

下篇 基于面板数据模型的实证研究

第1章 导 论

1.1 选题背景及研究意义

1.1.1 选题背景

近年来，随着我国经济的快速发展，我国经济发展的不平衡问题也显得愈加突出，省际区域经济差异也越来越大，如果任其发展，可能陷入严重的"马太效应"。它不但影响我国经济的健康持续发展，还有可能成为新的社会不安定因素的根源。因此，缩小区域差异成为政府工作目标，体现了人民的根本利益和长远利益，是凝聚人民意愿的国家战略意图，缩小地区差距已成为我国未来经济持续健康发展的一项重要任务。

区域经济差异指的是一个统一的国家内部，一些区域比另一些区域有更快的增长速度、更高的经济发展水平和更强的经济实力，致使空间上呈现出发达区域与不发达区域并存的格局，即区域经济发展不平衡。区域经济差异一直是区域经济学研究的核心问题之一，也是世界各国经济发展过程中要面对的一个普遍问题。自新制度经济学派将制度变革与经济增长紧密的联系起来之后，制度对区域经济增长的影响被国内外学者广泛关注。随着社会的进步和时间的推移，制度的影响将越来越大，制度的变革和创新将越来越多，因此，本书以我国区域经济差异的制度影响与实证研究为题，从制度因素对区域经济差异的重要性进行剖析。

　　制度经济学理论研究指出制度因素是造成经济发展差异的最根本的原因，但对制度因素的研究由于数据来源的限制往往停留在政策层面和数理模型阶段，难以进行定量实证研究，对制度因素重视不够。本书试图把制度作为一个重要变量，引入对中国区域经济差异问题的研究，用制度经济学的分析方法研究区域经济差异问题，用区域制度供给差异理论来分析我国区域经济发展不均衡的原因。

　　新古典经济增长理论学派认为经济增长的直接原因主要是技术进步、物质资本和人力资本投入，而将制度要素排除在经济增长模型之外。新制度学派则认为与其说经济增长的原因是资本积累、技术进步等因素，倒不如说这些因素是经济增长的结果，而制度是经济增长的根本原因（Grossman et al.，1991；North et al.，1973；North et al.，1989）。20世纪90年代以来，制度选择与区域经济发展的关系逐渐成为发展经济学及区域经济学的重要研究领域，依据新制度经济增长理论，许多专家学者对制度要素与区域经济增长之间的关系进行了大量的理论和计量研究。研究的焦点主要体现在以下方面：

　　一是有效制度分析。国外研究者通过构建制度决定论框架，对私有产权（Acemoglu and Johnson，2005）、市场运行（Frankel and Romer，1999）、不平等和社会冲突（Aghion，Caroli and Garcia - Pealosa，1999；Barro，2000）、金融制度（Aghion，Howitt and Mayer - Foulkes，2005）、宗教传统（Barro，2002，2003）、地理环境（Gallup，Sachs and Mellinger，1998；Sachs，2001）以及政府效率和腐败（Mauro，1995）等方面在经济增长中的有效性进行了论证分析。我国学者认为竞争和产权制度（刘小玄，2003）、市场化和经济体制改革（樊刚等，2003）、比较优势和发展战略（林毅夫等，2004，2006）、产权制度（李富强等，2008）对我国经济增长起着决定性影响。

　　二是包含制度要素的增长模型及其估计。自从新古典内生经济增长理论在AK模型（Romer，1986；Lucas，1988；Barro，1991）和R&D模型（Romer，1990；Aghion and Howitt，1992，Benhabib and Spiegel，1994）中将技术进步内生化以来，受此启发，纷纷使用包含制度变量的内生增长模型（Rodrik et al.，2004，潘慧峰，杨立岩，2006，李富强，董直庆，王林辉，2008），将制度作为内生变量纳入增长模型，常用的估计方法是工具变量法，其中工具变量的选择成为分歧的关键（Acemoglu et al.，Djankov et al.，2003）。随着空间计量经济学的发展，空间计量模型及估计方法被应用于我国区域经济增长问题的研究，多数的研究文献集中于经济增长的收敛性研究以及空间相关性（Ying，2000，2003；吴玉鸣，2006；潘文卿，2010；史修松，赵曙东，2011；韩兆洲等，2012），关于制度对区域经济增长影响的研究文献较少（袁立科，2010；杨友才；2010）。

三是制度要素的间接贡献问题。一些研究者认为这种选取制度指标并将拟合的制度变量引入经济增长模型的方法很可能会低估制度要素的作用，他们认为制度要素对经济增长还具有间接作用。安立仁、王艾青（2004）在其《中国制度变迁增长理论评述》中提到了此看法。李富强、董直庆、王林辉（2008）采用计量经济方法（OLS 和 GMM）估计了制度要素对物质资本和人力资本的显著作用，证明了制度要素对经济增长的间接动力。尽管已有学者关注了制度要素的间接贡献，但现有相关研究较少这也说明此问题还未被重视起来。

从现有的研究文献可以看出，影响区域经济增长的制度形式设定带有较大的随意性，也未能充分考虑要素投入之间空间上的关联性及区域经济增长的空间效应，使得从制度到经济增长的特殊机制难以密切地刻画，空间计量方法及空间统计方法的不断发展为这一领域的研究提供了新的思路。目前国内学者对我国区域经济增长的空间计量研究取得了很大进展，产生了不少具有开创意义的成果，但是大部分研究是在原有的经济增长模型中直接加入空间因素，并且主要集中于收敛性方面，尚未形成基于空间效应的制度要素与区域经济增长关系的完整研究框架和研究体系，本书的研究内容正是基于这一现状提出的。

1.1.2　研究意义

中国是通过渐进式改革成功建立市场经济体制的国家，中国改革开放三十多年来的实践为我们理解制度变迁在区域经济增长中的作用提供了不可多得的实证样本，正如陈宗胜教授所言"重要的不是数值本身，而是这些数值数列所反映出来的变动趋势。"本书使用更加科学合理的计量方法对影响我国区域经济差异的制度变量进行考量，并构造制度变迁的测度变量，定量分析制度因素对中国区域经济差异变动的影响，这无疑具有重大的理论和现实意义。

1. 理论意义

本书研究经济学界普遍存在的一个问题，即区域经济增长不平衡问题，在区域经济研究，特别是区域制度经济研究中，有一个问题始终没有达成共识，这就是制度在区域经济发展中充当了何种角色？本书研究证明，区域间的制度变迁进程差异以及由其带来的生产效率差异是造成中国地区间经济发展不平衡的重要因素，我国区域经济相对差异的扩大是由于城镇化进程、市场化改革、对外开放程度、金融化改革进程及政府管理改革等制度变量扩大引致的，这在一定意义上推动了区域经济差异理论的完善；制度对区域经济增长的直接和间接作用在理论上是一种具体细化，并且传统的计量经济模型忽略空间效应所得到的结果必然存在偏误，本书的研究是在考虑了地理空间层面上制度要素对区域经济增长的作用下加以解读，这是对该理论研究系统化的补充。

2. 研究方法意义

本书的实证研究采用了多种主流和前沿的计量经济方法，如用聚类分析与方差分析相结合的方法回答我国区域经济差异是否存在制度结构影响；用包含制度变量的扩展索罗（Solow）面板数据模型和三阶段DEA模型测算制度因素在我国区域经济增长中的贡献差异以增强结论的说服力；用分位数回归分析方法研究各制度要素对区域相对经济差异水平的边际效用及其细部特征描述。空间数据分析方法不仅有助于为增长理论寻求新的经验证据，而且促使区域经济学研究者从新的视角思考增长问题，借助新的研究方法，制度要素与经济增长的研究会更具加严谨和科学。研究方法具有较强的创新性，有些方法是在该方向研究中本书组首次实践，既拓展了现代计量经济方法的应用领域，同时也有助于丰富制度与区域经济差异关系的实证研究成果，为制度经济学和区域经济学理论研究提供了新的实证方法支持。

3. 现实意义

中国作为最大的发展中国家，其复杂的区域社会和经济发展差异格局不容忽视。三十多年的经济体制改革，整体经济水平有了长足的发展，同时也伴随着区域间经济发展水平的差异扩大，制度的空间分布存在显著差异是影响区域经济增长差异的关键因素，已是多数经济学研究者及政府管理者的共识。制度要素作为新经济增长理论中的又一影响因素，其在区域经济发展中发挥什么样的作用？地区间的经济增长是否存在着相互关联，经济增长在地区间是否存在溢出？在加入空间地理效应后，制度要素与经济增长的关系又将如何变化？这些都是我们需要解决的问题，探究我国制度差异与区域经济增长之间的影响，对于缩小地区经济差异，促进不同地区经济的协调发展无疑具有重要的现实意义。

从目前的研究成果来看，将新制度经济学的理论应用于中国区域经济发展差异研究还不够系统，分析方法不够精准、规范，而且2005年中国国家统计局对当年及此前的GDP做了重大修正，基于此前的中国GDP数据的研究结论可能是不准确的，有必要利用新的数据对中国区域经济发展差异的制度因素影响进行新的计量分析，这也是本书的意义所在。

1.2　研究方法与研究框架

1.2.1　研究方法

本书充分借鉴制度经济学、区域经济学、计量经济学和经济增长理论的已有研究成果，采取理论分析与实证研究相结合的研究方法对我国1978~2012年的区域经济发展差异作出全面的制度阐释。本书属于宏观管理与政策研究，是集理论研究、实证分析、政策研究的综合性研究。

在理论模型构建上，基于对国内外现有经济增长文献的研究，并运用新制度经济学、空间计量经济等理论和方法分析了经济增长中制度要素及空间要素的重要性，结合索罗经济增长模型和思路，将制度要素引入增长模型，运用数理方法分析不同要素的特性和经济增长关系，建立了包含资本外部性和制度空间外溢性的制度决定框架的空间计量经济模型，主要通过对经济增长模型作出符合中国转型经济特征的修正来丰富和发展制度因素在经济增长中作用的相关研究。

在实证分析中，本书首先建立经济体制改革以来全国分省市区的宏观经济运行和制度变迁数据集，然后采用计量经济方法和统计方法对我国区域经济发展差异进行制度阐释。其中统计方法包括因子分析、聚类分析及方差分析，计量经济方法包括索罗增长核算模型、随机前沿生产函数模型、协整分析、格兰杰（Granger）因果关系检验、分位数回归分析方法、贝叶斯向量自回归（BVAR）、面板数据模型及空间数据模型。在空间计量方法的应用中，依据中国省域面板数据进行变量的空间探索计量分析及空间计量建模，考察省域经济增长及影响要素的空间依赖性及空间异质性，利用空间扩展索罗模型检验省域经济增长的收敛性，采用考虑空间效应的空间截面数据回归模型和既考虑空间效应又兼顾时间尺度的空间面板数据模型研究制度因素对我国区域经济增长的不同影响形式。计量分析均遵循严格的实证研究范式：提出假说——构建模型——参数估计——模型检验——得出结论。

在制度创新设计中，首先对定量分析结论的经济内涵进行解读，根据各地区制度实施的进程变量表现提出政策建议，改善欠发达地区发展过程中的制度"瓶颈"。

1.2.2 研究框架

本书充分借鉴新制度经济学、经济增长理论、区域经济学和计量经济学的已有研究成果，密切结合我国经济体制转型的实际情况，采用多种主流和前沿的计量经济方法诠释制度因素是否是导致我国区域间差异的关键因素。首先，本书对区域经济增长差异理论及制度影响理论与研究方法进行研究，基于新制度经济学派和新增长学派的思想，确定影响经济增长差异的制度因素（城镇化、市场化程度、政府管制、对外开放程度、金融制度五大制度变量14个二级指标）、物质资本、人力资本和技术进步等理论因素，在理论分析的基础上提出制度的内生性和空间外溢性等假说，引领全文，后面的实证研究内容将对假说逐一检验。接下来，分上篇和下篇从两种视角对我国区域经济增长的差异与空间集聚特征、制度及传统影响要素的特性与关系、区域经济增长的制度驱动性等问题进行了实证分析。

上篇是基于截面数据模型的实证研究，分三章从以下方面展开计量研究：一是度量改革开放以来我国各省（市区）之间的经济发展水平的绝对差距、相对差距、动态差异；二是在扩展的索罗增长模型下，将制度因素作为内生变量引入增长回归模型，采用面板数据分析方法估计增长回归模型，验证制度因素是导致我国区域经济发展不平衡的关键因素；三是利用三阶段 DEA 模型基于制度环境的视角，对我国区域生产效率进行准确测度，并考察制度环境变量对资本、劳动与技术配置效率的影响；四是聚类分析与方差分析结合应用，验证我国区域经济差异确实存在制度结构影响；五是采用协整分析判断何种制度要素差异决定区域经济差异以及变量之间的动态均衡关系；六是用分位数回归分析方法研究各制度要素对区域相对经济差异水平的边际效用及其细部特征描述。

下篇是基于空间计量模型的实证研究，分四章内容。首先，对影响经济增长的制度因素（城镇化、市场化程度、政府管制、对外开放程度、金融制度五大制度变量）、物质资本、人力资本和技术进步等理论因素，利用空间探索性数据分析检验制度要素及传统要素的空间特性；其次，构建模型并采用空间统计和计量分析相结合的方法对我国区域经济增长的收敛性进行分析；再次，对制度要素与区域经济增长的关系采用动态面板模型对分类制度变量和制度变迁变量进行动力检验，采用空间计量模型验证制度要素对经济增长的影响的空间外溢性；最后，为弥补现有研究不足，文章还实证研究了包含空间效应的制度要素对经济增长的间接贡献。

本书的研究框架可以用图 1 - 1 来进行概括，具体的内容通过 10 个章节进行相应的研究分析。

8

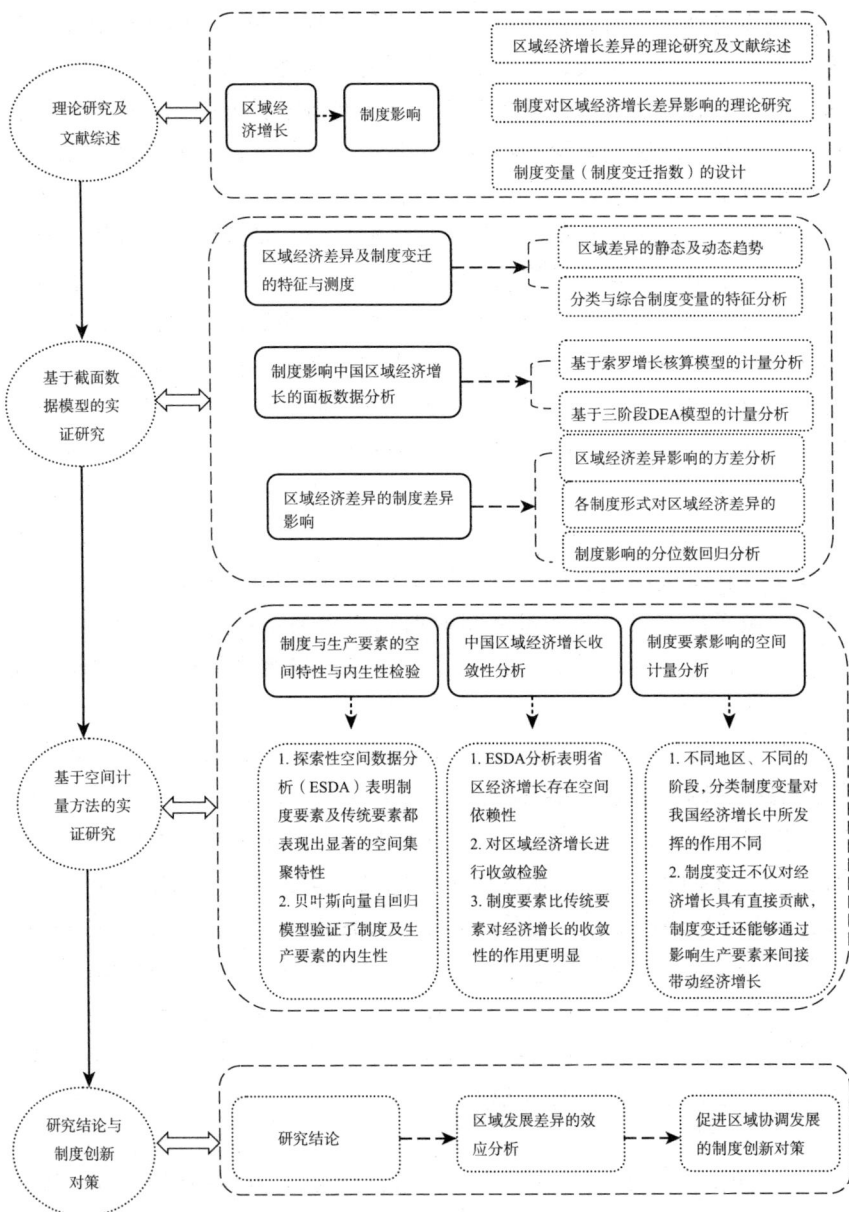

图1-1 研究的技术路线图

1.3　研究内容及创新点

1.3.1　主要研究内容

本书共分 10 章内容。第 1 章～第 3 章为理论阐释、文献综述及制度变量的设计。实证部分分为上、下两篇，上篇是基于截面数据模型的实证研究，包括第 4 章～第 6 章，下篇是基于空间计量方法的实证研究，包括第 7 章～第 9 章。第 10 章是研究结论与制度创新对策。

第 1 章明确了本著作的研究背景、选题意义、研究方法、研究框架与研究内容。

第 2 章梳理了国内外区域经济增长及区域经济差异理论的主要观点及代表人物，对经济增长理论模型及其扩展、发展路径进行归纳，分析了影响区域经济差异的因素。有关区域经济增长差异性研究，大多数学者的研究结果指出，我国的经济增长在省与省之间呈现出一定的非均衡增长，部分省市的经济发展存在一定的收敛性。

第 3 章对制度影响理论以及制度差异对区域经济差异的影响机理进行系统梳理，对制度变迁模型以及新制度经济学方法论进行归纳，为制度变量的构建及计量方法的选择奠定基础。首先，对制度及制度变迁概念进行明晰，分析影响区域经济差异的因素；其次，阐述区域经济发展差异中制度因素作用的相关文献，从理论上分析制度差异对区域经济差异的影响机理，归纳制度变迁理论和制度变迁模型以及新制度经济学方法论综述；最后，在深刻理解制度理论的内涵及中国经济体制改革历史进程的基础上，主要着眼于各地区在时间维度上的相对进步和与其他地区相比的相对进程，从城镇化改革进程、政府职能转变、推动企业的市场化进程、提高经济的开放程度、金融改革进程五个方面构建制度变迁指数，为本书后续的计量研究提供明晰的制度理论支持。

第 4 章对中国各地区之间经济发展差距演变过程进行定量测度和趋势分析。首先，采用极差、标准差、极差率、变异系数、基尼系数和经济区位熵等测度指标，用面板数据分别测度改革开放以来各地区之间的绝对差距和相对差距,并对我国的总体差距进行静态与动态的比较分析。其次,在深刻理解制度理论的内涵及中国经济体制改革历史进程的基础上,基于制度变量—制度变迁指数,使用因子分析方法在尽可能保留原有数据所含信息的前提下实现对统计数据的简化,并对中国经济体制改革过程中各省市制度变量在时间维度上的相对差异做定量测度。根据以往的研究应用情况及指数的数据特征看,测度的指标能较好地描绘中国区域经济差异及经济体制的市场化改革进程。

第5章在总结国内外专家研究成果的基础上,根据已有的数据资料结合2005年国家统计局对当年及此前的GDP作的重大修正整理出新的面板数据,采用包含制度变量的扩展索罗增长核算模型和三阶段DEA模型对1978~2012年间中国区域生产效率进行要素分解,并考察中国区域经济增长差异的根本原因,对结果做比较分析,阐述制度因素在我国区域经济增长的贡献差异。

第6章用方差分析检验类别间经济差异相对于类内省区间的经济差异是否显著,如果制度设计相异的区域相对于制度设计相似的区域存在更显著的经济差异,说制度结构不同确实影响区域经济差异;根据协整分析与格兰杰因果关系检验,判断何种制度要素差异决定区域经济差异,各制度形式的政策倾斜程度不同是否会拉大区域经济差异;对各省区经济发展水平进行分位数回归分析,不但可以研究制度要素对区域经济差异水平的边际效用,而且可以分析制度变量在9个十分位点上对相对经济发展水平边际效应的变化规律和细部特征,观察不同制度指标变化导致不同区域经济增长变动的程度。

第7章利用探索性空间数据分析方法(ESDA)对制度变迁及各生产要素的空间特性进行统计分析,研究制度变迁及生产要素是否存在空间集聚或空间依赖。最后,综合利用现代计量方法,如协整检验、格兰杰因果关系检验及贝叶斯(Bayes)向量自回归模型等方法对制度及传统生产要素的内生性进行检验,验证制度变量、人力资本和技术进步等变量的内生性假说。

第8章通过改革开放以来的区域经济数据,采用统计方法综合描述了区域经济差异状况,研究我国区域经济增长的现状及不平衡性;采用探索性空间数据分析,从对不同发展阶段的中国省域经济的扩散效应进行空间相关性分析,研究区域经济的空间及局部的空间集聚特性,验证省域经济增长的空间依赖性假设；结合收敛、绝对和条件 β 收敛进一步分析区域经济增长的收敛性，并分析区域经济收敛性的成因。

第 9 章利用动态面板数据模型对制度要素对经济增长的总体贡献进行估计；利用考虑空间效应的空间计量经济模型估计制度变迁对区域经济增长的真实贡献，对比研究结果，确定各制度变量适用的数据分析模型，证实在经济变量存在空间外溢性时相应的空间计量模型估计更优；弥补现有研究不足，实证分析了制度变迁对区域经济增长的间接贡献。

第 10 章为研究结论与制度创新。在总结前面定量分析结果的理论内涵和现实内涵的基础之上，提出促进我国区域经济协调发展的制度创新措施。

1.3.2　本书创新点

本书的创新点主要体现在将地理空间因素加入到现有的经济增长模型，在此基础上采用空间计量经济模型定量的测度制度变迁对区域经济增长的直接贡献和间接贡献，创新点主要体现在以下方面：

第一，一个有效的制度分析。本书选取了能够代表中国经济体制重要变革的五大经济制度改革作为制度变迁变量，与传统的选取静态的制度变量相比具有一定的创新性。其中包括城镇化、市场化、对外开放、政府管理以及金融化 5 个方面，包含 14 个二级指标，搜集了 1978 ~ 2012 年中国 31 个省市区的样本数据，对分类制度变迁和综合制度变迁变量分别进行测度和描述。

第二，一套前沿的实证方法。本书运用空间统计分析和空间计量经济模型相结合的方法展开研究，运用 ESDA 方法分析制度变迁与区域经济增长的空间自相关性，继而考虑空间地理效应的影响，运用空间计量经济模型来分析制度变迁对区域经济增长的贡献。本书先后运用了传统静态面板数据模型和动态面板数据模型，空间截面数据回归模型和空间面板数据模型进行实证估计并比较，证明传统的计量经济方法因忽视空间效应的影响其估计结果必然存在偏误。

第三，一个完备的研究内容。本书不仅研究了制度变迁对区域经济增长的直接贡献，还用规范实证分析方法证明了制度变迁对区域经济增长存在间接贡献，这种内容上系统的研究是本书的创新点之一。需要说明的是，现有研究存在对制度变迁的间接贡献和空间地理效应方面的忽视，对这两个问题的单独研究已存在，但将二者同时考虑在研究范围内本书还属于首次，这也是本书的一大创新点。

第2章 区域经济增长差异的
理论研究及文献综述

本章总结了国内外区域经济增长及区域经济差异理论的主要观点及代表人物,对经济增长理论模型及其扩展、发展路径进行归纳,分析了影响区域经济差异的因素。有关区域经济增长差异性研究,大多数学者的研究结果指出,我国的经济增长在省与省之间呈现出一定的非均衡增长,部分省市的经济发展存在一定的收敛性。

2.1 区域经济增长差异理论

2.1.1 区域经济增长理论

长期以来,经济增长一直是经济理论界学者热切探讨的问题,之后现代经济增长理论的研究大致可以分为以下四类。

1. 古典经济增长理论

古典经济增长理论的主要领军人物是亚当·斯密(Adam Smith)和大卫·李嘉图(David Ricardo)。亚当·斯密(1776)在其代表作《国富论》中表示,经济增长是与资本积累、劳动分工以及技术进步密切相关的,而且,资本积累也是另外两个变量的决定因素。李嘉图(1817)在斯密的理论基础上研究发现,在不同的国家中,地租的变化和财富增长的变化成反比。他创造性地将收入分配加入到经济增长中来,认为收入分配的合理性是经济能否稳定增长的决定性因素。而收入分配也是资本的积累过程，他同样认为经济增长是资本积累的结果。古典经济增长理论主要阐明了物质资本在经济增长中的重要作用，无论是资本的存量规模还是资本的积累速度都会对经济发展带来一定程度上的影响。

2. 新古典增长理论

新古典增长理论以索罗和斯旺（Swan）的理论为主要代表，他们认为，除了资本的影响之外，经济增长还与劳动力以及技术进步有关。他们设定的模型假定除了资本、劳动和知识之外，其他的自然资源等相对来说可以忽略不计。另外，这个模型还认为只有资本是内生的，劳动要素和知识要素被认为是外生的，当达到均衡状态时，人均资本增长为零。从这个模型中归纳出两条结论：①平衡增长路径假说。无论经济最初发展处于何种阶段，经过一段时间的发展后最终都会收敛至平衡态，我们称之为平衡增长路径。此时，在经济发展中的各个要素都会以一定的常数率增长。②绝对收敛假说。由于经济增长最终会回归于收敛的平衡增长路径，若假使两个经济模型中模型具有相同的参数和结构，则这两个经济模型最终收敛的增长路径会是同样的。

3. 新经济增长理论

对经济增长的研究曾有过一段长达 20 年的"空白期"，直到 20 世纪 80 年代中期，以经济学家保罗·罗默（Paul Romer）和罗伯特·卢卡斯（Robert Lucas）为主要理论创始者的"新经济增长理论"再一次激发了全世界学者对经济增长理论研究的热情。新经济增长理论在原有的新古典增长理论模型的基础上，将原有的要素劳动力的概念扩展至人力资本投资，简称"人力资本"，包括一个国家的绝对劳动力总量、所拥有的平均技术水平、教育水平以及技能培养等，并且认为人力资本是经济增长模型的内生要素。在此基础上，美国经济学家保罗·罗默（1990）创造性地将技术进步作为内生变量涵盖在经济增长模型中，使得新经济增长理论推动经济增长理论又向前迈进了一步。新经济增长理论不仅仅在原有经济理论的基础上增加了两个内生变量，且不同于原有的经济理论的要素收益不变或递减的假定，认为要素收益递增，解释了经济长期增长的基础动力。

4. 制度变迁理论

根据之前的经济增长理论的研究，在经济增长模型中，没有考虑制度因素，把除了生产要素因素以外的其他变化归结为自然状态下的变化。但是制度决定了一国的经济发展背景，经济的增长是离不开制度这一变量的，故新制度经济学家们在原有的经济增长理论的基础上，增加了制度这一变量，并且提出全新的观点，认为"制度是经济长期增长的决定性因素。"在一个不断发展变化的经济系统中，当某种外在性的变化传导至经济系统，就会促使现有的成本——收益结构发生改变。收入的变化会与现有的制度不相匹配——即现有的制度无法满足这种收入的实际变化，因此，必须改变现有的制度，通过新的制度来满足收入流的变化。这就是以诺斯（North）为代表的新制度经济学家的观点核心——制度变迁决定了有效的经济增长。制度就是现实生活中的一些规则，使经济活动中的潜在收益成为实际收益，促进经济增长。而经济系统的改变也会使得现有的制度发生变化，根据经济发展状况制定相匹配的制度。

杨瑞龙（1998）研究了在中国经济发展过程中地方政府在整个中国制度变迁大环境下的制度改良和创新性。其后，黄少安（1999）以杨瑞龙的研究为基础，创造性地提出并检验分析了三个关于制度变迁方面新的理论假说，并从理论上分析了中国制度变迁过程中的制度结构与经济结构关系的问题，对中国产权制度变革做出了适当解释。安立仁、王艾青（2004）对中国制度变迁增长理论研究进行了较为详尽的评述，指出中国改革开放以来从计划经济体制到市场经济体制的过程，这其中经济体制的转变就是所谓的制度的变迁。因而他们认为制度变迁对经济增长有一定的影响力，制度变迁是中国经济增长中不能忽视的一个重要部分。陈华（2012）从定性和定量分析的角度，认为以市场化改革为主的一系列制度变迁对经济增长的作用在空间上是显著的，且市场化程度从东部沿海较高的区域向内陆中、东北、西部逐步减小，反映经济发展水平的也呈现出相同的空间分布特征。他们的研究结果解释了中国制度变迁对经济增长的作用。

2.1.2　区域经济差异的理论研究

在西方区域经济理论的研究中，有不少关于区域经济增长与发展的理论学说（Armstrong and Taylor，1993），有关中国区域经济增长与发展差异的研究很大程度上受这些理论思想的引导，为我国区域经济增长的研究提供了依据，区域经济增长理论主要研究区域经济增长的差异及变动规律，本书拟从内容划分的角度对区域经济增长理论按照区域均衡增长理论与非均衡增长理论分别进行梳理。

1. 区域均衡增长理论

区域均衡增长理论认为区域经济增长取决于资本、劳动力和技术3个要素的投入状况，而各个要素的报酬取决于其边际生产力。在自由市场竞争机制下，生产要素为实现其最高边际报酬率而流动。在市场经济条件下，资本、劳动力与技术等生产要素的自由流动，将导致区域发展的均衡。因此，尽管各区域存在着要素禀赋和发展程度的差异，由于劳动力总是从低工资的欠发达地区向高工资的发达地区流动，以取得更多的劳动报酬。同理，资本从高工资的发达地区向低工资的欠发达地区流动，以取得更多的资本收益。要素的自由流动，最后将导致各要素收益平均化，从而达到各地区经济平衡增长的结果。

（1）赖宾斯坦的临界最小努力命题论：主张发展中国家应努力使经济达到一定水平，冲破低水平均衡状态，以取得长期的持续增长。不发达经济中，人均收入提高或下降的刺激力量并存，如果经济发展的努力达不到一定水平，提高人均收入的刺激小于临界最小规模，那就不能克服发展障碍，冲破低水平均衡状态。为使一国经济取得长期持续增长，就必须在一定时期受到大于临界最小规模的增长刺激。

（2）纳尔森的低水平陷阱论：以马尔萨斯（Malthus）理论为基础，阐述发展中国家存在低水平人均收入反复轮回的现象。不发达经济的痼疾表现为人均实际收入处于仅够糊口或接近于维持生命的低水平均衡状态；很低的居民收入使储蓄和投资受到极大限制；如果以提高国民收入来促进储蓄和投资，通常会导致人口增长，从而又将人均收入推回到低水平均衡状态中，这是不发达经济难以逾越的一个陷阱。在外界条件不变的情况下，要走出陷阱，就必须使人均收入增长率超过人口增长率。

（3）罗森斯坦－罗丹的大推进论：主张发展中国家在投资上以一定的速度和规模持续作用于各产业，从而冲破其发展的"瓶颈"。此论在发展中国家较有市场，原因在于它的三个"不可分性"的理论基础即社会分摊资本的不可分性、需求的不可分性、储蓄供给的不可分性以及外部经济效果具有更能说服人的证据。

（4）纳克斯的贫困恶性循环论和平衡增长理论：资本缺乏是阻碍不发达国家经济增长和发展的关键因素，是由投资吸引力不足和储蓄能力太弱造成的，而这两个问题的产生又是由于资本供给和需求两方面都存在恶性循环，但贫困恶性循环并非一成不变，平衡增长可以摆脱恶性循环，并且是扩大市场容量和造成投资吸引力的一种方法。

上述理论应用在区域经济中就形成了区域均衡发展理论，它不仅强调部门或产业间的平衡发展、同步发展，而且强调区域间或区域内部的平衡（同步）发展，即空间的均衡化。认为随着生产要素的区际流动，各区域的经济发展水平将趋于收敛（平衡），因此主张在区域内均衡布局生产力，空间上均衡投资，各产业均衡发展，齐头并进，最终实现区域经济的均衡发展。均衡发展理论的出发点是为了促进产业协调发展和缩小地区发展差异。但是一般区域通常不具备平衡发展的条件，欠发达区域不可能拥有推动所有产业同时发展的雄厚资金，如果少量资金分散投放到所有产业，则区域内优势产业的投资得不到保证，不能获得好的效益，其他产业也不可能发展起来。即使发达区域也由于其所处区位以及拥有的资源、产业基础、技术水平、劳动力等经济发展条件不同，不同产业的投资会产生不同的效率，因而也需要优先保证具有比较优势的产业的投资，而不可能兼顾到各个产业的投资。所以均衡发展理论在实际应用中缺乏可操作性。

2. 区域非均衡增长理论

该理论认为不发达地区存在着生产与消费的低水平均衡状态。由于经济落后地区的资本有限，不可能大规模地投向所有部门，要实现这些地区的经济增长，就只能集中资本投入到几类有带动性的部门，通过有带动性部门的经济优先发展，促使整个区域的经济得到增长。按发展阶段的适用性，非均衡发展理论大体可分为两类：一类是无时间变量的，主要包括循环累积因果论、不平衡增长论与产业关联论、增长极理论、中心—外围理论、梯度转移理论等；另一类是有时间变量的，主要以倒"U"型理论为代表。

（1）累积因果理论：瑞典经济学家缪尔达尔（Myrdal）在《经济

理论和不发达地区》中抛弃了传统的静态均衡分析，针对增长极理论的某些缺陷，运用动态和结构的方法提出了循环累积因果理论，是较早阐述经济不平衡发展原因的区域发展理论。该理论表明，经济发展过程在空间上并不是同时产生和均匀扩散的，而是从一些条件较好的地区开始，一旦这些区域由于初始的优势而比其他区域超前发展，则由于既得优势，这些区域就通过积累因果过程还会继续超前发展，从而进一步强化和加剧区域间的不平衡发展，导致增长区域与滞后区域之间的空间相互作用，由此产生两种相反的效应：一是回流效应，表现为资本、劳动力、技术等要素由于收益差异而导致由外围向中心的流动，造成外围地区的经济衰退，使区域差距不断扩大；二是扩散效应，当经济发展到较高水平时，表现为资本、劳动力、技术等要素由中心向外围流动，使区域不平衡的差距得到缩小，并促进和带动外围地区的经济发展。基于上述观点，缪尔达尔提出由政府干预，采用不平衡发展战略的主张。

（2）不平衡发展理论：艾尔伯特·赫希曼（Albert Otto Hirschman）于 1958 年提出不平衡增长理论：经济进步并不同时出现在每一处，经济进步的巨大推动力将使经济增长围绕最初的出发点集中，增长极的出现必然意味着增长在区域间的不平等是经济增长不可避免的伴生物，是经济发展的前提条件。他提出了回流效应和扩散效应，以及相对应的极化效应和涓滴效应。该理论认为在区域经济发展的初期阶段，极化效应占主导作用，区域经济差异将不断扩大，随着区域经济的发展将会产生涓滴效应。从而将会缩小差距的继续扩大。

（3）增长极理论：郎索瓦·佩鲁（Francois Perroux）及其追随者法国经济学家布代维尔（Boudeville）提出了与古典经济学家的均衡观点相反的观点，即增长极理论。他们认为，非均衡增长的必然性来自少数地区对其他地区的支配效应，所谓支配效应是指少数经济单位通过不对称的和不可逆或部分不可逆的效应控制着其他经济单位的现象。支配效应的主要决定因素是创新能力在地区间的差异。规模、交易能力和经营性质的差别决定了各个地区的创新能力不同。处于支配地位的地区对整个经济具有推动作用。一个支配性的地区产生外部经济的能力越大，其推动效应越强。由于创新、支配和推动等活动的出现、强化和消失，经济增长可以视为一个由一系列不平衡机制构成的过程。增长极概念有两种含义：一是在经济意义上特指推进型主导产业部门；二是地理意义上特指区位条件优越的地区。应指出的是，点—轴开发理论可看作是增长极和生长轴理论的延伸，它不仅强调"点"（城市或优区位地区）的开发，而且强调"轴"（点与点之间的交通干线）的开发，以点带轴，点轴贯通，形成点轴系统。

（4）中心—外围理论：20 世纪 60 年代，米尔顿·弗里德曼（Milton Friedman）将中心—外围理论的概念引入区域经济学，此理论主要是阐明发达国家与落后国家间的"核心—边缘"不平等体系及其发展模式与政策主张。他认为，任何国家的区域系统，都是由中心（发达地区）和外围（落后地区）两个子空间系统组成的。当某些区域的空间聚集形成累积发展之势时，就会获得比其外围地区强大得多的经济竞争优势，形成区域经济体系中的中心。外围相对于中心，处于依附地位而缺乏经济自主，从而出现了空间二元结构，并随时间推移而不断强化。不过，政府的作用和区际人口的迁移将影响要素的流向，即最终区域经济的持续增长，将推动空间经济逐渐向一体化方向发展。中心与外围的界限会逐步模糊最终消失。该理论对制定区域发展政策具有指导意义，既要强化市场对资源配置的基础性作用，促进资源优化配置；又要充分发挥政府在弥补市场不足方面的作用，以促进区域经济协调发展。赫希曼在 1958 年也提出与"核心—边缘"理论类似的观点。

（5）雁行原理和梯度理论：雁行原理是根据第二次世界大战后东亚经济转移的态势提升而成。其要点是，处在不同经济发展阶段的国家和地区，通过国际贸易、技术转移、资金流通，形成类似大雁飞行的追踪形态。追踪的顺序是从消费资料到生产资料，从轻工业产品到重工业产品，再到高技术产品。雁行原理与梯度理论是相互补充的。梯度理论的基础是适应理论，以产品寿命周期理论为基础。该理论认为经济发展步骤不可超越，而应该适应发展中国家薄弱的基础，首先采用中间技术，甚至发展传统技术，再逐渐过渡到先进技术。由于不同地区的经济基础存在差异，客观上出现先进技术地带、中间技术地带和传统技术地带，形成不同的梯度。不同的梯度间有技术和经济的转移关系。处在高梯度的地区要预防经济结构老化，要不断创新，建立新行业、新企业、创造新产品，保持技术上的领先地位。处在低梯度的地区，经济发展首先占有较大优势的初级产业、劳动密集型产业，尽快接过那些从高梯度地区淘汰或外溢出来的产业，发展地区经济，并尽可能争取外援，从最低的梯度向上攀登。

雁行原理和梯度理论把一个国家和一个区域看做是均质的。有人把梯度理论比喻成卷地毯，一点一点往里卷，最后席卷全区，席卷全国，实现全面发展。实际上均质的区域是不存在的。每一个区域都有内部差异，区域开发不可能像卷地毯那样往前推进。发展区域，首先要建设好据点，建设好中心城镇（跳跃式分布），通过中心城镇带动全区。我国幅员辽阔，经济发展不平衡。按照雁行原理和梯度理论，我国并不是一列均质的雁列，内部存在梯度。在我国东部、中部和西部之间，存在着产业转移关系。东部有条件首先掌握国际上先进的生产技术和管理技术，先发展起来，通过经济与技术的扩散和转移，逐步向中部和西部推移。

（6）倒"U"型理论：美国经济学家杰弗里·威廉姆森（Jeffrey Williamson）在更大的样本和时间序列得到的数据基础上发现"全国的发展水平和地区差距间存在着一种非偶然的关系"，即地区差异与国民经济增长的关系呈倒"U"型。也就是说，地区差距在初始阶段会扩大，而随着经济的发展逐步缩小到经济发展水平到达转折点以后，进一步的发展则必须以区域差距缩小为前提。中国经济学家比较认同这一理论。这些经济学家认为，由于中国仍处于经济发展的初级阶段，还没有到达倒"U"型曲线的顶峰，因此应当集中力量加快提高国民经济的整体水平，而不是花力气缩小地区差距，按照倒"U"型理论，区域经济发展水平空间差异有三个阶段：①差异扩大阶段；②差异相持阶段；③差异缩小阶段。工业化以前，经济发展水平的空间差距不大。到处都依靠体力劳动和手工操作，差距主要由自然环境引起。进入工业化后，空间差距开始扩大。一个国家、一个地区，不可能同时进入工业化。先进入工业化的地方经济急速增长，没有进入工业化的地区仍在原地踏步。进入后工业化阶段，区际差异开始缩小。

综观上述两类非均衡发展理论，其共同的特点是：二元经济条件下的区域经济发展轨迹必然是非均衡的，但随着发展水平的提高，二元经济必然会向更高层次的一元经济即区域经济一体化过渡。其区别主要在于：它们分别从不同的角度来论述均衡与增长的替代关系，因而各有适用范围。在关于增长是否不论所处发展阶段如何都存在对非均衡的依赖性问题上，这两类理论之间是相互冲突的。增长极理论、不平衡增长论和梯度转移理论倾向于认为无论处在经济发展的哪个阶段，进一步的增长总要求打破原有的均衡。而倒"U"型理论则强调经济发展程度较高时期增长对均衡的依赖。

2.2　中国区域经济增长差异研究综述

中国区域经济差异的研究追溯到 20 世纪 90 年代后，新中国成立后至改革开放前这段时期，多数研究认为，中国区域发展是以牺牲效率为代价，区域差异稍有缩小。改革开放后，中国区域发展理念、战略和政策发生很大变化。"七五"开始实施的促进沿海地区优先发展的宏观区域战略，在使我国综合国力大大增强的同时，导致东中西地带性差距在80 年代后期和 90 年代初期急剧扩大。城乡间、区域间和社会各阶层间的差异越来越大，引起专家、学者的高度重视和关注，以往学者对区域经济差异进行了大量研究，分析了差异的现状、变动趋势、成因，提出了许多缩小差异的对策和措施。对于区域经济增长差异的研究无外乎以下几个基本问题：区域的划分、指标的选取、差异测度方法、区域经济的均衡性及原因的分析。本书对我国区域经济差异的研究综述将按照这六个方面一一展开。

2.2.1　我国区域经济差异的区域划分研究

从区域划分来看，大多数学者进行的是东、中、西三大地带的差异研究和 30 个省市区或 27 个省区的省域差异研究。杨大利（1995）采用县级农村经济的统计资料研究中国省内地区差异的变迁，发现 1985～1990 年期间，大多数省份的省内经济差异在进一步扩大。林凌（1996）在东南沿海内部、新兴工业地区（东南沿海）与老工业地区（天津、辽宁）、东西部三个空间层面上，通过 GDP 增长在空间上的分布和人均GDP 两个指标的比较描述，发现东南沿海省内差距呈扩大之势。老工业区 GDP 增长速度低于新兴工业区，东西部差距进一步扩大。万广华（1998）从农民总纯收入的结构分析中发现，1984～1996 年中国农村区域间收入差异是呈上升趋势的。比约恩（Bjorn，2001）等选取 10 个省份研究 1988～1995 年期间城市收入差异和相关收入变化情况，发现在这些样本城市中收入差距急剧扩大。然而，宋学明（1998）的研究却认为中国地区间的人均收入从 1978～1992 年呈现的是收敛性。从这些研究中，我们可以知道，改革开放初到 20 世纪 90 年代中期这一时间段上，我国区域经济发展从不同的空间尺度（城市与农村、沿海与内陆）来衡量，时间和空间尺度越小，差异的显著性越大，而从中国这个经济整体看呈现区域经济发展差距收敛的态势。

进入 21 世纪，我国区域经济差异问题仍是一个热点问题，研究者在前人研究的基础上开拓了新的研究。李国平和范红忠（2003）突破农村与城市、沿海与内陆的传统区域经济差异研究分解，把我国的区域经济差距分解为东部核心发达区域和全国其他区域之间以及两大区域各自内部的差距，从生产集中、人口分布与地区经济差异的关系探讨我国区域差距的原因。在时间段上，郭金龙和王宏伟（2003）对 20 世纪 90年代进行区域间资本流动与区域间经济差距关系的分析，说明了资本流动与东中西部差距的关系。贺灿飞和梁进社（2004）则在时间和空间上做了比较完整的研究，测量了 1952～2002 年中国区域经济地带间、地带内和省际差异以及改革开放后典型年份的各省区内部地区经济差异程度，发现中国区域经济差异随时间波动明显，省际差异自改革开放以来呈现"U"型变化态势，但地带间差异则持续上升；东部沿海和西部省区内的地区差异较大，而中西部省区内差异较小；总体来说，空间尺度越小，其经济差异越显著。严汉平（2010）认为把我国分为东、中、西三大地带过于简单粗略，以泰尔（Theil）指数对我国区域经济差异进行分解，将东部、中部、西部和东北部四大板块划分为八大综合经济区，即将东部板块划分为：北部沿海综合经济区、南部沿海综合经济区、东部沿海综合经济区；将中部板块划分为：黄河中游综合经济区、长江中游综合经济区；将西部板块划分为大西南综合经济区、大西北综合经济区；东北板块则涵盖了东北综合经济区，包括辽宁、吉林、黑龙江三个省。至此，我们可以发现，对中国区域经济差异的区域研究无论从时间上还是从空间上，都有较全面的发展。

2.2.2　我国区域经济差异的指标选取研究

从指标的选取来看，区域经济差异指标可分为绝对差异和相对差异指标两种。绝对差异是区域经济指标之间的偏离距离，反映的是区域之间经济发展的量上的等级水平差异，相对差异是区域经济指标之间的比例，反映了区域之间经济发展的水平差距。在区域经济差异研究中所采用的指标方面，绝对差异指标有人均国民收入、人均社会总产值、人均GDP、人均 GNP、人均农村居民纯收入等，相对差异指标有洛伦茨曲线、基尼系数、变异系数、加权变异系数、极差率等。采用不同指标可能得出的结论也很大不同。

最先对中国区域经济差异进行研究的是北京大学的杨开忠教授。他首次在其博士论文中使用变差系数计算 1952～1985 年人均国民收入的相对差异，得出省级区域差异大体呈倒 "U" 型变动；华北、东北、华东、中南、西南、西北六大区域的差异大体表现为一种倒 "S" 型；东、中、西三大经济带的变化大体呈递增趋势，总的趋势是顺 "U" 型变化，后来又使用变差系数、加权变差系数和加权离均差系数计算 1952～1989 年间的人均国民收入，得出沿海与内地经济差异为 "V" 型或近似 "U" 型变化。而魏后凯以 1949～1990 年间的人均国民收入为基础，使用相对差异系数、离均差系数和变差系数等来衡量区域收入差距，却得出截然不同的结论：1949 年以来我国省（市、区）间收入差异的变动格局大体呈倒 "U" 型；沿海与内地间、东中部之间以及东西部间收入差异的变动格局大致呈 "S" 型；六大区（华北、东北、华中、中南、西南和西北）之间收入差异的变动大致呈 "S" 型。之后学者们有采用单一测度指标 GDP（GNP）或人均 GDP（GNP）的，如欧向军（2007）以人均 GDP 为测度区域经济差异的变量指标，运用基尼系数和塞尔指数定量评价了改革开放以来江苏省区域经济差异总体水平与变化特征，认为区域总差异扩大的同时，苏南、苏中与苏北三大区域之间的差异和县域之间的差异不断扩大；也有采用综合指标体系的，如韦伟（1995）采用人均 NI、生产率、地区经济结构、市场发育水平四项指标等；徐月卿（2005）采用人均 GDP、人均社会消费零售总额社会经济指标，对中国近 20 年来区域经济发展不平衡性进行动态时序分析，采用经济区位熵指标分析了中国经济发展空间格局的动态演化过程。总的来说学者们采用的指标越来越复杂，因此我国区域经济差异研究的准确性越来越高，客观性越来越强。

23

2.2.3　区域经济增长差异测度研究

经济增长区域差距有许多不同的测度指标和计算方法，学者们主要采用绝对差异（极差、标准差）和相对差异（加权变异系数、基尼系数、塞尔指数、阿特金森指数、最大最小值比等）的方法；另外，还有公理性方法，如广义熵族（简称 GE 或 GEM）和社会福利函数等。在测算经济增长区域差异时，学者采用其中的一种或两种方法，有的采用多种方法进行验证。

杨国安（2004）运用塞尔指标数和分离指标数来测度山东省区域经济发展的区际不平等和区内不平衡，进而分析山东省区域经济差异和区域经济空间结构的变化趋势。研究得出，山东省在不同尺度的空间格局上存在着一个波浪式收敛和发散过程。马国霞、田玉军、王志强（2007）利用信息熵和塞尔指数对京津冀都市圈从 1993～2003 年区域经济增长差异进行了量化分析。研究表明，京津冀都市圈区域经济增长差距先缩小后扩大，空间上主要表现为西北张承地区与京津唐地区之间的差距。同时，还指出经济增长区域差异的 4 个影响因素：劳动效率差异是形成经济增长区域差异的内生因素；外商直接投资（FDI）增加了经济增长区域差异；固定资产投资不均衡是经济增长区域差异形成与扩大的关键因素；自然环境差异对经济增长有先天分异作用。禹建奇、李靖宇（2008）利用柯布－道格拉斯动态生产函数法和索洛增长速度余值法研究东北老工业基地经济增长区域差异，并采用区内比较分析和区际比较分析的方法对模拟结果进行分析。

2.2.4　区域均衡增长研究

区域经济差异理论的主要观点在于在全面扩大投资以及生产要素在各个区域之间的自由流动，区域经济发展水平将趋于收敛，最终达到区域之间的经济发展均衡。从中学者们展开研究经济增长中的又一理论——经济增长收敛理论。

国内关于经济收敛的研究起源于 20 世纪 90 年代，并且研究主要集中在区域经济是否收敛以及满足哪种收敛形式、收敛的阶段性与区域性以及收敛影响因素分析等内容上，研究者使用不同的样本数据长度、不同的研究方法从而得出的我国经济收敛的结论也不相同。

杨伟民（1992）通过分析 1978～1989 年人均 GNP 洛仑兹曲线，发现 1989 年洛仑兹曲线与对角线之间的面积（不平等面积）要小于 1978 年的不平等面积，说明改革开放以来中国的区域差距不是扩大而是缩小。陈和弗来舍（Chen and Fleisher，1996）根据我国 1978～1993 年数据，利用依托索洛经济增长模型对我国的改革开放前后的经济发展的收敛性进行了研究。研究发现，在改革开放前我国的人均 GDP 呈现一种发散状态，而在改革开放后，鉴于国民经济的物质资本、人文资本以及外商投资资本的增加，人均 GDP 满足条件收敛。田伦建等（1996）采用人均 GDP，分析得出中国各省份的经济发展差距从 1952～1993 年间是收敛的。刘木平（2000）通过研究发现，1978～1997 年间我国各省份的经济状态不存在绝对收敛，但在附加一些条件，如考虑政府投资、固定资产投资、市场化发展水平、外资投资、技术进步以及地理优势等条件后，各省的经济状态趋于条件收敛。张胜（2001）在陈和弗来舍（1996）的研究基础上，更新了研究数据，得出相反的研究结论，认为我国经济在改革开放之前存在绝对收敛而在改革开放之后不存在绝对收敛，但在改革开放之后，我国的东、中、西内部经济存在局部收敛。李小建和乔家君（2001）通过对 20 世纪 90 年代中国县际经济差异的空间分析，发现中国县域经济发展相对差异明显变小。汪长江、赵珍（2006）从人均 GDP、发展观念和市场化进程的角度，分析出改革开放以来长江三角洲和珠江三角洲之间的差距不断缩小。许召元（2006）指出，我国在 1978 年以来，区域经济差距存在着一个先缩小后扩大的过程。影响我国区域间经济增长收敛性的主要因素有市场机制、制度以及区域经济增长结构等。蒲小川（2007）指出，从总体空间来看，我国的区域经济增长模式显现出典型的俱乐部趋同特征。即区域间差异在总体差异中所占份额越来越大，而区域内部差异在总体差异中所占份额却越来越小。

2.2.5　区域非均衡增长研究

与区域经济均衡发展相对应的是区域经济的非均衡性，这也就是经济增长的发散理论。魏后凯（1996）采用人均国民收入这项指标分解赛尔系数，对1985~1995年地区经济发展差异各组分间的内在联系进行了深入研究，结果表明从1985~1995年虽然中国农村地区间的收入差距变化不明显，但由于农村地区收入差异对整体差异的贡献率不断下降以及城市间的收入差距逐渐扩大，从而在整体上表现为地区间的收入不断扩大。周玉翠等（2002）以人均GDP为测度指标，发现20世纪90年代以来中国省际经济发展差异明显增大，沿海与内陆的经济发展差异也在扩大，但是沿海各省市之间的经济发展差异却有缩小的趋势。李会宁、叶民强（2006）研究发现自1991年第九个五年规划实施以来，中国东中西部地区的GDP增长率、产业结构和就业结构等经济指标的差距不断扩大。区域非均衡增长理论主要就是围绕不同区域由于基本要素等因素的差异，发展呈现出分地域的不同增长速度，这类理论也有不少国内外学者进行研究。黄益东（2009）研究发现，区域经济的集聚现象在中国的经济发展进程中明显地展露了出来。这种经济的集聚性直接导致我国经济发展在各个地区之间形成不平衡性，形成了"两极三区"的格局。"两极"分别指我国经济发展呈现出增长极模式的区域：北京和上海，而"三区"则是指以北京为中心的周边城市聚集成的地区、以上海为中心的长三角地区以及以珠江三角洲为中心的粤港澳地区。随着经济的不断发展，增长极会给周边的区域产生一定的带动效应，不仅使资本等生产要素向周边区域流动，带动周边区域的经济发展，也使经济的集聚程度更高。陈华（2012）通过定量研究指出，1978年之后，尤其是进入20世纪90年代以来，地区间的初期经济发展水平和经济增长率都沿东部沿海地区向内陆地区的空间推移逐渐下降，明显地表现为以省为区域的经济增长差距在逐步拉大，具体表现在我国的东、中、西部地区之间，他还指出导致经济发展差距不断拉大的主要原因在于制度因素。黄晖（2013）分地区对我国经济发展与制度变迁之间的关系进行研究，研究发现，首先东部地区的经济发展水平较中西部有一个很大的优势，而且相较于中西部，东部地区的经济发展与制度变迁之间进入一个良性循环阶段，制度的改变时时促进着东部地区的经济进步，而对中西部地区来说，制度变迁似乎还没有对经济进步产生显著的影响。

2.2.6　我国区域经济差异的原因研究

区域经济差异的变动是多方面因素综合作用的结果，各地区资源优势和自身发展能力、技术进步及其空间扩散、地区间要素流动以及中央区域经济政策的变化等，都会对区域经济差异的变化产生重要的影响。

1. 沿海与内地的经济差异

杨开忠指出沿海与内地的"V"型区域差异的变化在于不同时期的经济发展政策和地区发展潜力。国家投资在沿海与内地间的大起大落是影响沿海与内地间收入差异变动的重要因素，中央区域经济政策的目标取向对"效率"或"公平"的偏重程度加大了东中部的差距，缩小了中西部的差距；罗泽尔（Rozelle）认为 1984～1989 年期间东部沿海省份地区差异急剧扩大，农村工业化的发展是地区差异扩大的主要原因。西尔维（Sylvie，2002）等认为地理优势和优惠政策对沿海经济的增长都有影响，但是地理因素的影响比政策影响来得持久，户口制度将农民绑在土地上，垄断的国家银行系统偏向于贷款给国有企业，地方保护主义减少省际贸易机会，这些制度都需要解除；建等（Jian et al.，1996）也认为沿海地区经济增长的原因是其开放自由的贸易政策和资金流动，建议进一步提高内陆的自由化程度，从而缩小沿海和内陆的经济增长差距。包等（Bao et al.，2002）也认为沿海地区在自身地理优势和低运输成本的基础上实行市场改革和开放政策，吸引了大量的外资和流动劳动力，是其经济增长的主要原因。他们发现地理因素可以解释省份经济增长变化原因的 60%，虽然各个省份都会出台优惠政策，但是大部分外资选择沿海地区主要是受其地理优势和运输便利的吸引。由于循环累积效应的作用，他们预测沿海经济将持续增长，沿海内陆经济发展差异将持续存在。

2. 东中西部地区经济差距扩大的原因

阿格勒（Aguighier）和郭兆淮分析了中国地区发展战略模式及其演变，认为中国实施的不平衡发展政策加大了东西部的发展差异；孙（Sun）和魏后凯分别通过分析外商直接投资对中国区域经济增长的影响，认为外商直接投资是导致改革开放以来东部和西部地区间经济增长差距和收入不平等的最重要因素；李政等则认为资本投入对东部经济增长的贡献最大，西部经济增长受虚拟变量的影响最大，中部经济增长受非国有经济的影响最大。增长率的差异导致了人均收入水平的差异，西部地区在人均收入水平、城市化、工业化水平，人力资本禀赋等这些决定地区绝对差距扩大的初始条件上，远远低于东部地区；也有些学者从地区自身的因素去分析，如赵伟认为地区间开放程度的不同是差距扩大的原因，杨（Young）认为地区性保护政策是地区差距扩大的关键，地区性的市场保护会使本地企业的资源配置状况偏离本地的比较优势，东西部经济发展差异的重要原因之一是政府宏观调控的东部导向政策，"效率优先、兼顾公平"的原则使东部的"效率"超越西部的"公平"，同时，制度供给不均衡加剧了西部制度变革路径的依赖，进一步扩大了区域发展差异。

3. 省与省之间的经济差异

蔡昉等认为劳动力市场发育滞后导致资源配置扭曲在地区间存在差异。造成各省区之间的发展水平差距的主要原因在于，重工业优先发展的赶超战略下形成的生产要素存量配置结构与许多省区市的要素禀赋结构决定的比较优势符合程度不一致；万金金通过对 FDI 的面板数据分析，认为国内投资的区域差异是地区经济差异的主要原因，外商直接投资也是加剧中国二元经济结构的重要原因之一，中西部地区更多地依靠信贷规模扩张来推动经济增长，而东部更多地依赖于金融效率的提升。在短期的小尺度上，区域经济发展水平的差异受从业人员和投资水平的区域差异影响；在中长尺度上，区域经济发展水平的差异受从业人员和投资水平的区域差异影响而出现超前性；陈良文等通过数值模拟，认为如果考虑集聚经济效应，地区间的要素流动不但不能使得区域差异趋于收敛，反而会促使区域差异不断扩大，全球化对区域差异有着积极和持续的作用，并随时间日益强化这种差异，但认为国内资本才是导致区域差异的最大因素，教育、区位、城市化水平和抚养比率对区域差异的作用一直处于下降状态。区域发展政策可能对区域经济发展产生直接而快速的影响，但对收入差距的影响往往有一个短暂的滞后效应；张良刚通过聚类分析和趋向核算分析框架，认为外向型经济的沿海指向分布是导致区域发展不平衡的主要原因，基础设施投资的区域差异是我国区域经济差异形成的一个重要原因。

总体来说，造成区域经济差异的原因，除了客观上的自然条件、地理位置、基础设施等存在差异外，主观上的倾斜是多方面的，包括重工业化优先的赶超战略、对外开放政策、金融政策、价格政策、投资政策以及税收政策，等等。区域差异作用的结果是经济结构和社会关系的不同，反过来，它们又促进了区域差异的进一步扩大、人口素质思想观念的差异，以及人口的流动，也起着重要的作用。

2.3　区域经济增长差异的影响因素分析

影响区域经济差异的因素有很多，从经济增长理论的角度来说，其发展经历了从古典经济增长理论、新古典经济增长理论到内生经济增长理论（新经济增长理论）的演化。研究者们认为影响区域经济差异的因素是由传统的资本、劳动力逐渐转变为资本、劳动力、技术和制度等影响要素。本节以此为视角，对区域经济差异的影响因素按照生产要素决定论、地理文化决定论、制度决定论加以总结。

2.3.1　生产要素决定论

生产要素决定论的研究过程主要经历了古典经济增长理论、以索罗－斯旺模型为代表的新古典经济增长理论和新经济增长理论的发展。这些理论均认为生产要素是经济增长的决定因素，其中资本或是技术决定了经济增长。

1. 资本要素决定论

古典经济增长理论的代表人物是亚当·斯密和大卫·李嘉图，亚当·斯密 1776 年在《国富论》中提出"在劳动生产力上的最大的增进，以及运用劳动时所表现的更大的熟练、技巧和判断力，看起来都是分工的结果。"斯密说明了经济增长与劳动分工、技术进步和资本积累之间的关系，并把资本积累看做是引致劳动分工和技术进步的决定性因素。李嘉图认为在地租增长得缓慢的国家里，财富增长得最快，并把经济增长和收入分配相结合，强调了合理的收入分配对经济增长的决定作用，结论是经济增长是资本积累的结果。古典经济增长理论十分重视物质资本的作用，把资本存量的规模和资本积累的速度，看做是促进或限制经济发展的首要因素。

古典经济增长理论认为，资本是区域经济增长的首要影响要素。王绍光和胡鞍钢（1999）根据1978~1995年的数据，实证检验得出资本对经济发展的要素贡献率为55%。洪银兴（2002）通过计算，认为1953~1997年资本对经济起的作用大致占到57.8%。王小鲁（2000）估算1979~1999年资本弹性为0.5。由此可见，资本对我国经济增长起着举足轻重的地位，不仅如此，资本作为一种基本要素，在各个区域之间的自由流动会导致区域经济的增长差异及区域经济的不均衡发展。类淑志、张耿庆（2003）根据当时中国所处的经济发展背景认为，我国是一个劳动力充足而人均资本相对匮乏的大国，我国经济发展的道路上面临的一个重要的问题就是资本形成不足。资本对我国的经济发展起着至关重要的作用。李红松等（2004）在新经济理论的研究基础上，分别分析了物质资本以及人力资本在经济发展过程中所占的比重，他通过分析认为，物质资本的不均等是造成区域经济的不均衡发展的主要原因。豆建民（2005）通过分析我国的资本在各个省份的流动性，得出结论：1993年之后，资本要素在省级之间的流动性逐渐增强。而且，这种流动性存在着扩散效应，即资本是由发展较快的省份流向发展较慢的省份，从而省与省之间的经济发展差距逐渐缩小。

2. 技术要素决定论

20世纪50年代后期，以索罗和斯旺为代表的新古典增长理论放松了劳动和资本不可替代的假定，克服了哈罗德－多马（Harrod－Domar）模型的"刃锋均衡"问题，将经济增长的原因归结为资本、劳动力和技术进步三个因素。

该模型假定资本、劳动和知识以外的投入品相对不重要，忽视土地和其他自然资源。同时假定模型中的劳动和知识是外生的，只分析资本，认为达到均衡状态时，人均资本增长为零。新古典增长模型有两个重要的结论：（1）平衡增长路径，即不管经济处在何种初始状态，该经济总会收敛于一条平衡增长路径，在平衡增长路径上，经济系统中的每一个变量都以常数率增长。（2）绝对收敛假说。由于经济系统总是会收敛于一平衡增长路径，如果两个经济系统具有相同的结构，即模型中各参数相同，那么平衡时的人均资本存量相同，两个经济系统将会收敛于同一种平衡增长路径，而且每单位有效劳动平均资本存量低的具有更高的人均增长率，从而赶上具有更高每单位有效劳动平均资本存量的经济系统，即穷国比富国增长更快。

技术进步在经济发展中的作用也是无可取代的。经济发展的一个重要因素是基本要素的分布，而另外一个就是技术进步的拉动。技术进步可以提高资本的配置效率，使同样的要素投入产生更多地经济效益。杨晓光、樊杰、赵燕霞（2002）对影响中国 GDP 增长的要素进行了分析，根据我国 1990~1999 年的数据，发现导致我国区域经济显著增长的主要影响要素已经由资本要素转移至技术进步方面。并且技术创新所引发的经济增长的差距随着时间的推移逐步增大。郭庆旺等（2005）根据研究，发现我国区域的经济增长之间存在着比较大的差距，而根据对影响经济进步的因素进行分析，发现其中技术进步率对经济增长的影响尤其显著，这也侧面表明技术进步对经济增长存在一定的影响力。

技术进步是经济增长的主要动力，从长期看是唯一的动力。但新古典增长理论假设技术进步是外生的，它不能解释为什么会产生技术进步，同样它也无法解释世界各国人均收入水平的差异和实际人均 GDP 增长率的差异，只能将很多问题归因于外生的全要素生产率。

3. 多种生产要素决定论

20 世纪 80 年代中期以来，随着罗默和卢卡斯为代表的"新增长理论"的出现，经济增长理论在经过 20 余年的沉寂之后再次焕发生机。

随着经济增长理论的研究深入，许多学者认为，人力资本逐渐取代物质资本在经济增长中的地位，占据主要地位。人力资本在新经济增长理论中被首次提出，被定义为劳动力的扩展概念。沈坤荣（1997）从理论的角度，向我们论证了优质人力资本的形成对经济长期有效高速增长的重要性。李忠民（1999）构造了一个经济发展模型，在这个模型中，主要变量在于人力资本要素，他从这个角度出发，分析了人力资本与物质资本之间如何达到一个平衡性。王金营（2001）根据柯布－道格拉斯生产函数估计了我国 1978 年以来人力资本要素在经济增长中所占的比重，其直接贡献率和间接贡献率分别为 9.99% 和 6.7%。从区域经济研究方面来看，李爱君、王亚楠、韩利红（2005）单独分析了河北省的人力资源的重要性，其产出弹性约为 32.5%。聂笃雄、杨军昌（2005）分析了贵州的情况，研究表明，人力资本在经济发展的初期以及实现经济持久长远的发展过程中起着重要的作用。

新经济增长理论的重要内容之一是把新古典增长模型中的"劳动力"的定义扩大为人力资本投资，即人力不仅包括绝对的劳动力数量和该国所处的平均技术水平，而且还包括劳动力的教育水平、生产技能训练和相互协作能力的培养等，这些统称为"人力资本"。美国经济学家保罗·罗默 1990 年提出了技术进步内生增长模型，他在理论上第一次提出了技术进步内生的增长模型，把经济增长建立在内生技术进步上。技术进步内生增长模型的基础是：（1）技术进步是经济增长的核心；（2）大部分技术进步是出于市场激励而导致的有意识行为的结果；（3）知识商品可反复使用，无须追加成本，成本只是生产开发本身的成本。

新增长理论注重知识和人力资本的递增收益、外溢效应，将知识和人力资本作为经济增长模型的内生因素，放松了传统经济理论关于要素收益递减或不变的假定，提出了要素收益递增的假定，认为经济增长取决于知识积累、技术进步以及人力资本水平，说明了世界经济持续增长的源泉和动力。新增长理论很好解释了国家长期增长动力，尤其是发达国家的经济增长过程，但是对于广大发展中国家的经济增长表现也并没有令人信服的说服力。

2.3.2　地理、文化决定论

1. 地理条件决定论

地理条件决定论认为贸易距离、气候条件和疾病对于经济增长的影响。孟德斯坞（Montesquieu，1748）认为炎热的天气影响人类活动，人的精力消耗过快，容易使人懒惰，从而使经济不能发展。诺贝尔经济学奖得主冈纳·缪尔达尔（Gunnar Myrdal，1968）认为地理气候影响农业发展，从而影响着经济发展。萨克斯（Sachs，2001）对地理环境影响经济发展的过程和渠道进行了归纳和总结，由于地理环境的原始差别所引发的一系列社会机制扩大了不同地区之间的收入差距，穷者愈穷，富者愈富。布鲁姆·萨克斯（Bloom & Sachs，1998）、萨克斯（2000）还讨论了疾病、瘴气这些原因对经济的影响。地理条件决定论认为一国或地区的地理位置决定其资源丰裕程度、气候优劣、交通和区位优势，将直接影响物质资本投资、人力资本质量和技术进步。在控制政策和制度影响后，地域往往通过交易成本、交通卫生状况和农业生产率等途径影响经济产出。诸如沿海地区利用便利的交通条件、低廉的运输成本和参与国际贸易的潜在优势，更易于快速实现经济增长。而不利区位以及炎热气候将导致热带地区过快的人口增长和过重的医疗负担，进而抑制经济发展。因此认为地域不仅影响内生要素发展，更是直接作用于生产并决定经济增长（Sachs，2003）。实际上，简单的地理决定论，在大多数实证文献中都受到质疑（Rodrick，2003）。由于具有相同地理和气候的国家在经济发展中的表现并不相同，比如东西欧的经济增长表现，新加坡同非洲赤道国家的经济发展都表明简单的地理决定论并不能解释经济增长问题。

2. 文化决定论

文化和意识形态决定论认为，不同的社会和民族有着不同文化，环境或地域的差异决定了国家间文化的差异，不同的文化、宗教信仰、历史决定了经济环境中的个体有着完全不同的选择行为和经济行为，经济个体行为满足特定约束，约束的变化和差异必然决定经济个体行为的差异，最终通过经济个体的行为诸如投资和生产对经济增长产生决定性的影响，而这恰好可以用来解释当前主要不同文化和意识形态经济体不同的经济增长率。格雷夫（Greif，1994）认为不同文化决定了不同的经济行为和行为约束机制，决定了经济个体不同的行为约束集和经济体不同的增长率，经济个体的行为约束集又会随着经济的增长而发生变化，再次作用于经济个体的行为，即文化是经济增长的原因，并最终导致经济增长，是经济增长的内生要素。当然，一国的文化还直接受该国意识形态的影响，导致不同经济体采取不同的经济发展战略（林毅夫、刘明兴，2004）。然而同一国家在不同的历史阶段经济增长是截然不同的，亚洲"四小龙"就是典型的例子，它们在发展中文化、宗教信仰并没有发生变化，但是却造就了经济增长中的"东亚奇迹"。因此，文化决定论也不能很好解释经济增长的差异性表现。

2.3.3 制度因素决定论

新经济增长理论的出现使得经济增长研究的侧重点和方向发生了转移，但一直以来新古典增长理论和新经济增长理论没有考虑制度对经济增长的作用，假定制度是给定的外生变量，在一般均衡和局部均衡中都不考虑制度因素。但近二三十年，经济学家对于不同国家不同的经济增长成绩，都认识到制度的重要性，并有不少学者将制度变量引入经济增长模型。

以诺斯为代表的新制度经济学则认为，任何经济增长过程都是在一定的制度环境和制度安排下进行的，经济增长不可能脱离制度背景而独立存在，制度因素贯穿经济增长的全过程，资本积累、技术进步等因素是经济增长本身，而不是经济增长的原因。经济增长的关键是制度因素，只有当制度提供了有效的激励，技术进步和资本积累才能持续的进行。新制度经济学从制度方面对技术革命、经济增长做出了新的解释。他们认为制度安排、制度质量和制度变迁等因素都会影响到生产要素的组合效率和经济增长。

制度变迁理论与区域经济差异的研究综述将在第 3 章详细介绍，在此不作赘述。

第3章 制度影响理论及制度变量的设计

本章对制度影响理论以及制度差异对区域经济差异的影响机理进行系统梳理，对制度变迁模型以及新制度经济学方法论进行归纳，为制度变量的构建及计量方法的选择奠定基础。首先，对制度及制度变迁概念进行明晰，分析影响区域经济差异的因素；其次，阐述区域经济发展差异中制度因素作用的相关文献，从理论上分析制度差异对区域经济差异的影响机理，归纳制度变迁理论和制度变迁模型以及新制度经济学方法论综述；最后，在深刻理解制度理论的内涵及中国经济体制改革历史进程的基础上，主要着眼于各地区在时间维度上的相对进步和与其他地区相比的相对进程，从城镇化改革进程、政府职能转变、推动企业的市场化进程、提高经济的开放程度、金融改革进程五个方面构建制度变迁指数，为本书后续的计量研究提供明晰的制度理论支持。

3.1 制度因素对区域经济增长差异影响的理论研究

随着对区域经济增长理论的研究，越来越多的学者习惯于运用制度变迁理论作为经济增长的基本参考理论近年来的大量。研究文献表明，制度作为资本、劳动和技术以外潜在决定经济发展水平的重要因素，讨论制度和制度差异对区域经济增长的作用正成为经济增长研究领域的一个重要方向。

3.1.1 制度变迁理论

许多研究在制度、制度变迁这些名词的使用方面相互混淆，本节首先对两者的概念加以明确和区分使得研究更加准确。

1. 相关概念界定

（1）制度的定义。

自新制度经济学派将制度变革与经济增长紧密的联系起来之后，很多研究者都认为制度要素是重要的。但不同学派不同研究者对于制度的定义却看法不一。"制度"是什么？对于这个问题的回答大致可以分为三大类：

第一，代表人物凡勃伦（Veblen）和青木昌彦：强调制度与精神观念是相互联系的。凡勃伦在《有闲阶级论》指出，"制度是一种被习惯化和人广泛接受的习俗"。青木昌彦在《比较制度分析》一书中认为制度是一个自我维系系统，制度是一种有关博弈如何进行下去的共有信念。这类"制度"与人的主观观念相互影响，人的主观观念产生了制度，制度反过来影响或制约着人的主观观念，因此这种"制度"更多的是精神层面的抽象的概念，它能够潜移默化的影响着人们的生产生活。

第二，代表人物是新奥地利学派哈耶克（Haye）：强调制度是演进而来的稳定行为和秩序。这类"制度"的形成并非是人为设立的，而是在人们的生产活动中自发形成的一种秩序或者一种规则，这种自发规则是不同于达尔文生物进化论的，这是因为它的形成是不依据遗产的特性和人的生理，而是经适宜的生活方式和习惯，长时间被人们所选择而保存下来的。

第三，代表人物是新制度经济学派诺斯：强调制度是人为的行为规则。诺斯（1994）将"制度"定义为追求主体福利和效用最大化的一种个人行为，是一系列被制定出来的规则、秩序、行为道德和伦理规范。同时新制度经济学派认为，制度所决定的人们的行为规则会受到社会认可的正式的、非正式的约束及实施机制的制约。这类"制度"的范畴不仅包括了人的行为道德及伦理规范也包括了人们日常生活中形成的行为准则，新制度经济学派的制度定义也是为多数学者广为使用，他们将制度的定义扩展的更加完善和具体。

制度的定义揭示了制度理论的演化和发展，不同的经济学派对制度的定义也不同，是因为他们所关注的研究重点不同，现有研究对制度的研究一般采用新制度经济学派对制度的定义，强度制度是人为的行为准则并包括政治、经济与社会多个方面的行为，需要指出的是这类"制度"是一种静态的变量。

（2）制度变迁的定义。

新制度经济学派是在"需求—供给"的均衡理论基础上对制度进行的研究，认为当现有制度安排无法实现的经济利益时制度变迁就会出现。新制度经济学派也把制度变迁理解成一种制度创新或制度的发展。制度变迁是指制度的替代、转换与交易过程（North，1973）。作为一种"公共物品"，制度的替代、转换与交易活动也都存在着种种技术和社会的约束条件。制度变迁可以被理解为一种效益更高的制度对另一种制度的替代过程。在这个过程中，实际制度需求的约束条件是制度的边际替代成本（即机会成本）；制度变迁还可以被理解为一种更有效益的制度的产生过程。在这个过程中，实际制度供给的约束条件是制度的边际转换成本。微观经济学基本理论表明，由于边际收益递减，生产最优规模的约束条件是边际转换成本等于边际收益。同样，实际制度供给的约束条件是制度的边际转换成本等于制度的边际收益。

新制度经济学提供了分析经济行为和制度之间相互作用的一种经济思考方法和研究工具。经济活动既包括人与物之间的替代和转换活动，又包括人与人之间的交易活动。所以制度变迁还可以被理解为制度的交易过程。实际的制度交易的约束条件是制度的边际交易成本。制度的交易成本是有关的制度主体在动态的制度变迁中从事对制度这种"物品"进行交易时所付出的成本。

科斯（Coase，1936）在"论企业的性质"一文中使用了研究制度变迁的基本方法——边际替代分析法分析了实际度需求的约束条件。科斯指出，由于交易活动的稀缺性，作为一种制度安排的市场的运行是有交易成本的，当交易成本高到一定程度时，以企业这种制度安排代替市场就是有利的。然而，由于管理活动的稀缺性，企业的运行是有管理成本的。由于制度的边际成本递增，对企业的实际需求的约束条件是企业的边际管理成本等于市场的边际交易成本。

制度变迁的主体包括组织、国家或个人，其中有效组织是制度变迁的主体，组织包括政治组织、经济组织、社会组织和教育组织。组织建立的目的是获得收入和其他目标的最大化，组织是具有共同目标的个人所构成的集合。

在"需求—供给"微观经济学理论的框架下讨论制度变迁的需求和供给，制度变迁的需求可以理解成人们对一种更高效率的制度的需求，而这种更高效率的制度安排会给制度"消费者"带来更高的收益。当制度"消费者"在现有的制度安排下无法获得其潜在的利益时，"消费者"就会有改变现有制度安排的需求，这就是制度变迁的需求。制度变迁的供给可以理解成制度的"生产者"在制度变迁的收益大于其成本时所推动的一系列的制度改革，制度变迁的供给者可以是国家、政府也可以是组织。制度变迁的需求与供给都是影响制度变迁的因素，诺斯指出只有当制度变迁的供给与需求相一致时才会产生制度均衡，那么，其实现条件是制度供给者的边际收益等于边际成本，制度变迁也可以理解成从制度非均衡到实现制度均衡的过程。

制度变迁是一个动态过程，指的是一种新的效率高的制度安排对旧的效率低的制度安排的一种替代，中国自改革开放开始所进行的一系列政策措施性的经济体制改革就是国家这个制度变迁的供给者有意识的推动和主导的种种制度变迁。本书研究的制度变迁就特指1978年以来中国改革开放进行的一系列的经济体制变革过程。

（3）二者的区别与联系。

制度与制度变迁这两个概念既有区别又有联系，在研究中应该加以区分。二者的区别如下：第一，属性不同。制度可以理解成一个静态的变量，它反映了现有制度安排的一种现状，而制度变迁是一个动态的变量，并且制度变迁是一个过程。第二，包含的内容不同。基于新制度经济学派的定义，制度包含人们的道德观念伦理规范还包括政治、经济、社会的行为准则，前者是非正式制度后者是正式制度内容。制度变迁是一种制度创新及发展的过程，我们所研究的制度变迁一般意义上是属于正式制度的范畴，它不包含人们的观念意识下的制度，基于此，制度变迁在实证研究中比制度更容易量化。制度与制度变迁具有一定的联系，制度是研究制度变迁的基础，制度变迁是制度的动态表示。

2. 制度变迁的原因及影响因素

制度变迁的源泉是相对价格和偏好的变化，而有效制度为有效组织提供适应效率，而适应效率涉及经济长期演变的途径，关系到对各种创新能力的激励以及解决社会长期"瓶颈"和问题。制度变迁的原因之一就是相对节约交易费用，即降低制度成本，提高制度效益。所以，制度变迁可以理解为一种收益更高的制度对另一种收益较低的制度的替代过程。产权理论、国家理论和意识形态理论构成制度变迁理论的三块基石。制度变迁理论涉及制度变迁的原因或制度的起源问题、制度变迁的动力、制度变迁的过程、制度变迁的形式、制度移植、路径依赖等。

关于制度变迁的轨迹与经济增长关系，根据达尔文（Darwin）优胜劣汰、适者生存的理论和有效竞争原理，社会、政治和经济的长期发展会朝一个方向收敛，不会有发达与不发达之分。但是实际上，不同社会的社会经济发展方向并不相同，经济贫困国家亦将长期存在。这就涉及什么因素决定了制度演进和经济增长的轨迹的问题。诺斯（1990）借鉴了有关技术强化机制的成果，认为技术决定了制度变迁和经济增长的轨迹。

3. 制度变迁模型

（1）诱致性变迁模型：诱致性制度变迁是一群（个）人在响应由制度不均衡引致的获利机会时所进行的自发性变迁。

林毅夫（1989）将诱致性制度变迁定义为现行制度安排的变更或替代，或者说新制度安排的创造，它由个人或一群（个）人，在响应获利机会时自发倡导、组织和实行。诱致性制度变迁必须由某种在原有制度安排下无法得到的获利机会引起。诺斯（1994）认为，"潜在利润"或"外部利润"是制度变迁的诱导因素。正是由于存在这种"外部利润"，在现有的制度安排下无法实现，才导致的制度变迁。而诱致性制度变迁是否发生，取决于个别创新者的预期收益和预期成本，只有在预期收益大于预期成本时才会发生制度变迁。

诱致性制度变迁的特点可以概括为：①营利性。当制度变迁的预期收益大于预期成本时，相关群体才会推进制度变迁。②自发性。诱致性制度变迁是有关群体（初级行动团体）对制度不均衡的一种自发性反应，其诱因是外在利润的存在。③渐进性。诱致性制度变迁是一种自上而下、从局部到整体的制度变迁过程。

（2）强制性变迁模型：强制性制度变迁指的是由政府法令引起的变迁，由政府命令和法律引入和实现。与诱致性制度变迁不同，强制性制度变迁可以纯粹因在不同选民集团之间对现有收入进行再分配而发生。

强制性制度变迁的主体是国家，国家推行进行强制性制度变迁可以弥补制度供给不足。此外，国家在使用强制力时，能产生很大的规模经济，在制度实施和组织成本方面也有优势。然而，国家实施制度变迁时也要遵循经济原则，即预期收益大于预期成本。国家进行制度变迁的诱因，除了经济因素外，还要考虑税收收入、政治支持、其他参与者的利益等。

新制度经济学认为，强制性制度变迁的有效性受许多因素的制约，其中主要有：统治者的偏好和有效理性、意识形态刚性、官僚政治、集团利益冲突和社会科学知识的局限性、国家的生存危机等。国家通过努力可能降低一些不利因素对制度变迁的影响，但是并不能克服其他不利因素对制度变迁的约束。

此外，强制性变迁的局限性还表现在，有可能会违背一致性原则。而违背某些人的利益，有可能被抵制，从而降低经济效率。比如中国改革开放以来，中央和地方的利益冲突逐渐由隐蔽到公开化，此时就容易发生中央的强制性制度变迁与地方利益相"抵触"和"冲突"的现象。

3.1.2 制度因素对区域经济增长差异的影响机理分析

制度差异与经济差异的关系，一般是制度与生产力的关系，包括两大类：一类是促进生产力发展的制度；另一类是限制或约束生产力发展的制度，即生产力发展的枷锁。我们说制度是推动生产力的根本因素，并不是说制度都有利于生产力的发展，而是说只有有效率的制度才能够真正推动区域经济的发展。东西部制度差异，西部差在有效率制度供给不足，无效率制度供给过剩，所以制度供给不是数量多少问题，关键是制度的性质和质量。在现实生活中，确实存在着制度繁、制度多破坏了生产力，而制度简、制度少则促进经济发展的现象。

1. 制度供给使得其他生产要素充分发挥作用

（1）制度供给也是一种重要资源：制度与土地、劳动、资本等生产要素一样都是经济增长的重要资源，也是一种稀缺资源。虽然关于制度供给、制度变迁等要素的数据很难获得，但通过研究经济增长的历史，以及中国改革开放变化，不涉及制度就难以解释不同国家和地区经济增长率上的持续差异的现象。在经济统计中，更多的是将经济效率上的差异解释为生产要素（劳动、资本、土地等）投入量上的差异，忽视或抹杀了制度差异的影响；而实际上，后者可能是造成效率差异的重要原因。美国统计学家丹尼森（Denison）曾经做过大量工作来改进经济统计上的这一"制度取消问题"，他计算了美国全要素增长率的"要素"变化，通过引进人口转移和教育改善这类"制度因素"，能更好地解释美国经济增长率。

（2）一个好的制度有直接的经济意义：相同的生产要素，在有效率的制度下，能产生更高的经济增长率。一国的经济并不是劳动、土地、资本等生产要素的简单叠加，有了制度才能充分发挥作用。制度是经济增长过程中的重要变量，是实现经济稳步增长的重要的因素。制度的作用在于规范人们之间的相互关系，减少信息成本和不确定性，减少交易成本。

有效的经济组织通过建立制度安排和确立产权，提供了个人努力导向私人收益率与社会收益率相接近的经济活动的刺激，也就是说，有效率制度安排使得斯密所谓"看不见的手"的资源配置和收入分配等功能得以充分发挥，因此，有效制度安排是经济增长的关键。

2. 制度供给是现代经济增长中的重要内生变量源泉

传统的经济增长理论认为制度是经济运行的前提条件，是被假定和抽象掉的，所以他们将制度因素排除在经济增长与发展之外。事实上，资本、劳动力和技术等生产要素只有在一定的制度保障下，才能充分发挥其功能，制度的好坏直接影响了生产要素的配置和经济增长的效率。经济发展史表明，制度是经济增长的重要因素，但制度的确立不是一成不变的。当环境发生变化时，对制度进行调整也是必需的，因为制度本身毕竟不是目的，它只是经济增长的重要内生变量。

姜照华教授采用效率分析的方法来测算制度创新在经济增长中的贡献率。其研究揭示出区域经济增长中的一些重要现象：固定资产投资增长是经济增长的决定性力量；技术创新与制度创新互动是经济增长的强大带动力，制度创新对经济增长的贡献率很高。外部性成本上升是落后区域经济增长缓慢的重要原因，而东西部的外部性成本差别很大。东部地区，特别是沿海地区，外部性成本很小，而西部地区外部性成本很大。东部地区技术创新和制度创新互动创造了条件，使其能够吸引大量的外资，使固定资产高效地增长，从而促进经济的持续增长；而西部区域由于外部性成本的相对增加，在很大程度上影响了技术创新和制度创新，使其对外资的吸引力差，固定资产增长率也就大大低于东部地区，从而使经济陷入低增长。

3. 区域制度创新推动区域经济发展

只有适应区域经济发展和区域经济竞争要求的区域制度创新，才能推动区域经济发展。政府作为区域创新系统首要主体即制度创新的主导，只有进行科学决策和规划，提供有效的制度，才能有利与区域经济发展。因为有效制度创新才能推动区域经济增长，才能促进区域竞争力，即使生产要素投入不变和没有技术进步发生，制度创新也会导致社会总产出的增加。有效制度能够改变区域经济结构、收入分配，以及改变资源配置。当引入一种新的制度后，就为每一个追求利益最大化的经济行为规定了约束条件，制度的变迁也意味着约束条件的改变。因此，制度创新正是通过改变交易规则、减少交易成本，为区域经济增长创造条件。

3.1.3 制度因素对区域经济差异影响的文献综述

新古典经济增长理论认为经济增长的直接原因主要是技术进步、物质资本和人力资本投入，将制度因素排除在经济增长模型之外。新制度学派则认为资本积累、技术进步等因素与其说是经济增长的原因，倒不如说是经济增长结果，而经济增长的根本原因在于制度（Grossmanetal, 1991；Northetal, 1973；Northetal, 1989）。20 世纪 90 年代以来，制度选择与区域经济发展的关系逐渐成为发展经济学及区域经济学的重要研究领域，依据制度—经济增长理论，许多经济学者对制度与区域经济增长之间的关系进行了大量的理论研究和计量研究。研究的焦点主要体现在以下方面：

一是有效制度分析。国外研究者通过构建制度决定论框架，对私有产权（Acemoglu and Johnson, 2005）、市场运行（Frankel and Romer,

1999）、不平等和社会冲突（Aghion, Caroliand Garcia - Pealosa, 1999；Barro, 2000）、金融制度（Aghion, Howitt and Mayer - Foulkes, 2005）、宗教传统（Barro, 2002, 2003）、地理环境（Gallup, Sachs and Mellinger, 1998；Sachs, 2001）以及政府效率和腐败（Mauro, 1995）等方面在经济增长中的有效性进行了论证分析。我国学者认为竞争和产权制度（刘小玄, 2003）、市场化和经济体制改革（樊刚等, 2003）、比较优势和发展战略（林毅夫等, 2004, 2006）、产权制度（李富强等, 2008）对我国经济增长起着决定性影响。金玉国（2001）测度了中国1978～1999 年间的工业绩效变动，并通过回归分析证明了它与制度因素存在因果关系，分析了转型时期中国工业绩效变动可以由制度变量的变动来解释。王文博等（2002）认为，影响一个国家或地区经济增长的主要因素除了资本和劳动之外还有制度因素和产业结构因素。因此用非国有化率、市场化指数、市场化收入比重、对外开放度等四个指标来对应以上四个因素进行量化分析，再通过主成分分析将以上四个指标合成为制度因素主成分，通过计算得到中国 1981～1999 年制度代理变量的时间序列。在此基础上，再将制度因素与劳动力、固定资本、人力资本、知识资本及 R&D 的时间序列进行主成分分析，并且运用 C - D 生产函数进行了测算，得出包含制度因素的计量经济学模型。王亮（2008），从马克思主义和西方经济制度学派两个角度论证了制度对区域经济发展的重要性。认为有效的制度能提高社会资源的利用效率，减少交易成本。范晓莉、郝大江（2013）通过灰色关联模型测算上海浦东新区综合配套改革试验区制度创新与经济增长的关联性，结果显示，制度创新对经济增长具有较强的影响力度。

　　二是包含制度变量的增长模型及其估计。自从新古典内生增长理论在 AK 模型（Romer, 1986；Lucas, 1988；Barro, 1991）和 R&D 模型（Romer, 1990；Aghion and Howitt, 1992, Benhabib and Spiegel, 1994）中将技术进步内生化以来，受此启发，纷纷使用包含制度变量的内生增长模型，将制度作为内生变量纳入增长模型，常用的估计方法是工具变量法，其中工具变量的选择成为分歧的关键（Acemogluetal., Djankovetal., 2003）。近些年有关区域经济影响因素中都将制度作为重要的要素之一，而将制度因素纳入经济增长模型中也是国内外学者的统一认知，国内学者更是积极应用新制度经济学对中国的制度与经济发展进行分析和解释。王文博等（2002）在其研究中指出，除了资本以及劳动力等基本生产要素之外，制度以及产业结构变迁对经济增长的影响也不容小觑。他运用主成分分析方法，并使用生产函数进行定量分析，得到包括制度因素与劳动力、资本投入、人力资本等因素的计量模型。钟昌标等（2006）利用面板数据分析方法，检验经济增长模型中一国的经济体制以及政治制度所起的重要作用。实证结果表明，政府的制度决策对经济的发展起着决定性作用，制度是一个显著变量指标。李富强、董直庆和王林辉（2008）主要研究产权制度变迁对经济增长的影响，也是在前人经济计量模型的基础上加入制度因素。研究结果发现，制度主要是从两方面作用于经济增长的，第一是直接从制度大背景下直接影响经济发展，第二是通过影响基本的要素以及产权结构等方面间接促进经济发展。陈丹丹、任保平（2010）对表示制度变迁的代理变量使用的是市场化指数，通过计量模型的验证得到制度与经济增长之间因果关系的存在。并提出建议，认为国家通过制定合理的制度会显著地促进经济的增长。丁辉侠（2010）研究东中西三个地区一年制度因素与经济增长的关系，认为不同的制度因素在不同地区之间差异显著，其中制度因素对东部地区的影响最大。范晓莉、郝大江（2013）测算了上海浦东新区的经济增长与制度之间的关联性。经灰色关联模型的结果表明，制度上的创新对该地区的经济发展存在显著的影响力。随着空间计量经济学的发展，空间计量模型及估计方法被应用于中国区域经济增长问题的研究，多数的研究文献集中于收敛性研究以及空间溢出和空间集聚（Ying，2000，2003；吴玉鸣，2006；潘文卿，2010；史修松，赵曙东，2011；韩兆洲等，2012），关于制度对区域经济增长影响的研究文献较少（袁立科，2010；杨友才；2010）。

三是制度的内生问题。现阶段在研究区域经济增长问题中，大部分学者都是将制度作为内生变量纳入到回归方程中，但我们认为回归方程中的制度因素往往具有内生性。很显然，制度促进经济增长，因为制度作为社会发展中一种政治背景，直接影响当下制度下的经济发展，制度也要与当下的经济发展水平相匹配，及时通过实行新的制度适应新环境下的经济发展情况。从另外的角度来说，制度也会影响社会中的基础要素的产生、投入以及分配和流动情况，从而影响经济的增长。

霍尔和约翰斯（Hall and Jones，1999）、阿西莫格鲁等（Acemoglu

et al.；2001，2004）、莱文（Levine，2004）、多拉和克雷（Dollar and Kraay，2003）和洛迪克等（Rodrik et al.，2004）通过构建制度决定论框架，将政体形态、产权保护和制度内生化，强化了经济增长依赖"有限"政府和制度约束的结论。这类观点得到国内学者的普遍认同，认为比较优势和发展战略（林毅夫等，2004，2006）、竞争和内生性产权制度（刘小玄，2003）、市场化和经济体制改革（樊纲等，2003）对我国经济增长均产生一定的作用力。周杰（2008）把制度因素分为正式制度和非正式制度，采用主成分分析的方法选取可以代表制度因素的指标，利用中国经济年的数据，实证分析并验证了制度变量的内生性，且制度的内生性对我国经济增长的影响是显著并且稳健的。刘若昕（2013）区域经济的增长与以国家为单位的经济增长最重要的不同之处就在于劳动力、资本、技术的流动性更大，而根本制度差异较小。这些地方国家机关的制度供给从根本目标上来看既要通过吸引生产要素促成区域长期经济增长，同时又要兼顾各要素在空间内的流动水平，即制度与生产要素之间的相互作用关系。

四是制度的空间外溢性。陈秀山和张可云（2005）通过理论研究，提出无论是新古典经济增长理论还是新经济增长理论都强调在市场的作用下，区域之间的资本等基本生产要素的自由流动会带来经济增长的要素溢出性，不仅加深空间上区域趋同；由于区域之间的联系，也会带来经济增长上的空间溢出效应。新经济地理学在理论研究上也特别强调了要素的外溢对于经济增长的作用。但与新经济增长理论不同的一点是，新经济地理学强调要素外溢所产生的空间性，并将其定义为空间外溢。尽管在概念上尚未形成统一的精确界定，但新经济地理学家基本上都把资本等要素的空间外溢理解为一个区域通过资本和知识的外部性而对邻居区域经济增长所产生的影响。影响产生的机制效应我们可以分为直接作用机制以及间接作用机制两种。直接作用机制是一个区域的资本和知识外溢在没有增加邻居区域成本的情况下，改善了它们的资本、知识供给条件，以及一系列由于带动效应引发的其他相关条件的改善，从而直接提高了相邻区域的经济增长水平。间接作用机制是空间外溢有可能增加或创造新的市场机会，引导经济活动在空间上集聚。受区位指向和区位竞争的双重影响，靠近经济增长中心的邻居区域有可能吸引到更多的经济活动，从而活动的规模得以扩大，同时专业化或者多样性趋于增强。因此，在空间外溢的影响下，区域之间的经济增长表现出显著的空间相关性和空间依赖性。

事实上，目前已有学者证明中国的区域经济增长确实存在空间外溢性。应（Ying，2000，2003）认为中国存在着"内核地区对外围地区"的空间溢出效应，并运用空间滞后模型考察了 1978～1998 年劳动力、资本、FDI 等因素对中国地区经济增长的作用，指出中国的区域间在经济增长方面存在着较强的相互影响。格昂伍德等（Groenewold et al.，2007）则采用 VAR 模型通过脉冲响应函数模拟了东、中、西三大经济区域的相互影响，认为存在东部沿海地区向中、西部的溢出效应，以及中部地区对西部地区的溢出效应，但不存在西部向东、中部地区的溢出效应。张晓旭和冯宗宪（2008）利用改革开放以来 20 年左右的数据，使用空间探索性分析方法研究我国国民生产总值的空间相关性，研究发现不同的空间下的人均收入以及资本水平均存在着空间异质性。这些文献表明，空间外溢性是中国地区经济发展中一个十分重要的典型特征。

随着制度在经济发展中重要性的展现，学者们逐渐展开对制度的空间外溢性的研究。杨友才（2010）利用空间面板固定效应的计量方法，检验了产权制度是否存在空间溢出性以及对各个地区经济增长率的影响。他认为在 1994～2008 年间，产权制度对经济增长的空间溢出效应是不容忽视的，产权制度存在着显著的"邻里模仿效应"和"示范效应"。

在上述的计量研究成果中，有三个问题需要讨论：一是制度变量和指标体系的设计是否合理，大部分研究成果是根据某些一般的、广泛流行的说法和观点进行设置，而且国内的研究多是基于模仿国外经济自由度的指标体系设计建立的，降低了其理论意义和实践价值。二是计量研究采用的方法是否适用，多数研究文献在方法的选择上没有考虑资料的数学特征是否满足方法的基本假定，模型检验不完整或流于形式，导致研究结论偏离实际。另外，现有的研究多是强调制度因素在经济发展中的作用，在制度差异对区域经济发展差异影响方面缺乏一个完整的理论框架。三是鉴于制度内涵广泛、形式多样，在论证制度因素对我国区域经济增长的贡献相对于人力资本、物质资本及技术创新等要素是否更显著时，应该对要素间的关系进行检验，正确表述制度要素的影响形式和路径，得出的结论才具有说服力。鉴于制度因素及经济增长的空间外溢性，制度增长模型的估计应该考虑地缘临近性。空间计量经济方法由于考虑了空间效应，不仅有利于揭示经济增长的空间异质性，而且有利于探测空间相关性和聚集性，揭示制度因素与区域经济增长真实的关联性，因而非常适合于研究区域经济增长问题。鉴于此，本书的研究内容正是基于这一现状提出的。

3.2　制度变量的设计

制度有诸多种类，它们以不同方式影响着经济发展。本节在详尽论述重要制度因素对区域经济非均衡发展意义的基础上，从城镇化改革进程、政府职能转变、推动企业的市场化进程、提高经济的开放程度、金融改革进程五个方面，以 14 个指标为基础制度变量构造衡量中国经济转型（经济体制市场化进程）的综合制度变量—制度进步指数，为本书后续的相关研究提供可靠的数据支持。

3.2.1　制度变量的设计方法

制度变量是描述制度环境、制度安排和制度变迁的变量，具有抽象难以量化等特点，现实中并不存在这样一个独立的变量，因此必须找到能够近似描述整体制度以及制度变迁的一系列经济变量和政治变量的集合，这些变量就是所谓制度的代理变量。

1. 制度量化方法的文献回顾

国内外对制度变量及其代理变量的选择是相关文献相对比较集中的一个议题，准确地将制度因素进行量化，不仅为其他方向的基于制度变迁的研究奠定了基石，而且有助于将制度创新对经济增长的解释力通过数学和计量分析更加清晰地表现出来。

国内外的研究都很重视经济自由对于经济增长的推动作用，在诺斯的分析框架中，私有的产权制度是经济制度的核心，政府行为要被约束在不妨碍个体经济自由权的范围之内。格沃特尼（Gwartney，1999）曾对经济自由下了这样的一个定义：如果人们非经暴力、欺诈或偷窃等

（不法）手段得到的财产能够得到免受他人侵占的保护，并且他们可以在不妨碍别人权利的前提下自由地使用、交易或赠与他人，那么就说人们拥有经济自由。其核心观点是个人自由选择权、产权受到保护和交易自由。因此，对于制度变量的度量也基本上简化为对经济自由度的衡量。近几年越来越多的研究者使用一个被称为经济自由化指数（Economic Freedom Index 或者 Index of Economic Freedom）来实证分析制度和经济增长的关系，经济自由化指数分别由美国传统基金会（The Heritage Foundation）以及加拿大的弗雷泽研究所（Fraser Institute）提供，该指数的编制较为复杂，它由十几个经济指标（或"子指数"）和50多个经济变量组成，其得分介于1和5之间，得分越小表示经济自由程度越高。

国内对改革以来的制度安排进行定量测度的研究始于卢中原和胡鞍钢（1993），他们用我国投资、价格、工业生产和商业发展的统计资料估计市场化程度，并检验了市场化程度与经济增长之间的关系，指出中国市场化改革产生的新的体制因素对经济增长具有积极贡献。樊纲和王小鲁（2001）也构造了一个涉及范围更加广泛的指标体系，将相对市场化指数分解为5个方面、23个分指标，利用主成分分析法对各因素赋予客观权重，这一指数在后续研究中使用最多。周业安、赵坚毅（2004）则在樊纲、王小鲁的"相对市场化指数"基础上进行扩展，根据7类指标计算出1984~2002年中国市场化总指数，利用协整模型对市场化指数、政府政策和产业发展、地区增长和收入水平数据进行分析，结果表明，市场化进程本身带来了地区、产业的经济发展的差距扩大，进而导致了收入分配不均。江晓薇、宋红旭（1995），顾海兵（1997），康继军、张宗益、傅蕴英（2007）等也提出各自对市场化指数的构建思想并进行了实证。

对国内外测度市场化进程的指标构造进行比较，可以看到，美国传统基金会（Heritage Foundation）和加拿大弗雷泽研究所（Fraser Institute）都强调政府对经济管制和干预的减少，遵循从基本指标到综合指数的整合过程，这样可以对大部分影响经济自由化的因素进行分析和测度，而这两家机构对中国经济自由度的评估结论都是"较不自由"。加拿大弗雷泽研究所（Fraser Institute）从政府规模、法律结构与产权保护、货币政策合理性、对外交往自由度及信贷、劳动力与商业管制五个因素衡量经济自由度，用 0 ~ 10 的综合指数反映出来。中国 2003 年在弗雷泽研究所的《经济自由度报告》中，在参与排名的 123 个国家中位居第 100 位；美国传统基金会（Heritage Foundation）从货币自由、投资自由、金融自由、商业自由、贸易自由、财税自由、政府的经济干预自由、产权自由、免于腐败的自由和劳工自由 10 个方面进行评估。2008 年其对中国经济自由度的评估结果为 52.8%，全球排名为 126 位。然而，这两种方法的指标多是主观构造的，政府可以自由选择政策以获得尽可能高的估分，一般来说，重视自由和产权的国家，如新加坡，得到的分数和评价很高。中国的经济体制改革由于是渐进性质的，政府在各方面的管制无法完全撤除，这可能就是中国的市场化和经济自由化程度在国外的评估中排名靠后的原因。相对来看，国内的研究大多从我国目前制度结构的基本事实，尤其是资源享赋结构、技术结构与制度结构的互动分析入手，认为中国已达到或接近成熟市场经济水平。

金玉国（2001）设计了四个制度变量：利用非国有化率反映经济成分多元化的程度；将生产要素市场化指数和经济参数市场化指数综合为市场化程度指标，反映资源配置经济决策市场化的广度和深度；用国家财政收入占 GDP 的比重反映国家在经济利益分配中的份额；将进出口总值、对外资产负债总额、利用外资和对外投资总额综合起来，拟合反映我国对外开放程度的指标。采用灰色系统分析中的动态关联分析法计算并比较了各个变量对对经济发展的影响力大小、边际影响率和弹性系数，指出市场化程度对于经济增长的影响最大，其次为产权制度，对外开放程度位居第三，国家和微观个体之间利益格局的变动影响力最小，制度弹性计算的结果也验证了这一结论。叶飞文（2004）也构造了四个相类似的制度变量来对中国的经济增长进行实证分析，这四个制度变量分别是：非国有化程度、市场化程度、社会占有财富程度、开放程度。

在制度变量的选择方面，国外研究更侧重于选择和产权这一备受新制度经济学重视的因素有关的指数或经济变量，而国内更加愿意将代表市场化及私有化的变量纳入自己的研究范围。另外不同的学者对制度变量的选择不尽相同，而且研究的样本范围和时段也不完全一样，所以得出的结论自然也就有所差异。当然在制度变量选择上，国内外的研究也有交叉的地方，例如都研究经济自由化和经济增长的关系，由此可见反映经济自由化的市场化指数在实证分析中是相当重要的。当然，有些学者对这种制度变量的选择方法仍然持怀疑态度，如安立仁等（2004）认为，为了测量制度因素在经济增长中的贡献率，许多研究者都采用了代理变量的方法。可能这些研究者已意识到对经济制度的量化是一个困难的事情，所以，在采用量化制度方法时，并不对制度是什么直接回答，而是用非国有化程度（或产权私有化程度）、市场化程度、对外开放程度、进出口额占 GDP 的比率等作为制度的"代理变量"，进而对这种代理制度进行量化，形成一个关于代理变量的时间序列，再用这个时间序列与 GDP 的时间序列进行回归分析以发现制度对经济增长的贡献率。他认为，这里存在的最大问题是所选代理变量是否是制度变量或制度变迁的"射影"，是否具有统计学上所说的效度，分析结果是否具有信度等。

2. 制度变量的设计思路

目前学者们对制度代理变量的数据处理方法基本上有两种：一是选择若干具体的经济变量及政治变量并分别用这些变量的横截面数据来表示制度，一般而言这是静态的制度代理变量；二是选择若干具体的经济变量及政治变量并将这些变量编制成一个指数，从而用这个指数的时间序列来表示制度及其变迁，这是动态的制度代理变量。这两种方法各有其优缺点，第一种方法比较直截了当，数据处理也较为简单，但由于变量多而不利于进行理论模型的推导，也不利于从整体上把握制度变量的变化趋势，从实证分析的文献看该方法似乎更多地应用于多个国家或地区的截面数据。第二种方法就比较复杂，其基本思想虽和编制股票市场指数甚至和编制反映整体国民经济状况的 GDP 相类似，但是由于制度的复杂性和抽象性决定了这种方法的难度系数很大，不过一旦编制成功则指数化的制度代理变量就能很具体地反映出制度环境以及制度变迁的趋势，而且单一指数化的制度代理变量也有利于理论模型的推导，在实证分析上可以度量一个地区制度变迁和经济增长的关系，由于这个显著的优点，我们在本书中构建使用这种指数化的制度变量。

3.2.2 制度因素的理论内涵

制度因素，包括政治经济体制、市场化制度、政府管理、法律环境等因素通过要素的配置方式和使用效率来直接或间接影响一个区域发展要素的量和质的发挥，从而影响该地区的经济发展。当两个地区经济发展的初始条件大体相当的时候，制度因素在其中起到非常大的作用，从实践上看，往往最先在制度上改革的地区，经济会爆发出强劲的增长。换个角度说，在差异制度环境下，制度对区域经济的要素政策和经济发展促进作用是不同的。本节力图抽象出改革开放以来对我国区域经济发展差距产生重要影响的制度因素。这些因素包括：城镇化改革，企业市场化制度改革，经济对外开放的程度，政府规制的完善，以及金融制度改革的深化情况。

1. 城镇化改革进程及理论内涵

我国的城镇化改革自 1978 年以后始终处于快速发展的阶段。我国农村经济体制改革始于党的十一届三中全会，由于家庭联产承包责任制的实行，广大农民的积极性被充分调动起来，粮食连年增收，农村剩余劳动力日渐增多。同时，第三次全国城市工作会议提出的一些恢复性城镇建设措施，使城镇建设走出了多年的阴影，总体而言，在我国农业不断崛起、乡镇企业崭露头角、城镇建设全面复苏的背景下，我国城镇化开始了长足发展。

1978～1984 年，我国城市数量由 193 个增加到了 300 个，建制镇由 2176 个迅速发展至 7186 个，城镇人口则由 17245 万人上升至 24017 万人。1984 年中共十二届三中全会通过《中共中央关于经济体制改革的决定》，我国进入了以城镇为中心的经济体制改革阶段，通过经济结构调整，劳动密集型轻工业开始得到迅猛发展，在沿海靠近大城市的农村区域，大量具有原料优势的乡镇企业迅速聚集并形成了众多小城镇，促进了该区域城镇化的跨越式发展。自 1984～1986 年撤社建乡制度实施后，1986 年国家相关部门又修订了新的设市标准，大大促进了建制镇与城市的涌现。1985 年，公安部出台了《关于城镇暂住人口管理暂行规定》，在一定程度上提高了农民进城经商务工的积极性，吸引了大批农民进入城市。1989 年，我国颁布了《中华人民共和国城市规划法》明确提出了"严格控制大城市规模、合理发展中等城市和小城市"的规定，促进了小城市和建制镇的迅速发展。在 1984～1992 年间，我国城市数量由 300 个上升至 517 个，建制镇由 7186 个增加到了 14539 个，城镇人口由 24017 万人迅速增长至 32175 万人。1992 年邓小平南方谈话及党的十四大的召开，标志着我国进入了全面建设社会主义市场经济体制时期，沿海开发区的建设及"三来一补"企业吸引了众多农民工，城镇化进程开始由之前单纯的量扩张过渡至量与质共同提升的阶段。尤其是 2000 年，中共中央、国务院发布了《关于促进小城镇健康发展的若干意见》，就我国小城镇发展的十大战略问题做出了重要指示，为小城镇持续健康发展指明了道路。进入 21 世纪以来，随着党中央及各地区不断加强对城镇化建设的重视，积极培育市场经济基础，运用市场机制推进城镇化进程，使城镇化发展形势不断趋好。

城镇化改革的实质是促进农村人口转变为城镇人口，随着生产力的发展，在制度的支撑下，使原本从事农业生产的人口逐渐由农村转移到城镇从事非农业生产，并接受城镇的生活方式与思想观念的过程。但无论是城镇化进程中的生产经济方式转变，还是社会文化形态转变，都需在一定制度框架内进行，当制度与城镇化过程相契合时，便能促进与支持城镇化规范有序地推进，反之则阻碍城镇化进程，导致城镇化无序甚至畸形发展。因此，城镇化改革进程的快慢能够反映与之相联系的制度框架是否适宜。

2. 企业市场化改革进程及理论内涵

改革开放以前，国有企业毫无自主权利，我国企业市场化程度几乎为零。基于此我国企业才开始了市场化改革，其改革进程可分为三个阶段：

1978 ~ 1984 年为"放权让利"阶段，为改变国有企业生产效率低、生产经营缺乏活力等现状，我国政府提出通过扩大企业自主权和物质刺激来调动企业生产经营的积极性。但这一改革的重心是农村，并未提出对城市中的企业进行改革。但"放权让利"使得僵化的资源计划配置制度得以放松，从而使得非国有企业特别是乡镇企业出现了快速增长。但当时非国有企业的比重较小，虽然非国有企业做出了贡献但国有企业及其他企业仍受到政府干预程度很大，我国企业的市场化进程非常缓慢；1985 ~ 1992 年为强化经营权试验阶段，我国企业改革的重心转移到了城市，并明确了国有企业的改革。其内容包括租赁制、承包制和资产经营责任制，目的是通过重建利益机制和权利主体，使经营者对国有财产效率负起责任来。但经济责任制并没有扭转国有企业效率低下的困境，这是因为经济责任制仍然囿于行政性分权的框架内，国有企业的市场化虽已起步，但步子不大。然而，非国有企业的市场化进程在第二阶段则实现了实质性突破，表现为非国有企业带来的效率远远高于主要是政府控制下的国有企业效率。非国有企业基本上是独立的产权主体，可以追求独立的经济利益。1993 年至今是现代企业制度阶段，中国企业市场化改革的目标是社会主义市场经济新制度。国有企业引入了现代企业制度，从而向市场化迈出了一大步。尽管国有企业引入现代企业制度尚处于探索阶段，但它对非国有企业的市场化却是更大的刺激。近几年中国企业的市场化速度加快已经较充分地说明了这一点。

　　企业和政府之间关系影响到我国企业市场化的进程。在此，本书从企业市场的理论内涵角度进行具体分析：企业市场化是指企业的任何一种资源配置行为都由政府支配转变为市场中的平等和自愿交易。企业的市场交易存在外部效应。即有可能为第三方带来利益也有可能造成损失。这种效应为府参与企业交易活动提供了依据。但政府的参与不是大范围的，它一般发生在外部性强的公共产品或服务的生产和经营领域。在交易中，包括政府在内的所有主体如同市场交易主体一样也是平等的，最终形成的交易契约也是以平等主体的同意为基础的。大量的一般性企业的交易都是市场交易，政府主要是通过制定法律和政策对企业的市场交易行为进行规范和引导。只有在一些特殊情况下，政府交易才能进入这些领域。

3. 经济对外开放进程及理论内涵

　　本书从对外贸易和投资两个方面对我国经济对我开放进程加以总结，而金融的开放将在第五个因素（金融制度改革的深化）予以说明。

　　中国的对外贸易进程可以分为三个阶段：第一阶段从 1978～1987 年，其主要特点是中央对外贸经营权和审批权的逐步放开；第二阶段从 1988～1992 年，其主要特点是进一步放松计划控制，进行外贸企业改革，但在关税和非关税措施上不仅没减少，反而有所增加；第三阶段从 1993 年至今，则以降低关税与非关税措施，实施与国际规章接轨为主要特点。考虑改革存在的滞后效应，这三个阶段的改革与中国外贸依存度的发展基本一致，反映出制度转型在形成中国外向型贸易转移中的巨大推动作用。

从利用外资的情况来看，1978 年以前我国很少利用外资，而系统、全面、大规模地引进外资是在改革开放之后。1978～1991 年期间的总体思路是通过引进外资弥补国内建设资金的不足以及提高我国的出口创汇能力，在地位上仅仅把外资视为国有经济的必要补充。1992 年至今这一阶段的总体思路是通过引进外资提高中国经济的科技水平，加速产业结构调整，并最终实现国际竞争力的大幅度提升，在地位上把外资视为国民经济发展中一个具有战略意义的组成部分。在引进外资的主要政策目标上，由重在引进资金转向重在引进技术，外资的来源和结构发生了巨大变化，一大批世界知名跨国公司进入中国，外资进入的形式转变为以建立外商独资企业或外商主导的合资企业为主；投资规模大幅度提高，一大批跨国公司在中国建立主要生产基地；投资结构发生重大变化，高新科技产品比重不断上升。

对外开放作为实现当代经济增长的一个重要条件，作为现代经济增长方式的重要内容，是基于三个方面的机制。一是社会生产离不开特定的社会环境，任何社会生产都必须融入特定的环境，对外开放是使各国生产融入当代世界经济环境的基本的甚至是唯一的形式；二是任何生产与再生产的正常循环都必须以各种要素的合理组合与配置为前提，而在当代国际环境下，这种要素的合理组合与配置必须在世界范围内来实现；三是市场需求是市场经济社会经济增长的主要拉动力量，而对外开放是获得国际市场需求的唯一途径。

4. 政府管理改革进程及理论内涵

本节讨论的政府管理改革主要是指经济管理系统的改革。改革开放以来，政府经济管理系统的改革大体可以分为三个不同的发展阶段（陈宗胜，1999）：

1978～1986 年为第一阶段。这一阶段是政府管理改革的起步阶段，也是一个以破坏旧体制为主要特征的阶段；1986～1991 年为第二阶段。这一阶段是政府改革稳定发展和深化的阶段，最突出的特征是在理论认识上突出了政府职能的转变，并且以职能转变为中心开展政府经济管理系统各方面的改革；1992 年至今为第三阶段。这是按照社会主义市场经济模式建立政府宏观经济调控体系的阶段。其内容主要表现在以下三个方面：第一，实行简政放权，扩大企业自主权，以实现政企分离。这既包括中央向各部门和地方下放经济决策权，形成中央和地方分级管理的宏观经济调控格局；也包括直接向企业放权，扩大企业自主权，使各级政府逐步从企业的微观经营活动中退出。第二，改变政府管理经济的方式，从过去的用行政命令直接控制转变到运用经济杠杆调节经济。这主要包括对计划体制、价格管理体制、劳动人事制度和工资分配制度、商业物资体制、外贸管理体制、财政金融体制，以及投资管理体制等方面的改革。第三，政府机构改革，包括中央政府和地方政府的机构改革，也包括基层政府和事业基层单位的机构改革。

诚然，政府管理改革进程对国家的经济增长产生巨大的影响力，政府直接通过投资影响资源配置，通过产业政策影响地区经济结构，通过财政、行政和法律手段调控贸易政策，进而影响经济主体的决策。本书研究的政府管理改革的转变包括政府职能、管理范围和调节方式的转变。其核心内容是政府作为宏观经济的管理者，从直接生产经营领域退出，即使仍需政府干预的领域也应改变调节手段。相对于计划经济条件下的政府作用而言，可以说政府管理范围和决策内容的逐步减少有利于市场化程度的提高，有利于政府行为方式适应市场化程度的提高。

5. 金融制度改革进程及理论内涵

与其他一些部门相比，中国的金融发展略显滞后，改革开放以前，中国除流通中的现金和银行存款之外几乎没有其他形式的金融资产，改革开放以后，中国的金融资产向市场化、多元化稳步发展。1996 年是中国金融市场化进程的转折的一年，中国人民银行行长关于中国将发展"直接融资"和在 12 月 1 日实现人民币经常项目下的可自由兑换的讲话表明，中国资本市场已走上了与国际接轨的金融市场化的道路。金融开放呈现出比贸易开放更迅速更猛烈的态势。目前数量庞大，速度极快。对国际金融市场及世界经济运行都造成了巨大影响。

金融制度的改革带来了金融贸易服务的自由化，这种贸易服务的自由化包括金融服务的对外开放和对内开放，即一国在对外提供金融服务的同时也接受外国的金融服务。首先，作为金融服务的提供国，该国通过跨境提供、商业存在、自然人流动等方式提供服务，最明显的效应就是扩大其市场份额，使其达到规模经济，进而降低成本、增加收益。其次，在当前竞争激烈的经济环境中，无论是大国还是小国都能从别国获取和掌握信息，以促使产品和服务的本地化、多样化和个性化。最后，对外提供服务既能创造就业机会又能扩大其经营规模，因此能有效地解决国内的剩余劳动力问题和企业的持续发展问题，为该国的经济增长奠定坚实的基础。作为金融服务的消费国，该国就要降低或消除金融服务提供国的进入壁垒，减少管制，开放其金融服务市场。从短期看，这将带来该国以下效应：（1）竞争效应。外国金融服务的进入将给国内企业带来竞争压力，并促使其改善服务质量、提高服务水平，甚至提高国内金融业的效率，最终带动整个经济的增长。（2）无形引进效应。一国在引进国外金融服务的同时就无形的将外国的资金、技术、人才和管理经验一并引进，而且金融服务业又是一个资本密集型和知识密集型的行业，因此这为该国金融服务业在引进国外金融服务的同时就无形的将外国的资金、技术、人才和管理经验一并引进，而且金融服务业又是一个资本密集型和知识密集型的行业，因此这为该国金融服务业的进一步发展提供了保障。从长期来看：金融服务市场的开放打破了东道国的金融垄断，给该国金融体制改革注入了一股强大的外部推动力，其中包括金融企业的规范化经营，金融监管制度的完善和金融风险的防范，这将推动该国金融业的进一步对外开放；金融服务业是众多产业的融合，经济学家们也证明了金融发展与经济增长存在很强的正相关关系，因此金融服务贸易自由化所引起的金融服务成本的降低和质量的提高，将直接带来相关产业生产成本的下降和产业竞争力的提升，也为该国经济的持续增长提供强劲的原动力。

3.2.3　制度变量代理指标设计

从城镇化改革进程、政府职能转变、推动企业的市场化进程、提高经济的开放程度、金融改革进程五个方面，以 14 个指标为基础制度变量构造衡量中国经济转型（经济体制市场化进程）的综合制度变量—制度变迁指数。

1. 城镇化改革

我国城镇化改革是一次重大的制度变革。城镇化是指农村人口向城镇人口转变的过程，而城镇化进程伴随着农业（第一产业）向工业（第二产业）和服务业（第三产业）的转变、人们生产生活方式的转变，当制度的改革与城镇化过程相适应时，便能促进并支持城镇化改革有序地进行，反之就会妨碍城镇改革的进程。因此，城镇化改革进程的快慢能够反映与之相联系的制度框架是否适宜。关于城镇化改革进程的指标选择，已有成熟的文献大都选择非农业人口所占比重这一指标，本书在此基础上还选择第二、第三产业人口所占比重与非国有经济就业人数占城镇总就业人数的比例这两大指标反映城镇化改革进程。

（1）非农人口所占比重。

城镇化改革的目标就是农业人口向非农业人口转变。因此，非农业人口所占的比重能够衡量城镇化的水平。其中，非农业人口比重越高说明城镇化水平越高。其计算公式为：

$$A1 = \frac{非农业人口}{总人口} \times 100\%$$

（2）第二、第三产业人口所占比重。

我国的第一产业以传统农业为主，随着我国城镇化改革进程的加快，我国的产业结构由第一产业为主导向第二、第三产业为主转变。因此，我们用第二、第三产业人口所占比重来说明城镇化进程。其公式为：

$$A2 = \frac{第二、第三产业人口之和}{总人口} \times 100\%$$

（3）非国有经济就业人数占城镇总就业人数的比例。

非国有经济能够吸收大量的农村剩余劳动力，从而为我国城镇化进程作出贡献。因此，非国有经济就业人数占城镇总就业人数的比例的高低则反映我国城镇化进程的快慢，其公式为：

$$A3 = \frac{城镇非国家经济就业人员}{城镇总就业人数} \times 100\%$$

2. 市场化制度改革

现有很多研究者们将市场化改革作为重要的制度变迁变量，市场化改革也是我国经济体制的重大变革。市场体制改革能够实现社会资源充分合理配制，并以效率最大化为目标机制。对于企业市场化进程的测度，本书在已有文献的基础上，选择非国有经济与业总产值中的比重、非国有经济占全社会固定资产总投资中的比重和股票市值占规模以上企业资产总值的比重这三个指标，用来从多个角度测度市场化的进程。

（1）非国有经济在工业总产值中的比重。

我国企业市场化进程的改革一个突出的特点就是国有经济占主导地位的改变。由传统的计划经济向市场经济的转变，非国有企业取得了重大的发展。它们的迅速扩展使得市场调节在整个经济中的比重迅速提高，并且保证了经济的持续高速增长。因此，非国有企业在工业总产值比重的上升能够反映了市场化的进程，其计算公式为：

$$B1 = \frac{\text{非国有工业总产值}}{\text{工业总产值}} \times 100\%$$

但应当说明，这一指标只能在一定历史时期内反映企业市场化的进展状况，即使在一些发达的市场经济国家中，在某些提供公共产品或存在经济外部性的部门，国有企业仍然占有一定的位置并有存在的必要，因此这一比重并非越高越好。

（2）非国有经济在全社会固定资产总投资中所占比重。

非国有经济在工业总产值中的比重，仅仅是从工业的角度来衡量非国有经济取得的进步，鉴于此，本书还选择非国有经济在全社会固定资产总投资中所占比重这一指标来反映非国有经济的发展，固定资产投资是国民经济增长和企业发展的重要因素，该指标可以反映非国有经济主体在固定资产投资方面的贡献率以及固定资产投资的市场化程度。其计算公式为：

$$B2 = \frac{\text{非国有固定资产投资额}}{\text{全社会固定资产投资额}} \times 100\%$$

（3）股票市值/规模以上企业资产总值。

除了以上两个指标，本书还增加了股票市值占规模以上企业资产总值的比重，这一指标用来反映我国企业市场化的进程。其公式为：

$$B3 = \frac{\text{股票市值}}{\text{规模以上企业资产总值}} \times 100\%$$

3. 经济对外开放程度

我国区域经济发展水平的高低还与改革开放大环境有关。对外开放是我国经济体制中的又一重大变革，刘文革、高伟、张苏（2008）选取了对外开放作为制度变量的一个指标，测度经济对外开放进程指标的选择通常有两种方法：单一指标体系法和综合指标体系法。单一指标一般选取具有代表性的指标如劳赫（Rauch，1990）使用对外贸易比率，即选用一国当年的进出口贸易总额占国家 GDP 的比重来衡量一个经济体的对外开放度；陈耀庭（2000）以外贸依存度为主要指标，并比较了中国和世界主要国家的开放程度等。但单一指标体系法不能很好地反映经济的对外开放进程，因为一国的对外开放并不仅仅受到一种因素的影响。基于此，本书采用综合指标体系方法来测度经济对外开放程度。

（1）对外开放程度：外贸依存度。

一个国家的对外开放程度首先表现在与不同国家在商品贸易即进出口之间的联系上。当今时代的商品贸易仍然是各国对外开放的重要渠道和标志。不同的国家对外开放政策不同，进出口商品结构不同，因而在一定时期内其对国内经济增长的促进作用也是不同的，二者虽然有一定的正相关，但不能够等同。外贸依存度是反映一个地区的对外贸易活动对该地区经济发展的影响和依赖程度的经济分析指标。外贸依存度越高说明该国的经济发展依赖对外贸易的程度越大。因此，经济的增长并不是外贸依存度越高越好。其计算公式为：

$$C1 = \frac{\text{进出口总额}}{\text{国内生产总值}} \times 100\%$$

（2）国际贸易营运水平：出口总额与社会消费品零售额的比率。

一个国家经济对外开放的程度还可以用国际贸易营运水平的大小来衡量。外贸依存度只能在总量上来衡量经济开放程度的状况，但进出口总额是由出口和进口构成，真正带动经济增长的是出口额的数量，因此有必要对出口额与社会消费品零售额的比率进行测度，比率越大说明出口额对我国经济增长的贡献就越大。其计算公式为：

$$C2 = \frac{\text{出口总额}}{\text{社会消费品零售总额}} \times 100\%$$

（3）资本流动强度：人均实际利用外资总额。

近年来外资大规模进入我国，特别是一大批实力雄厚的跨国公司来华投资刺激了我国经济的增长，这体现了资本流动强度通过影响投资总额进而影响到我国经济的增长。这种资本的流动强度可以用人均实际利用外资的总额大小来衡量，其计算公式是：

$$C3 = \frac{\text{实际利用外资总额}}{\text{人口数}}$$

4. 政府管理方式转变

政府管制是政府干预市场经济的一种行为手段，其实施过程会受到法律政治经济体制的影响，从本质上来说政府管制是一种制度安排。本书政府管制特指经济管理系统的改革，参考陈宗胜、吴浙、谢思全（1999）的研究，我国经济体制由计划经济转向市场经济，一个最重要的原因就是由于政府管制的改变，政府将计划分配经济资源方式逐渐向市场自发分配转变。测度政府管理改革进程指标的选择遵循两个原则：其一是从多个角度衡量政府的管理改革适应市场化转变的程度，本书选择多个指标来进行度量。其二是指标的可度量性，数据的可获得性。根据以上分析，本书选取以下三个指标来测度政府管理改革进程。

（1）政府分配资源权力约束：财政支出/GDP。

从计划经济转向市场经济的改革，一个最重要的方面就是由政府通过计划方式分配经济资源，逐步转向主要由市场分配经济资源。政府拥有的分配经济资源的权利，在一定程度上约束了市场经济对于经济资源的分配。为衡量政府分配资源权力约束的大小，本书选择政府的财政支出占 GDP 比重这一指标。很明显，若财政支出占 GDP 比重越大，政府分配资源的权力约束越大，市场化程度越低，反之亦然。其计算公式为：

$$D1 = \frac{财政支出}{GDP} \times 100\%$$

（2）政府管理效率：税收/财政总收入。

政府作为社会经济管理者，其自身的利益表现为税收，在计划经济中政府是所有者、管理者和直接经营的生产者合于一身，但在市场经济中政府主要是宏观管理者。我国政府财政收入主要包括税收、企业收入（利润）和企业亏损补贴（负的利润）。其中，税收是政府作为社会管理者职能的反映，因此，政府管理效率的大小可以从税收与财政总收入比例关系中反映出来，在一定程度上能够反映政府管理改革进程。具体计算公式为：

$$D2 = \frac{税收}{财政总收入} \times 100\%$$

（3）政府管制放松：国家预算内投资/全社会固定资产总投资。

计划经济中政府直接参与经济活动，表现为政府管制通过计划方式分配经济资源，由计划经济向市场经济的转变，意味着政府管制必须适当的放松，以适应市场化进程的改革。本书选择国家预算内投资占全社会固定资产总投资比重这一指标从全社会的角度来度量政府管制的大小，其值越大说明政府管制程度越大，越不利于政府管理改革的进程，其值越小则政府管制程度就越小，越有利于政府管理改革的进程。计算公式为：

$$D3 = \frac{国家预算内投资}{全社会固定资产投资} \times 100\%$$

5. 金融制度改革的深化

王志波（1997）从制度变迁角度理论分析了我国的金融创新，认为金融的改革和创新是一种金融领域的制度变迁。闫海洲（2011）认为，金融机构可以为经济活动提供资金支持，金融发展对经济增长的生产率效应也表现出不同的作用，金融制度的深化改革对利率和汇率均有重要的影响。基于数据可得，本书选择金融机构存贷款总额占 GDP 的比率和金融机构存贷比作为反映金融制度改革进程的直接测度指标，来衡量金融化改革水平。

（1）金融机构存贷款总额占 GDP 的比率。

金融机构存贷款总额占 GDP 的比率一方面能够反映我国金融机构的发展状况，另一方面能够反映金融对外开放的程度，具体来说刻画了我国金融机构吸引外资的强度。其计算公式为：

$$E1 = \frac{金融机构存贷款总额}{国内生产总值}$$

（2）金融机构存贷比：金融机构吸收存款总额/金融机构发放贷款总额。

金融机构的存贷比能够衡量我国金融机构发展是否均衡，近几年来我国金融体制改革取得了许多进展，但不可避免的发生了很多问题，金融机构存贷比例失调就是其中之一，因此有必要对于金融机构存贷比进行测度，以期发现我国金融体制改革的是否进展良好。其计算公式为：

$$E2 = \frac{金融机构吸收存款总额}{金融机构发放贷款总额}$$

6. 制度变量—制度变迁指数

基于以上分析，我们从城镇化改革进程、企业市场化制度改革、经济对外开放程度、政府管理方式转变、金融制度改革的深化五个方面，得到以 14 个指标为基础制度变量构造综合制度变量—制度变迁指数，其指标体系如表 3 - 1 所示。

表 3 - 1　　　　　　　　　制度变迁的指标体系

变量	一级指标	二级指标
代理变量	城镇化（Urban）	A1 非农人口占总人口的比重 A2 第二、第三产业人口占总人口的比重 A3 非国有经济就业人数与城镇总就业人数的比例
	市场化（Market）	B1 非国有经济占工业总产值中的比重 B2 非国有经济占全社会固定资产总投资中所占比重 B3 股票市值/规模以上企业资产总值
	对外开放度（Open）	C1 对外开放程度：外贸依存度 C2 国际贸易营运：出口总额与社会消费品零售额的比率水平 C3 资本流动强度：人均实际利用外资总额
	政府管制（Govern）	D1 政府分配资源权力约束：财政支出/GDP D2 政府管理效率：税收/财政总收入 D3 政府管制放松：国家预算内投资占全社会固定资产总投资比重
	金融化（Finance）	E1 金融机构存贷款总额占 GDP 的比率 E2 金融机构存货比：金融机构吸收存款总额/金融机构发放贷款总额

3.3　区域经济制度影响分析的研究方法

3.3.1　区域经济增长及制度影响的传统方法

1. 回归分析法

回归分析法是国内外关于制度与经济增长方面研究的最早和比较常

用的方法。回归分析方法需要在回归模型中选择能够代表制度的量化指标，其中比较常用的有市场化指数以及使用国内外公认的指标体系下的指标等，然后建立有关制度指标的多元回归方程进行分析。应用回归分析法的相关研究中较有代表性的是格沃特尼（1996）等在研究经济自主发展以及经济增长的关系时使用弗雷泽研究所的经济自由度所进行的回归分析。斯库利（Scully，2002）通过所收集到的一些发达国家的相关数据，通过建立回归方程得到发达国家的制度以及经济自由度对发达国家的经济产生显著的作用。回归分析法也是我国学者研究区域经济增长问题的一个常用方法。王文博等（2002）在构造制度变量的时候，创造性地将常用的四个指标——市场化指数、对外开放度、非国有化率以及市场化收入比重使用主成分分析的方法将其合并为一个指标代表制度因素纳入计量回归模型中。并通过这个模型测算了 1981 ~ 1999 年中国的经济增长中制度因素所占的比重。该方法之后也被许多研究这类问题的学者们所采纳。薛宏雨（2004）利用改革开放 20 年以来的数据，从定量的角度分析了制度因素对经济进步的贡献，通过构造回归模型，验证了制度因素对经济的显著性影响。

2. 虚拟变量法

该方法应用计量经济学中定性指标定量化的方法简化了制度指标的处理，不对制度直接进行全面量化，而是根据不同时间段上制度的重要程度，把制度变量设定为虚拟变量。通过对包含虚拟变量的生产函数的测算来验证各个基本生产要素对经济增长的重要程度。这种方法在实际应用中相对来说应用不是很广泛。雷钦礼（2002）构建了一个包含宏观制度变量的生产函数，在实证的过程中直接用虚拟变量代表制度影响因素，得出制度对经济增长有重要影响的结论。

3. 强估计分析法

使用强估计方法来分析区域经济增长问题最早是由卢索（Rousseeuw，1984）提出。在具体应用该方法上，德汉（De Haan，1996）、萨尔蒙（Siermann，1998）以及斯特鲁姆（Strum，2001）在格沃特尼（1996）研究出的 3 种指数的基础上，运用强估计分析方法认为经济的增长与经济的自由度变化存在显著相关关系。卡尔森（Carlsson）和路

63

德斯乔姆（Lundstrom，2002）也使用该方法测算不同统计口径下的经济自由度对经济增长的影响。结果得出大部分的经济自由度指数在不是非常严格的统计显著性检验下与经济增长都是显著相关的。结果表明大部分测度的经济自由度指数对于 GDP 的增长的作用不是说明经济自由度提升有利于经济增长，但研究结果也同时表明了构成经济自由度的某些分项指标变量对经济增长的影响显著性较低，例如说国家的货币政策与经济的增长无显著的相关性，经济结构与金融制度在统计上与经济增长的统计显著性也是很低的，甚至有些变量，如政府规模和对外贸易的自由度对经济增长的作用呈现负相关的影响。这些结果从理论和实践中很难解释，可能是由于强估计分析法本身的缺陷导致的，由于其剔除了许多极端值的影响，使其计算结果的有效性降低。

4. 余值法

余值法是在前人研究的索洛余值法的基础上通过全要素生产率的计算演进而来的。在一个经济模型中，余值法的意义在于从全要素生产率对经济的影响是从经济增长模型中剔除资本和劳动力的贡献率之后剩下的部分。然后就可以通过柯布—道格拉斯生产函数来进行模型的匹配，并对全要素生产率进行计算。最后进一步使用计量经济学的方法对代表制度的变量以及全要素生产率进行进一步的分析。马健（1999）、李子奈等（2002）通过定量研究，采用索洛余值法考究了制度与经济管理方面的创新性对经济增长的影响。康继军（2006）使用改革开放以后我国全国以及重庆市作为区域代表的数据，通过索洛余值法测度了制度变迁对经济发展的影响程度。

5. 格兰杰因果关系分析法

法尔（Farr，1998）等使用混合面板数据对经济与政治自由度以及相关的经济绩效进行了格兰杰因果关系研究，发现前两者与经济发展绩效的确存在着统计上显著的因果关系，并且这种因果关系是双向影响的。李富强等（2008）在考察影响经济发展的各类要素之间的关系时发现制度和其他要素间不仅存在相关关系，而且制度还是其他新古典内生要素发展的 Granger 原因。陈华（2012）通过格兰杰因果关系检验以及平稳性检验建立了协整方程，测度了全国总量以及东、中、西、东北部四大区域制度变迁（以市场化指数为代表）对经济增长的贡献。研究结果表明全国总量以及东部和中部地区以市场化改革指标为制度代理变量在经济增长方面的作用力十分明显，而西部和东北部地区的制度影响从统计上来看显著性较低。

6. 极值边界分析模型

极值边界分析模型最早是用于测度灵敏度，最早由利默（Leamer，1985）提出。莱文（Levine，1992）等是国内外学者中最早使用极值边界分析模型进行研究的。他们分别检验了经济增长模型中的一些基础性变量的强显著性，发现只有少数变量经过验证存在与经济增长的强显著性关系。之后阿里和克雷恩（Ali and Crain，2002）运用改进后的极值边界分析模型对经济、政治自由度进行分析，发现这两个变量在运用改进后的模型分析，与经济增长之间的关系存在明显的强显著性。国内的许多经济学家也通过极值边界分析模型来研究经济问题。王立平等（2004）分析了我国的市场化水平进程与经济发展之间的关系。研究发现，长期下两者之间的关系是存在强显著性的，而在短期下，二者之间的强显著关系不明显。

从以上定量方法的归纳和简要介绍我们可以看出各种方法都存在各自的局限性和不足之处。就普遍采用的回归分析方法来说，其主要缺陷在于对制度变量的选择与定量测算缺乏客观标准，国外常用经济自由度，而在我国的相关研究中主要使用非国有化率、对外贸易依存度、市场化水平等不同指标。另外，在不同国家对统一经济发展问题的研究中，无法达成对测算制度变量方面的一个统一口径的指标体系，我们有时为了研究而独立测算的指标结果不一定在某一个国家个体上能得以适用。虚拟变量法的不足在于它将制度变量设定为虚拟变量，只是从结构上说明制度的改变对经济存在一定影响，但不能主观直接地反映出制度的作用大小。余值法的一点不足是由于我们采用的是剔除的方法，这样在我们剔除过后的全要素生产率之中包含的因素过多，可能在计量分析上得到的结果不是那么准确。强估计分析法由于是对强显著性进行分析，会去除一些极端值，其意义说明也不十分具有说服力。极值边界分析方法也只能从一定程度上证明制度变量对经济增长的作用是否具有强显著性。面板数据分析方法在使用上必须要满足一定的假定，其理论方面也有一定的缺陷有待改进。在上述分析方法的基础上，近两年来地理和空间统计分析方法为定量分析制度与经济增长的关系进行了拓展。

3.3.2 三阶段 DEA 模型分析法

目前文献在测度效率方面广泛采用查恩斯和库珀（Charnes and Cooper, 1978）等提出的数据包络分析（DEA）方法。DEA 方法无须主观设定具体的生产函数形式，在确定投入和产出指标的基础上根据线性规划方法计算出各决策单元的相对生产效率，客观性较强。但这一经典的 DEA 方法忽略了环境因素的影响，将所有的决策单元之间的效率进行比较，这种比较显然是不科学的。之后学者为解决这一问题作出大胆的尝试，如范恩等（Fare et al., 1989）曾提出解决这一问题的一阶段 DEA 方法，将环境因素视为投入和产出变量带入经典的 DEA 模型；科埃利（Coelli, 1998）等提出了两阶段 DEA 法，即首先利用经典的 DEA 方法测算出决策单元的效率值，然后以此为因变量，以环境变量为自变量建立 Tobit 回归分析。这两种方法其实质也未将环境因素的影响消除，弗里德（Fried, 2002）等提出能够将环境因素和随机误差影响消除的三阶段 DEA 模型，该方法的第一阶段是利用经典 DEA 方法计算决策单元的效率值；第二阶段使用投入松弛、环境变量及随机误差，利用随机前沿模型（SFA）对第一阶段测算的投入松弛量进行修正，并重新调整投入量；第三阶段将调整后的投入量重新代入经典 DEA 模型核算效率，此时得到的效率值就是剔除了环境因素与随机误差影响的真实效率值。在我国区域生产效率的方面，以往的研究学者们主要使用的是经典的 DEA 模型和随机前沿模型（SFA）两种方法，三阶段 DEA 模型的应用还比较少见。颜鹏飞、王兵（2004）基于经典的 DEA 方法，测算了我国各省区的 Malmquist 指数，并指出自 20 世纪 90 年代以来技术效率提高和技术进步是生产效率得以提高的主要原因，并指出制度因素对全要素生产率及技术效率提高都有重要影响。傅晓霞、吴利学（2006）通过随机前沿模型（SFA）将各地区全要素生产率的变动进行分解，认为1990 年前全要素生产效率主要由技术进步率决定，1990 年之后制度水平对技术效率的影响进一步增大。王志平、陶长琪（2010）运用随机前沿 C–D 生产函数对我国区域生产效率及其影响因素进行分析，发现

2000 年以来西部地区生产效率的改善比东中部地区显著，外商投资、基础设施的实际有效利用有助于生产效率的提高。陶长琪、齐亚伟（2011）采用了三阶段 DEA 模型对我国生产效率进行了研究，结果发现环境因素确实影响生产效率的测度，规模效率的下降是造成生产率低的主要原因。

从方法上看，SFA 基本假设较为复杂，对投入产出的数据要求高，一旦数据不符合假设就会产生严重的偏度问题，DEA 法无法剥离环境因素对结果的影响，容易产生结果的失真，因此使用三阶段 DEA 模型对制度影响研究更有利。

3.3.3　面板数据模型分析法

面板数据分析方法是在面板数据以及截面数据的基础上形成的一种较为系统以及先进的计量分析方法。鉴于面板数据是时间序列与截面数据的汇总，它将时间信息以及截面信息很好地融合到一起，在解释制度、生产要素与区域经济发展之间的关系时比一般的计量经济方法更加全面而有效。张光南、李军（2008）根据国外 1970～2003 年的面板数据对制度、政府决策以及经济发展之间的关系进行了分析研究。在研究中，它使用了个体固定效应的面板数据模型，并得出结论，认为制度是通过影响政府的决策从而对经济增长产生影响。李国樟（2011）采用 1996～2008 年的面板数据，运用面板协整理论和模型首次分析了制度差异对中国东、中、西三大区域经济增长的影响。研究发现，东、中、西部地区制度差异与经济增长变量在长期上存在相关关系，且全国和区域的制度差异对社会经济发展差异有一定的影响。

面板数据分析方法在使用上必须要满足一定的假定，其理论方面也有一定的缺陷，有待改进。在上述分析方法的基础上，近两年来地理和空间统计分析方法为定量分析制度与经济增长的关系进行了拓展。

3.3.4　空间计量经济分析方法及其应用

空间计量经济学的最初理论是由潘林科（Paelinck）在 1974 年首次提出的。他认为"在计量经济学的研究中，需要单独开辟出一个部分，

67

把经济理论以及数理统计方法结合起来，用以分析区域计量经济学方向。"众所周知，传统的计量分析方法存在着各种假设，在使用这些方法之前必须满足一定的假说，而空间计量分析用以分析一些数据，其本身就在空间范围上存在一定的关联性，以至于不必满足传统分析方法中的样本完全独立的假说。这样来看，空间计量分析是在传统分析方法上的一个跃进。由于它不满足一些假定，故我们在进行空间计量分析的时候无法使用一些传统的分析方法来描述空间数据的一些特征。但空间计量分析的研究方法也是建立在传统分析方法的基础上的，它是将一些经典的计量分析技术经过适当的处理以适用于空间数据的分析上。

自空间计量经济学理论被提出后，吸引了国内外学者的注意力，空间计量经济方法得到了广泛的使用。艾伯如（Abreu，2004）等大范围检索了使用空间计量分析方法的研究文献，发现这类文献的数量随着年份变化增长速度极快，尤其是2003年之后，学术界对这方面的研究越来越多。下面我们主要从国内外学者将空间计量分析方法应用于区域经济增长及制度影响的角度进行归纳总结。

1. 探索性空间数据分析方法的应用

雷伊（Rey，1998）等是最早一批运用探索性空间数据分析方法进行研究的学者。他运用1929~1994年美国各州的数据，首先，用最小二乘回归方法进行模型的估计。然后，通过探索性空间数据将空间模式可视化，并根据拉格朗日乘数检验来对空间模型进行最优性选择。最后，根据空间计量得出的模型以及OLS分析得到的模型进行对比发现，二者相比，空间误差模型的收敛速度比较低。应（Ying，2000）同样使用探索性空间数据对我国改革开放以来的区域经济增长状况进行分析研究，结果显示，广东省在我国区域经济发展中是作为一个重要的增长极而存在的。梁艳平等（2003）将改革开放至2000年以来的时间段分为两个时期，运用空间数据分析方法分析不同时间段之间我国经济发展的空间构架的变化。结果发现，在1978~1999年以及1999~2000年这两个时间段内的人均国民生产总值均存在一定的空间正相关性，并且这种空间布局丝毫没有随着时间的推移，经济的变动而发生改变。罗伯茨（Roberts，2004）根据空间探索性数据分析法对英国的经济现象进行分析，发现1977~1993年，经济稍微欠发达的英国西南部存在一定的经

济集聚现象。而通过收敛性分析得到结果，除了英国西南部地区的经济
呈现发散状态，其他区域均呈现出一定的收敛性。田成诗等（2004）
通过对我国 31 个省区的劳动生产率进行分析，发现我国各个地区的劳
动生产率呈现出显著的空间集聚特征。樊新生等（2005）对河南省的
经济发展状况进行探索性分析，发现河南省并没有作为一个增长极对周
围区域起到一个经济带动作用，其空间溢出性也只在经济发展较快的西
北部有些许体现。

2. 空间计量经济模型的应用

勒萨热（Lesage，1999）在分析中国各个区域之间的经济发展状况
时运用非参数方法以及贝叶斯空间计量方法进行分析，得出，我国大部
分区域均存在明显的空间集聚现象。应（Ying，2003）根据改革开放
20 年以来的数据，得出结论，认为我国各个地方区域之间的经济增长
模式在空间上呈现出两极分化的结果。林光平、龙志和、吴梅（2004）
根据 1978～2002 年我国 31 个省的数据，采用空间计量方法研究人均国
民生产总值的收敛性。吴玉鸣（2005）为了研究我国区域经济的集聚
现象以及影响区域经济的主要因素，设定了一系列的空间计量经济模
型，发现我国各个省区的经济发展存在一定的集聚现象。林光平等
（2004）也是从考察人均国民生产总值的收敛性入手，分析我国各个省
市自改革开放以来的收敛情况。他通过设置地理空间以及经济空间两个
方面的权重矩阵来确定一个唯一适合的空间计量经济增长模型。陈华
（2012）为验证空间计量模型的适用性，分别选取了截面数据、时间序
列数据以及面板数据来采用经典计量分析方法进行建模，另外，还采用
空间探索性统计分析所得数据，并建立空间计量模型。最后得到制度决
策与经济增长之间存在着显著的相关关系。韩兆洲（2012）在现有的
研究基础上，将面板数据分析方法与空间计量分析方法相结合，对我国
区域经济均衡地发展进行研究，并重点研究影响我国区域经济增长的几
个重要因素。根据模型他认为，从空间上，我国区域经济存在着显著的
相关关系；从影响区域经济的因素角度来说，不同的经济发展阶段，对
经济增长起决定性影响的因素是不同的。其中，他指出几个长期对经济
增长存在正向影响的要素，分别有人力资本、人口、市场化进程以及制
度因素等。

空间计量经济学在区域经济增长方面的应用是一个十分有学术研究价值的方向，这也从侧面的角度说明空间计量方法具有强大的适应力。从探索性空间计量分析方法以及空间计量模型的应用两个方面来展开研究，二者相辅相成，相互促进。探索性空间计量分析可以使我们分辨经济增长的空间特征，便于我们寻找其适应的模型；而空间计量模型的应用也是时间序列、横截面及面板数据的进一步拓展，是传统计量分析方法的改进。在目前的有关空间计量在区域经济增长方面的研究还在发展当中，目前研究有一定的实用性，但也存在着很大的发展空间。动态空间面板数据模型就是我们研究的一个重点，这也将会是今后空间计量经济学在区域经济增长方面应用的一个主要发展方向。

从现有的研究文献可以看出，影响区域经济增长的制度形式设定带有较大的随意性，也未能充分考虑要素投入之间空间上的关联性及区域经济增长的空间效应，使得从制度到经济增长的特殊机制难以密切地刻画，空间计量方法及空间统计方法的不断发展为这一领域的研究提供了新的思路。目前国内对区域经济增长的空间计量研究取得了很大进展，产生了不少具有开创意义的成果，但是大部分是在原经济增长模型中直接加入空间变量，并且主要集中于收敛性方面，尚未形成基于空间效应的制度与区域经济增长关系的完整研究框架和研究成果，本书的研究内容正是基于这一现状提出的。

上 篇

基于截面数据模型的
实证研究

第4章 区域经济差异及制度变迁的特征与测度

本章对中国各地区之间经济发展差距演变过程进行定量测度和趋势分析。采用极差、标准差、极差率、变异系数、基尼系数和经济区位熵等测度指标，用面板数据分别测度改革开放以来各地区之间的绝对差距和相对差距，并对我国的总体差距进行静态与动态的比较分析。在深刻理解制度理论的内涵及中国经济体制改革历史进程的基础上，基于制度变量—制度变迁指数，使用因子分析方法在尽可能保留原有数据所含信息的前提下实现对统计数据的简化，并对中国经济体制改革过程中各省市制度变量在时间维度上的相对差异做定量测度。根据以往的研究应用情况及指数的数据特征看，测度的指标能较好地描绘中国区域经济差异及经济体制的市场化改革进程，为本书后续的相关研究提供可靠的数据支持。

4.1 中国区域经济差异：测度与特征

区域经济发展差异指的是一个统一的国家内部，一些区域比另一些区域有更快的增长速度、更高的经济发展水平和更强的经济实力，致使空间上呈现出发达区域与不发达区域并存的格局，即区域经济发展不平衡。区域经济发展差异一直是区域经济学研究的核心问题之一，也是世界各国经济发展过程中要面对的一个普遍问题。

对于改革开放以来我国区域经济差异变化的研究，尽管许多学者已做过较多的研究，但研究结论却不尽一致，有些结果甚至相去甚远。杨开忠（1994）采用1952~1990年各地区人均国民收入年增长速度为研究数据，运用变异系数和加权变异系数为研究方法，对全国省际的经济差异进行了测算，得出的结论是各省经济差异变化以 1978 年为转折点，呈"U"型变化，1952～1978 年差距一度缩小；1978～1990 年差距呈不断扩大之势。魏后凯（1997）采用各地区人均 GDP，人均国民收入和人均收入，采用地区经济增长的 β 收敛系数法，对 1952～1995 年的省区增长差异进行了研究，结论是 1952～1965 年地区差距一度缩小，1965～1978 年区域差异扩大，1978～1995 年差距缩小。覃成林（2002）运用加权系数法对 1978～2000 年的区域人均 GDP 进行测算，结论是1978～2000 年地区差距总体呈缩小趋势，但是 1993～1995 年有略有波动并呈扩大走势。林毅夫（2003）采用全国 31 个省区的人均 GDP，运用变异系数和基尼系数对 1978～1999 年的省际数据进行核算，结论是1990 年后区域差异扩大。吴玉鸣（2004）利用非线性分形理论对中国1978～1998 年区域经济发展差异进行实证分析，结论是区域经济发展差异没有呈现出收敛而呈现发散态势。许月卿、贾秀丽（2005）采用人均 GDP、人均社会消费零售总额指标并计算其相对差异系数，对中国1978～2002 年的经济发展差异进行了动态时序分析，结论是中国经济区域差异程度在 1990 年以前减小，1990 年以后扩大，社会消费水平总体上呈扩大趋势。任建军、阳国梁（2010）从 GDP、人均 GDP 和城乡居民收入水平三个角度对我国四大区域经济发展进行多维度分析，发现四大区域间经济发展差异呈现不断扩大的趋势。

研究者采用不同的统计指标、分析方法、时空尺度和地域单元得出的结论也大不相同。因此，区域经济差异研究需要不断完善和统一。本节通过对 1978～2012 年区域数据的计量分析，揭示中国区域经济差异及其变动特征，从而为分析区域经济差异变化的原因提供科学、客观的依据。

4.1.1 区域差异的测度方法与度量指标

1. 区域差异的测度方法

测度地区差异的定量分析方法很多，大致可分为两类：一类是绝对差异方法，另一类是相对差异方法。但这两类计算方法所反映出的地区间差异的变动趋势可能一致，也可能相反。目前，国内外在测度地区绝对差异时，常采用的方法主要有：绝对离差法、标准差法；计算相对差异的方法主要有：相对比率法、变异系数法、加权离均差系数法、加权变异系数法、基尼系数法、经济区位熵法、泰尔（锡尔）指数法等。鉴于篇幅所限，本书仅运用绝对离差（Absolute Deviation）、标准差（Standard Deviation）、极差率（Range Ratio）、加权变异系数（Coefficient of Variation）、基尼系数（Gini Coefficient）、经济区位熵（Economic Location Quotient）等方法，具体分析我国各省区经济差异的变动特征。

（1）极差：极差是两个变量值之差或一组变量值之间的最大值与最小值之差，表现为绝对数。其计算公式为：$D = |X_{max} - X_{min}|$。

（2）标准差：标准差反映了总体内部各单位标志值与总体均值之间数量差异的一般水平。其计算公式为：$\sigma = \sqrt{\dfrac{\sum\limits_{i=1}^{n}(X_i - \overline{X})^2}{n}}$。

（3）极差率：本报告的相对比率指标主要采用极差率（Range Ratio），其计算公式为：$R_r = \dfrac{X_{max}}{X_{min}}$。

（4）变异系数：即反映区域人均 GDP（或人均收入）水平差异的威廉逊系数，通常采用统计学中的标准差和均值进行计算。其计算公式为：$V = \dfrac{\sigma}{\overline{X}} \times 100\%$。

（5）基尼系数：基尼系数是意大利统计学家基尼（K. Gini, 1884 ~ 1965）根据洛伦兹曲线提出的一个定量测定收入分配差异程度的指标，用来反映一个国家收入的差异。若把洛伦兹曲线图中洛伦兹曲线与完全平等曲线之间的面积用 A 表示，将洛伦兹曲线与完全不平等曲线之间面积用 B 来表示，基尼系数就表示为：$G = A/(A+B)$（参见图 4 - 1），实际的基尼系数介于 0 和 1 之间。基尼系数越大，则收入分配越不平均；基尼系数越小，则收入分配越接近平均。

实际应用中的计算公式是：

$$G = 1 - \sum_{i=1}^{n} P_i \times (2Q_i - W_i)$$

式中，P_i 表示各组家庭数占调查总户数的百分比；W_i 表示各组收入占总收入的百分比；Q_i 表示收入累计百分比；$i = 1, 2, \cdots, n$ 表示分组的组数。

联合国有关组织规定：基尼系数若低于 0.2 表示收入绝对平均；0.2~0.3 表示比较平均；0.3~0.4 表示相对合理；0.4~0.5 表示收入差距较大；0.5 以上表示收入差距悬殊。

洛伦兹曲线和基尼系数不仅可以衡量收入的差异程度，而且在度量国家或地区间的发展水平差异时也得到了广泛应用。

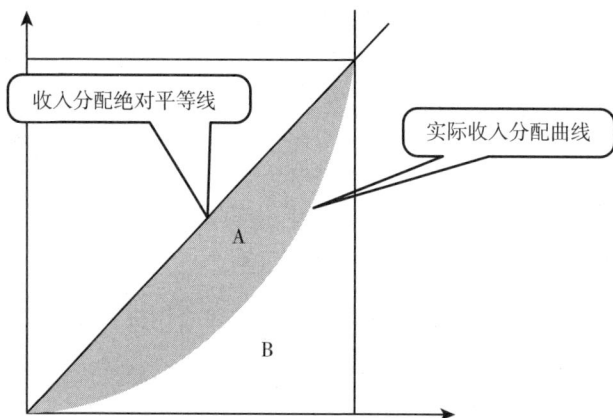

图 4-1　$G = A/(A+B)$

（6）经济区位熵：区域经济的区位熵能更清楚地反映各区域（省）相对于全国平均发展水平的差异，其计算公式为：$Q_i = S_i/P_i$。式中：Q_i 为 i 区域的经济区位熵，S_i 和 P_i 分别为该区域 GDP 和人口数占全国的比重。Q_i 越大，说明 i 区域的经济发展水平越高；反之，则说明 i 区域的经济发展水平越低。假设 Q 表示各区域经济区位熵的平均值，那么当 $Q_i > Q$ 时，i 区域为经济繁荣区；当 $1 < Q_i < Q$ 时，为经济发展区；$Q_i < 1$ 时，为经济落后区。

我们认为，绝对差距和相对差距在作用方向上具有"互补性"。在分析地区差距时，应将绝对差距与相对差距结合运用，以便相互印证。另外，对于数据的价格处理，一般认为采用可比价较为合理。但也有不少学者认为，按可比价还是按当年价计算，对地区差异的比较影响不大。

2. 区域差异的度量指标

区域差异内涵广泛，可表现为不同地区之间在自然、经济、社会、历史、文化科技等方面存在的差距。典型的地区差异应该是指经济、社会以及影响经济和社会发展的各要素的差距组成的"集合体"，即区域间社会经济综合实力水平的差距。从发展经济学和区域经济学的观点看，区域差异集中表现在区域经济差异上。区域经济差异可以从生产、流通、分配等方面进行考察，目前学术界较多的是用经济指标进行综合考察，即通过考察各区域人均 GDP、人均收入等指标来评价差异程度。值得一提的是，尽管国内外对 GDP 诟病颇多，比如它不能衡量社会成本尤其是环境代价、不衡量增长方式和实际国民财富、不衡量资源配置的效率、不衡量分配，等等。但是，作为一个经济总量指标，作为全球范围内衡量经济发展的最通用标准，在一个以经济建设为中心的大国，GDP 无疑仍然享有所有数字中的至尊地位。本书主要利用我国各省区1978 年以来的年末总人口、GDP、人均 GDP 等资料，计算反映我国区域经济发展绝对差异、相对差异和总体差异的相关指标，并以此来说明自党的十一届三中全会以来全国经济发展差异变动情况。

3. 数据来源及处理方式

根据前述关于区域经济差异的界定和测度经济差异指标的讨论，为了准确测算我国省际经济差异，本章所采集的统计数据主要有各省区的GDP、年末总人口和人均 GDP，GDP 以当年现价为标准。历年原始数据来自中国统计出版社的《全国各省、自治区、直辖市历史统计资料汇编(1949 ~ 1989)》及《1990 ~ 2011 年统计年鉴》。

上述统计资料显示，一些省区的人均 GDP 资料大都与用这些省区的 GDP 和人口资料计算得到的数据不符。为统一度量，本章所使用的各省区历年人均 GDP 的数据都是用各省区历年的 GDP 和人口的原始数据计算而得到的。此外，本书所使用的全国的国内生产总值和人口数据均是由各省相应数据汇总而得。

运用前述所选定的测算省际经济差异的方法，本书进行了以下计算工作：第一，以省区为单位，计算了全国各省（区、市）1978 ~ 2012年人均 GDP（GDPPC）的极差（D）、标准差（S）、极差率（Rr）、变异系数（V）、基尼系数（G）。第二，根据统计资料分别计算出全国各省（区、市）1978 年、1990 年、2005 年、2012 年的经济区位熵指标。第三，根据经济区位熵的大小将各省（区、市）的经济水平分为Ⅰ类高等发展水平、Ⅱ类中高等发展水平、Ⅲ类中等发展水平、Ⅳ类中低发展水平和Ⅴ类低发展水平并按照三大区域划分标准，将相应发展水平的中国各省（区、市）划分到东部、中部和西部地区。另外，本书还分别计算了我国东中西部在不同年份（1978 年、1990 年、2005 年、2012 年）的经济区位熵的平均值指标。

所有上述计算结果都绘制成了相应的图表，成为本书分析 1978 ~ 2012 年中国省际经济差异变化的依据。

4.1.2　我国区域经济差异的动态观察

1. 地区差异的历史变动轨迹

下面我们利用 1978 ~ 2012 年统计资料，对改革开放以来我国各省区的经济差异进行趋势分析，通过对我国区域经济差异的历史轨迹的观察和分析，找出其发展变化的规律。根据前面关于测度地区差异的计算公式，我们搜集到我国 1978 ~ 2012 年有关统计资料，通过计算，得到了反映我国 1978 ~ 2012 年 35 年间人均 GDP 总体差距变动的极差、极差率、标准差、变异系数及基尼系数（见表 4 - 1）。

表 4 - 1　　　　全国各省区经济总体差异（人均 GDP）
主要指标（1978 ~ 2012 年）

年份	极差（元）	标准差（元）	极差率（%）	变异系数（%）	基尼系数
1978	2310	444.2613	14.2000	96.7752	0.356
1979	2352	457.7953	12.5294	91.3096	0.341
1980	2506	494.6309	12.4429	89.8118	0.342
1981	2558	501.1144	11.5702	85.3578	0.325
1982	2586	510.3547	10.3022	80.4430	0.312
1983	2645	536.8809	9.7583	77.1228	0.307
1984	2861	599.3568	8.7116	73.5204	0.305
1985	3391	702.0254	9.0738	72.3601	0.303
1986	3489	735.5044	8.4711	69.2595	0.298

年份	极差（元）	标准差（元）	极差率（%）	变异系数（%）	基尼系数
1987	3794	808. 2290	7. 9487	66. 3388	0. 293
1988	4397	950. 8191	7. 4378	63. 4303	0. 286
1989	4612	1007. 5333	7. 1493	60. 5709	0. 277
1990	5101	1087. 6793	7. 2975	59. 5524	0. 268
1991	5765	1257. 6802	7. 4342	61. 1319	0. 292
1992	7174	1545. 2515	7. 9381	62. 2620	0. 305
1993	9827	2081. 2481	8. 9635	64. 9209	0. 296
1994	12801	2721. 3788	9. 3831	65. 4237	0. 301
1995	15953	3374. 0399	9. 7366	65. 3702	0. 3
1996	18599	3888. 7606	10. 0815	65. 0782	0. 297
1997	21147	4445. 2838	10. 3987	66. 4317	0. 303
1998	22842	4884. 6325	10. 6624	67. 5510	0. 308
1999	24526	5338. 3765	10. 6369	69. 1484	0. 314
2000	27288	5984. 5283	10. 8905	70. 0790	0. 32
2001	29333	6531. 2561	10. 7777	70. 0073	0. 325
2002	32188	7313. 0550	10. 8827	70. 7463	0. 324
2003	36429	8390. 2464	10. 8430	70. 8279	0. 323
2004	42438	9812. 8388	10. 8304	69. 7723	0. 324
2005	47008	11004. 3084	10. 3048	67. 7827	0. 323
2006	51936	12274. 5812	10. 0182	65. 8933	0. 318
2007	59452	13987. 0627	9. 5975	63. 6545	0. 311
2008	64300	15354. 3858	8. 2869	59. 5326	0. 297
2009	68680	16905. 3309	7. 6621	58. 8279	0. 292
2010	65955	17312. 0000	5. 7988	51. 7902	0. 264
2011	71678	17938. 3700	4. 8295	48. 2137	0. 248
2012	69346	18372. 6500	4. 1267	45. 4257	0. 236

　　根据表 4 - 1 数据，可以分别绘制反映全国人均 GDP 绝对差距和相对差距变动的折线图（见图 4 - 2、图 4 - 3、图 4 - 4、图 4 - 5、图 4 - 6）。

（极差）

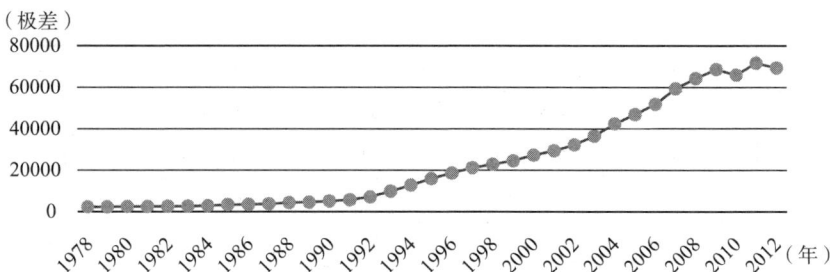

图 4 - 2　1978 ~ 2012 全国各省人均 GDP 绝对差异（极差）走势

（标准差）

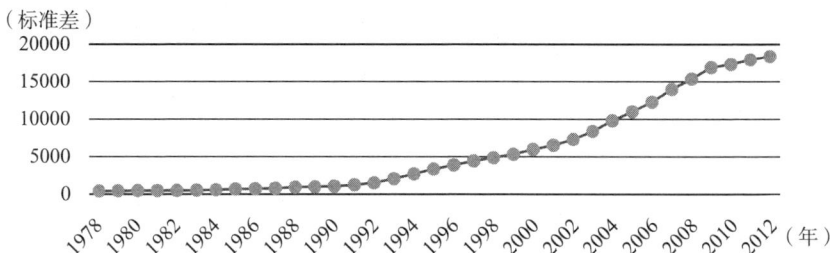

图 4 - 3　1978 ~ 2012 全国各省人均 GDP 绝对差异（标准差）走势

80

（极差率）

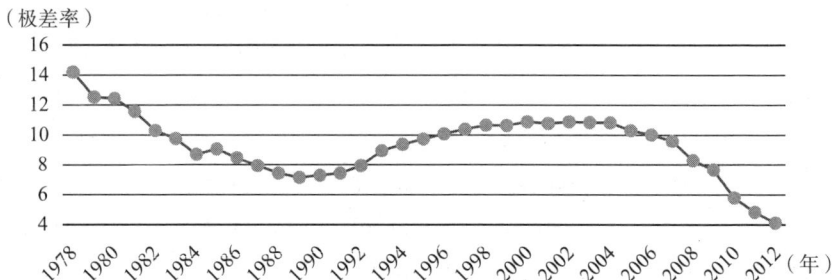

图 4 - 4　1978 ~ 2012 年全国各省人均 GDP 相对差异（极差率）变动

（变异系数）

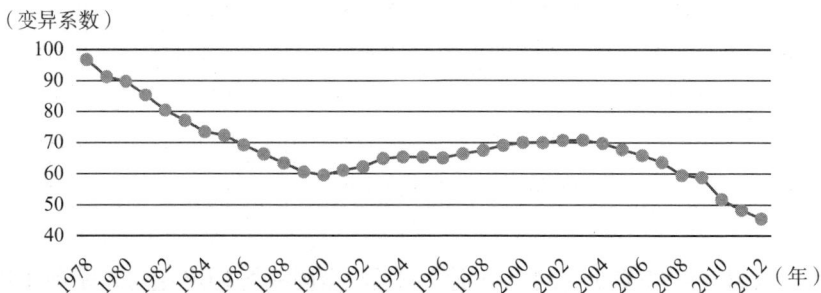

图 4 - 5　1978 ~ 2012 年全国各省人均 GDP 相对差异（变异系数）变动

（基尼系数）

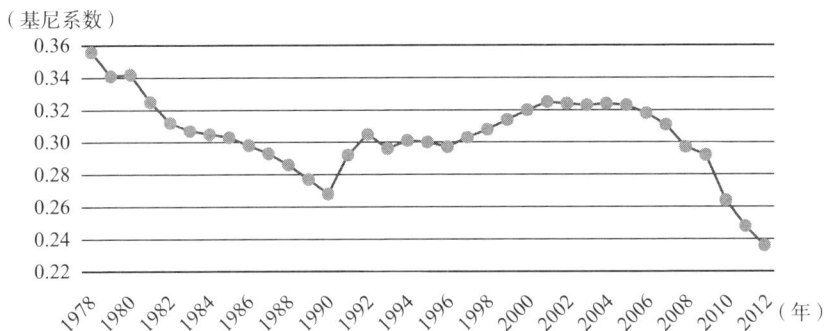

图 4 - 6　1978 ~ 2012 年全国各省人均 GDP 相对差异（基尼系数）变动

（1）省际经济绝对差异的变化过程。

从表 4 - 1 和图 4 - 2 可以看出，经济水平最高与最低省区人均 GDP 的绝对差异在 1978 ~ 2012 年期间总体上呈扩大趋势，进入 20 世纪 90 年代后绝对差异迅速扩大。在 1978 ~ 1980 年、1981 ~ 1985 年、1986 ~ 1990 年、1991 ~ 1995 年、1996 ~ 2000 年、2001 ~ 2005 年、2006 ~ 2010 年的 7 个时期里，经济水平最高与最低省区的人均 GDP 绝对差异的年平均扩大速度分别是 4.2%、7.3%、10.0%、29.0%、10.1%、12.5%、5.0%。尤以进入 90 年代扩大速度最快，但进入 "十一五" 期间的年平均扩大速度呈现下降的趋势，但总体经济水平最高与最低省区的人均 GDP 绝对差异仍呈现不断扩大趋势。

由表 4 - 1 和图 4 - 3 可知，用标准差所测算的全国各省人均 GDP 的绝对差异在 1978 ~ 2012 年期间总体上也一直呈扩大趋势，在 1978 ~ 1990 年期间增长缓慢，进入 90 年代后扩散幅度迅猛。在 1978 ~ 1980 年、1981 ~ 1985 年、1986 ~ 1990 年、1991 ~ 1995 年、1996 ~ 2000 年、2001 ~ 2005 年、2006 ~ 2010 年的 7 个时段里，全国各省人均 GDP 绝对差异的年平均增长速度分别是 5.5%、8.8%、10.3%、28.0%、11.4%、14.0%、9.0%。其中，"七五" 期间的增长速度略高于 "六五" 期间，进入 90 年代呈现出急剧扩大的趋势尤其是 "八五" 期间。

以上分析显示，中国省际经济水平的绝对差异总体上一直呈扩大趋势，特别是 1992 年邓小平南方谈话之后，绝对差异迅速扩大，各省区经济水平最高与最低省区的绝对差异、全国各省人均国内生产总值的绝对差异都呈迅速扩大趋势，但 "十一五" 期间这种增长速度呈现出下降的趋势。

（2）省际经济相对差异的变化过程。

由表4-1、图4-4可以看到，经济水平最高与最低省的人均GDP比率在1978~2012年总体上呈下降趋势，期间经历了先减小后扩大最后又减小的过程。1978~1990年期间短期内波动但呈现下降趋势。1990年以后经济水平最高与最低省的人均GDP比率开始上升，从2006开始下降。从1978~1980年、1981~1985年、1986~1990年、1991~1995年、1996~2000年、2001~2005年、2006~1010年这7个时段看，经济水平最高与最低省区人均GDP相对变动比率的年平均扩大速度分别是-6.4%、-5.9%、-3.7%、7.0%、2.0%、-1.1%、-12.8%。可见，"六五"期间，该比率缩小最快，由"八五"期间开始又迅速扩大，到"十五"期间扩大的速度又开始放慢，进入"十一五"时期该比率又开始迅速缩小。

根据表4-1和图4-5，可以明显地看到，用变异系数测算的全国各省人均GDP相对差异在1978~2012年总体上也一直呈缩小趋势。1990~1992年之间开始扩大，1992~1994年又略有缩小，1994~2000年有一个缓慢的增长过程，2000~2003年期间处于一个平台期，2004~2010年期间又呈现缩小趋势。期间经历了先减小然后再扩大最后又减小的过程。从相对差异的年平均变化速度看，在1978~1980年、1981~1985年、1986~1990年、1991~1995年、1996~2000年、2001~2005年、2005~2012年这几个时段，变异系数的年平均扩大速度分别是-3.7%、-4.0%、-3.7%、1.7%、1.9%、-0.8%、-5.8%，这说明了在20世纪70年代末期、"六五"、"七五"三个时期，以"六五"期间相对差异缩小速度最快，由"八五"时期开始相对差异又呈扩大趋势，"十五"相对差异变化不大并有缩小趋势，"十一五"期间相对差异缩小速度加快。

根据表4-1和图4-6全国各省人均GDP基尼系数变动情况来看，我国各省人均国内生产总值的基尼系数在1978~2012年总体上呈下降趋势，期间经历了先减小然后再扩大最后又减小的过程，这与极差率、变异系数的变动过程相一致。1978~1990年，我国各省人均GDP相对差异在波动中逐渐缩小，基尼系数由1978年的0.356减小至1990年0.268。就年平均增长率而言，1978~1985年期间基尼系数的年平均增

长率为 −0.022765148，1985～1990 年期间基尼系数的年平均增长率为 −0.024250285。可见 1978～1990 年期间相对差异减小的速度越来越快。1990 年以后我国各省人均 GDP 相对差异逐步扩大，1990～1992 年期间我国人均 GDP 相对差异扩大明显，至 1992 年达到一个新高度，这是第一阶段的波峰。1992 年后我国人均 GDP 相对差异先降后升，逐步扩大至 2001 年达到最大值，此时基尼系数为 0.325，这是第二阶段的波峰。2001～2012 年，我国各省人均 GDP 相对差异呈现出下降的趋势，至 2012 年基尼系数减小至 0.236。

基尼系数反映的是收入分配差异程度的指标，一般认为基尼系数低于 0.4 是相对合理的，若超过 0.4 则表明差距比较大，1978～2012 年期间的我国人均 GDP 基尼系数在 0.236～0.356，处于相对合理的区间内。

以上省际经济相对差异的变化过程来看，我国各省人均国内生产总值的相对差异总体上呈下降的趋势，但中间经历了先减小后扩大再减小的变动。

2. 省际经济差异变化过程的特征描述

根据以上对省际经济绝对差异和相对差异变化的分析，对中国省际经济差异在 1978～2012 年的变化过程得到以下认识：

第一，总体上中国省际经济的绝对差异呈扩大趋势，相对差异则呈缩小趋势，二者的变化方向相反。在此过程中，绝对差异于 20 世纪 80 年代初期缓慢增长，在 80 年代后半期开始加速扩大；相对差异在 80 年代初出现了一次相对快速的缩小，从 90 年代开始加速扩大。但扩大的幅度小于缩小的幅度总体上呈缩小态势。从它们的变化速度看，"七五"期间绝对差异的扩大速度最快，而相对差异的缩小速度也最快。

第二，在 20 世纪 90 年代，中国省际经济的绝对差异和相对差异均呈扩大趋势，而且绝对差异扩大的速度大于相对差异。在此期间，相对差异出现过小幅波动。2001 年后，绝对差异有加速扩张的趋势，相对差异扩张缓慢，并出现逐渐缩小的趋势。

第三，从省际经济绝对差异和相对差异的极端情况看，经济水平最高与最低省区的绝对差异从 1978～2012 年总体上呈快速扩大趋势；相对差异在 1978～1991 年总体上呈缩小趋势，从 1992 年开始扩大。进入"十一五"时期以后，省际经济绝对差异和相对差异都出现明显的变化，绝对差异的增长速度开始减小，而相对差异下降的速度开始增大。我国人均 GDP 相对差异变化过程在 1992 年和 2001 年有明显的转折迹象。

4.1.3 我国区域经济差异的静态特征

研究区域经济差异不仅要研究其在时间序列上的变化轨迹，同时还应考察其空间上的变动格局。本书选择经济区位熵（Q_i）作为分析指标，从单个省区和不同经济区位熵区域组的角度分析 1978～2012 年期间中国省（区、市）区间经济差异变化的空间特征。Q 越大，说明该区域的经济发展水平相对于全国平均发展水平越高；反之，则说明该区域的经济发展水平相对程度越低。

1. 我国各省（市、区）经济的差异分析

根据中国省际经济差异在 1978～2012 年的变化过程及分析与结论，本书选取关键时点（1978 年、1992 年、2001 年、2012 年）计算全国各省（区、市）经济区位熵，因为各省（区、市）的经济区位熵能够反映该区域经济发展水平，因此本书根据经济区位熵值的大小将各省（区、市）的经济水平分为Ⅰ类高等发展水平、Ⅱ类中高等发展水平、Ⅲ类中等发展水平、Ⅳ类中低发展水平和Ⅴ类低发展水平。另外，本书根据三大区域划分标准计算出我国各省（区、市）不同年份三大区域经济区位熵平均指标。

根据统计资料分别计算出全国各省（区、市）1978 年、1992 年、2001 年、2012 年的经济区位熵指标，结果见表 4－2。

表 4－2　　　全国各省（区、市）不同年份经济区位熵指标

省（市、区）	1978 年	1992 年	2001 年	2012 年
北京	3.447448949	2.826494016	2.94016929	2.306354127
天津	3.107366475	2.126426027	2.315114816	2.216794347
河北	0.998306617	0.893379446	0.956376693	0.870634029
山西	1.001049217	0.931797811	0.808410687	0.798202672
内蒙古	0.869404389	0.901307045	1.056595033	1.437906704

续表

省（市、区）	1978 年	1992 年	2001 年	2012 年
辽宁	1.864968405	1.645281738	1.228176077	1.286301951
吉林	1.044930827	1.064737552	0.863598708	0.959647157
黑龙江	1.546826736	1.236705472	0.933861534	0.822285719
上海	6.81536248	3.604618366	3.368216117	2.310332537
江苏	1.179318256	1.286100513	1.589000919	1.604726598
浙江	0.907800797	1.303785158	1.792349041	1.570439385
安徽	0.669194545	0.72080171	0.560938028	0.634358993
福建	0.748729963	1.075104412	1.206372603	1.215540918
江西	0.756957764	0.691530575	0.610756054	0.645443876
山东	0.866661788	1.106814809	1.300185768	1.248370393
河南	0.636283338	0.665308516	0.734071841	0.742413823
湖北	0.910625676	0.939829079	0.739571234	0.847492439
湖南	0.78438377	0.748853215	0.674549006	0.750704708
广东	1.01476222	1.514781259	1.581107673	1.35861183
广西	0.617085134	0.650063133	0.568572479	0.614041769
海南	0.861176587	0.952531532	0.711556682	0.723736555
重庆	0.73775956	0.658600547	0.710521502	0.83807788
四川	0.715818755	0.692750205	0.586170534	0.643287638
贵州	0.479955104	0.493950411	0.326858007	0.398418021
云南	0.619827735	0.746413954	0.506914585	0.478381025
西藏	1.028475223	0.77812435	0.589664266	0.525970098
陕西	0.798096773	0.756780814	0.657403841	0.824016783
甘肃	0.954425007	0.670187038	0.483752438	0.48934443
青海	1.173833055	0.950092271	0.649898788	0.732361505
宁夏	1.01476222	0.849472743	0.662450342	0.815725898
新疆	0.858433986	1.044613646	0.848071012	0.760271114
平均	1.259033269	1.11378185	1.050363084	1.015167578

85

本书根据经济区位熵值的大小将各省（区、市）的经济水平分为：Ⅰ类高等发展水平（经济区位熵指标大于2.0）、Ⅱ类中高等发展水平（经济区位熵指标：1.5~2.0）、Ⅲ类中等发展水平（经济区位熵指标：1.0~1.5）、Ⅳ类中低发展水平（经济区位熵指标：0.5~1.0）和Ⅴ类低发展水平（经济区位熵指标：0~0.5）。按照三大区域划分标准，将中国各省（区、市）划分到东部、中部和西部地区。具体：

东部：北京、天津、河北、上海、江苏、浙江、福建、山东、广东、海南、辽宁等11个省市；

中部：安徽、湖北、湖南、江西、山西、河南、黑龙江、吉林等8个省份；

西部：重庆、四川、贵州、云南、西藏、陕西、甘肃、青海、宁夏、新疆、内蒙古、广西等12个省（市、自治区）。

根据1978年、1992年、2001年、2012年的经济区位熵指标对各省（区、市）进行了分类得到表4-3、表4-4、表4-5、表4-6、表4-7。

表4-3　　　　　1978年中国各省（市、区）经济发展水平分类

经济发展水平	省（市、区）	分布地区
Ⅰ类高等发展水平	北京、天津、上海	东部
Ⅱ类中高等发展水平	辽宁、黑龙江、青海	分别位于东、中、西部
Ⅲ类中等发展水平	江苏、山西、吉林、广东、宁夏、西藏	中西部
Ⅳ类中低发展水平	河北、内蒙古、浙江、安徽、福建、江西、山东、河南、湖北、湖南、广西、海南、重庆、四川、云南、陕西、甘肃、新疆	均匀分布在东部、中部、西部
Ⅴ类低发展水平	贵州	西部

表4-4　　　　　1992年中国各省（市、区）经济发展水平分类

经济发展水平	省（市、区）	地区
Ⅰ类高等发展水平	北京、天津、上海	东部
Ⅱ类中高等发展水平	辽宁、广东	东部

经济发展水平	省（市、区）	地区
III类中等发展水平	吉林、黑龙江、江苏、浙江、福建、山东、新疆	主要位于中东部
IV类中低发展水平	河北、山西、内蒙古、安徽、江西、河南、湖北、湖南、广西、海南、重庆、四川、云南、西藏、陕西、甘肃、青海、宁夏	主要位于西部，其次是中部，仅有两个省份位于东部
V类低发展水平	贵州	西部

表4-5　　2001年中国各省（市、区）经济发展水平分类

经济发展水平	省（市、区）	地区
I类高等发展水平	北京、天津、上海	东部
II类中高等发展水平	江苏、浙江、广东	东部
III类中等发展水平	福建、山东、内蒙古、辽宁	主要位于东部
IV类中低发展水平	河北、山西、吉林、黑龙江、安徽、江西、河南、湖北、湖南、广西、海南、重庆、四川、云南、陕西、青海、宁夏、海南、西藏	主要位于中西部
V类低发展水平	贵州、甘肃	西部

表4-6　　2012年中国各省（市、区）经济发展水平分类

经济发展水平	省（市、区）	地区
I类高等发展水平	北京、天津、上海	东部
II类中高等发展水平	江苏、浙江	东部
III类中等发展水平	内蒙古、辽宁、福建、山东、广东	主要位于东部
IV类中低发展水平	河北、山西、吉林、黑龙江、安徽、江西、河南、湖北、湖南、广西、海南、重庆、四川、陕西、青海、宁夏、海南、西藏	主要位于中西部
V类低发展水平	贵州、云南、甘肃	西部

表 4 - 7 我国三大区域不同年份经济区位熵平均指标

区域	1978 年	1992 年	2001 年	2012 年
东部	1.9829002	1.6668470	1.7262387	1.5192584
中部	0.9187815	0.8749455	0.7407196	0.7750687
西部	0.8223231	0.766030	0.6372394	0.7131502

2. 我国各省（市、区）经济的差异特征描述

（1）省与省之间的差异特征描述。

1978 年我国中低发展水平的省（区、市）占全国的 58.06%，均匀分布在东部、中部、西部，其经济发展水平相对低于全国平均水平；中等发展水平的省（区、市）占全国的 16.13%，它们分别是山西、吉林、广东、宁夏、西藏，主要分布在中西部地区；中高等发展水平的省（区、市）是辽宁、黑龙江、青海，其经济发展水平高于全国平均水平，分别位于东、中、西部；高等发展水平的省（区、市）是北京、天津、上海。贵州处于低发展水平。1992 年我国中低发展水平的省（区、市）占全国的 58.06%，主要位于西部，其次是中部，仅有两个省份位于东部；其中等发展水平的省（区、市）占全国的 22.58%，主要分布在中东部，高等与低等发展水平城市没变，中高等发展水平城市均位于东部地区。广东由中等发展水平城市上升到中高等发展水平，而黑龙江和青海发展水平分别下降至中等和低等发展水平。

进入到 21 世纪，我国各省（区、市）经济发展水平出现了新的变化，2001 年、2012 年我国中低发展水平的省（区、市）占全国的比重分别为 61.29%、58.06%，主要位于中西部；中等发展水平的省（区、市）分别占全国的 12.90%、16.13%，其分布转移到我国东部地区。江苏、浙江为中高等发展水平省，贵州、云南、甘肃为低等发展水平省。

综上所述，我国各省（区、市）经济的空间差异有以下特征：中等发展水平以上的城市分布由原来的中西部东北地区转移到东部沿海地区，中低发展水平的城市分布已由原来东中西部均匀分布转移到中西部地区，低发展水平城市分布集中在我国西部地区。

（2）区际间的差异特征描述。

由表 4 - 7 我国三大区域不同年份经济区位熵平均指标可以看出，

不同年份不同地区的经济区位熵平均值不同。其中东部地区的经济区位熵平均值大于中部地区,中部地区大于西部地区。这说明东中西部经济的平均发展水平各不相同,且差异始终存在。平均经济水平状况依次是东部地区高于中部,中部地区高于西部地区,但中西部地区平均水平差异不大;1978 年、1992 年我国东中西部经济区位熵的平均值比例分别为 2.41:1.21:1、2.16:1.14:1。可见改革开放后几年我国东中西部区域间的差异略有下降。2001 年我国东中西部经济区位熵的平均值比例增加为 2.71:1.16:1。可见从 1991~2001 年期间我国东中西部区域差异经历了一个扩大的过程,其中,中东部经济水平继续升高,而中西部经济水平变化不大。2012 年我国东中西部经济区位熵的平均值比例为 2.13:1.08:1,由此可见 2001~2012 年期间我国东中西部区域差异存在下降的趋势,其中主要表现在东部和西部地区间的差异,中部和西部经济水平相差不大。

由以上分析,我们看到 1978~2012 年期间我国东中西部区际差异存在以下变化过程:20 世纪 90 年代以前区域差异主要是东中西部之间的差异,进入 90 年代后中西部差异逐渐减小,至 21 世纪我国区域差异主要表现为东部和西部地区之间的差异,中西部差异相差不大。

4.1.4　分析与结论

1. 我国区域经济差异的阶段性分析

根据以上我国区域经济差异的动态观察和空间特征分析,本书将 1978~2012 年划分为三个明显的阶段:

第一阶段(1978~1991 年):该阶段的特征是绝对差异逐步增大而相对差异迅速缩小区域间的空间差异逐渐缩小。在这一阶段,全国各省(市、区)人均 GDP 绝对差异逐步增大,相对差异程度逐年大幅度降低。极差由 1978 年的 2310 增大到 1991 年的 5765,标准差由 444.2613 增大到 1257.6802。极差率由 1978 年的 14.2 缩小到 1992 年的 7.4342,变异系数由 96.8% 降为 61.1319%,基尼系数由 0.356 下降到 0.292。1978 年、1991 年我国东中西部经济区位熵的平均值比例为 2.41:1.21:1、2.16:1.14:1,该阶段我国区域差异呈逐渐缩小的态势。

第二阶段（1992～2001年）：该阶段的特征是绝对差异幅度扩大，而相对差异趋于扩大区域的空间差异也趋于扩大。在这一阶段，全国各省（市、区）人均GDP反映绝对差异的极差、标准差的增长速度变大，绝对差异呈现大幅度扩大之势，标准差从1545元提高到6531元，扩大了4倍多。相对差异与第一阶段相比，由最低水平开始增大。在此期间极差率、变异系数这两个相对差异指标，分别由1992年的7.9381、62.262%分别增加到2001年10.7777、70%。

基尼系数这期间存在短暂的波动但也由1991年0.292增加到2001年0.325，使得全国总体经济发展差异回归到了一个较低的水平上。2001年我国东中西部经济区位熵的平均值比例为2.71∶1.16∶1。与1991年相比，区域差异明显加大，特别是东部地区和西部地区。

第三阶段（2002～2012年）：该阶段恰好为"十五"时期和"十一五"时期。该阶段特征是绝对差异增长缓慢，而相对差异逐渐缩小，区际间的空间差异也趋于缩小。2002～2012年反映相对差异的级差率、变异系数和基尼系数均下降明显而绝对差异增长放缓，标准差从7313元变动为18372元，扩大了2倍多。极差率、变异系数、基尼系数分别由2002年的10.8827、70.74%、0.324降至2012年的4.1267、45.43%、0.236。2012年我国东中西部经济区位熵的平均值比例为2.13∶1.08∶1。与2002年相比区域差异明显缩小，并且中部地区与西部地区差异不大，主要是东部和西部之间的差异。2002～2012年期间总体上全国各省经济差异水平增幅不大但下降幅度较大，使得全国总体差异水平达到了一个新的高度，而且无论从时间跨度还是差异程度上看，都超过了前两个阶段。根据目前情况分析，就人均GDP而言，全国各省（市、区）区域间差异仍然很大，并且短时间内还难以改变。因此，东中西部地区经济社会协调发展，任重而道远。

2. 我国区域经济差异的总体分析

我们在前面从不同的角度，对改革开放33年来全国各省（区、市）经济差异的变动进行了动态对比，通过对地区差异的历史变动动态观察和空间差异分析，可以对全国各省（区、市）在不同经济发展阶段的区域差异状况做出一个总体描述。

1978年以前，我国重工业主要集中在中、西部特别是东北地区，我国地区之间的经济发展差异就已经存在，虽然绝对差异不大，但相对差异较大。改革开放后的前几年（第一阶段），我国各地区的相对差异开始缩小，主要原因在于体制改革和制度创新。我国的体制改革最早始于农村，以家庭联产承包责任制为主线的农村经济体制改革，释放了束缚多年的生产力，极大地调动了农民的生产积极性，劳动生产率得以迅速提高。生产关系的变革，对于经济原来就比较落后的中西部、特别是西部地区所起的作用更为明显，成效也更大，加之东部沿海地区的倾斜政策还没有真正实施，其政策效果尚未得以体现，乡镇企业刚刚兴起，经济总量还不大。因此，我国各省经济发展差距相对缩小。随着改革开放的进一步深入（第一阶段），地区差距继续呈现出下降趋势。其宏观背景是：1988 年中国政府明确提出了"加快沿海地区发展战略"，支持沿海地区的政策取向进一步加强，如对外开放整个沿海地带，鼓励沿海省区进口原材料并出口他们的产品。为支持这一沿海地区的对外开放，政府还给予了若干倾斜性政策支持，在一系列的优惠政策支持下，东部地区经济得到了迅猛发展。减小了与中西部地区的差距。

　　进入第二阶段（1992～2001 年），1990 年以后我国区域经济差异呈现出扩大的势头开始上升，这主要是因为随着改革的深入，东部地区经济发展迅速，特别是 1992 年邓小平同志南方谈话以后东部地区抓住了开发开放、发展外向型经济的大好机遇，工业化进程大大加快，而与此同时，中西部地区（特别是西部地区）的大部分县市仍然以农业为主。劳动生产率的差异，对区域经济发展总体差距的扩大起了加速作用，由此区域经济发展的相对差异表现出扩大的趋势。随着地区差距的不断扩大，其负面效应也初步显现，区域协调发展问题也越来越引起人们的重视。中央政府适时调整了沿海地区优先发展战略，在经历了 1997 年的东南亚金融危机的冲击后，1999 年中央政府实施了西部大开发战略，提出了统筹区域经济发展的新的发展观。因此，该阶段我国区域经济发展的相对差异有所增长但增长缓慢。

　　到了第三阶段（2002～2012 年），我国区域经济差异呈现下降的趋势，2002 年后我国经济发展的相对差异开始下降，这是因为"十五"期间我国市场环境引入竞争机制，加快垄断行业管理体制改革。这破除了经济发展的垄断障碍，提供了有效和充分的竞争环境从而极大地促进了经济的更加繁荣。另外，自党的十六大第一次非常明确地提出要"壮大县域经济"后，县域经济受到了前所未有的重视和关注，这在一定程度上有利于缩小全国经济发展差距。因此，区域经济发展的相对差异开始呈下降态势。

综上所述，我们得出结论：第一，1978 年以来我国的区域经济差距经历了一个先抑后升又降的曲折过程，即改革初期区域差距明显缩小，但是随着改革的推进与深入，区域差距又在波动中呈现扩大的趋势，但进入"十一五"时期后，区域差异又存在缩减的趋势。第二，20 世纪 90 年代以前区域差异主要是东中西部之间的差异，进入 90 年代后中西部差异逐渐减小，至 21 世纪我国区域差异主要表现为东部和西部地区之间的差异，中西部差异相差不大。

4.2 影响区域经济差异的制度因素测度

本节基于第 3 章设计的制度变量—制度变迁指数，使用主成分分析的统计方法确保原有数据所含信息并能够实现对统计数据的简化，并对中国经济体制改革过程中各省市制度变量在时间维度上的相对差异做定量测度。

4.2.1 分类制度变量的测算及差异性描述

1. 数据来源及测算方法

以 1978 ~ 2012 年我国 31 个省市区作为研究样本，考察我国制度变迁的空间差异特征，并按照第一节表 4 - 1 的指标体系查找数据，数据主要来源于《中国统计年鉴》《中国人口统计年鉴》《中国区域经济统计年鉴》《中国工业经济统计年鉴》《新中国六十年统计资料汇编》。此外，由于统计方面的原因，个别数据未查找到，本书利用 SPSS 软件对缺失值进行处理。

在指标体系建立以后，首先，计算出 1978 ~ 2012 年 31 个省市区各方面的二级指标（具体指标）。其次，为消除量纲的影响使数据具有可比性对二级指标数据进行标准化处理。其中，仅有政府管理下的二级指标与政府管理水平呈负向关系的指标称之为逆向指标，为了与其他指标统一我们对这些二级指标取倒数，以便于将各指标综合以后进行纵向比较。最后，采用专家咨询法对每一方面的二级指标赋予其权重，进而得到各方面的一级指标（分类制度变量）。分别记为城镇化（Urban）、企业市场化（Market）、经济对外开放（Open）、政府管理（Government）和金融化（Finance）。

2. 区域差异特征

（1）特定时间点的比较分析。

根据以上测算方法，我们得到 1978~2012 年 31 个省市区各方面的制度变量，表 4-8、表 4-9 和表 4-10 分别为 1978 年、1990 年和 2010 年各制度变量在样本期内的描述性统计结果。可以看出，我国东、中、西部地区各制度变量的取值存在较大差异，表明各项制度创新的实施与推进在地域上存在区别。具体而言，城镇化改革、市场化改革、对外开放、政府管理改革的程度与深度依次由东部、中部、西部递减，其中，城镇化改革、市场化改革、对外开放各地区内部差异依次减小，如城镇化改革的制度变量在东部地区的标准差为 0.15452849，而中部、西部地区分别为 0.064817406 和 0.039451375，西部地区内部制度创新环境差异相对东部与中部而言更小。政府管理改革各地区内部差异为中部地区最小，东部地区大于西部地区，金融化改革的程度东部与西部地区相当，均高于中部地区。

从时间跨度看，我国城镇化改革、市场化改革、对外开放、政府管理改革和金融化改革的程度与深度均呈现不断加剧的态势，如 1978 年、1990 年、2010 年全国总体市场化改革的制度变量均值分别为 0.071674698、0.259912622、0.379057382；我国东中西部地区制度变量的区际差异在不同年份各不相同，如 1978 年我国东中西部地区城镇化改革的制度变量均值的比例为 1.74∶1.13∶1，而 1990 年和 2010 年我国东中西部地区城镇化改革的制度变量均值的比例分别为 1.79∶1.23∶1 和 1.42∶1.11∶1，期间经历了先扩张后缩小的态势；我国东中西部地区制度变量的内部差异在不同年份也不尽相同，1978 年我国东中西部地区金融化改革的内部差异为西部地区大于东部地区，中部地区最小，至 1990 年东中西部内部差异依次减小，2010 年表现为东部地区内部差异最大，其次是西部，中部最小。

表 4 - 8

1978 年分类制度变量的描述性统计结果

变量	全国总体		东部		中部		西部	
	均值	标准差	均值	标准差	均值	标准差	均值	标准差
城镇化 (Urban)	0.163343844	0.10647888	0.219338522	0.15452849	0.142623162	0.064817406	0.12582917	0.039451375
市场化 (Market)	0.071674698	0.11959039	0.166002539	0.156331392	0.114990586	0.103974611	0.05090570	0.054372272
对外开放 (Open)	0.071674698	0.11959039	0.165560455	0.168475147	0.015210753	0.011447356	0.02325539	0.026973371
政府管理 (Government)	0.520920557	0.183306101	0.654450235	0.160573456	0.539073145	0.072183254	0.38641663	0.164554151
金融化 (Finance)	0.924787225	0.466933937	0.933365704	0.390316869	0.682611785	0.131035417	1.07837391	0.613787572

表 4 - 9　**1992 年分类制度变量的描述性统计结果**

变量	全国总体		东部		中部		西部	
	均值	标准差	均值	标准差	均值	标准差	均值	标准差
城镇化（Urban）	0.230117745	0.12333035	0.307190369	0.166989729	0.21143208	0.073023005	0.17192495	0.053391278
市场化（Market）	0.2599122622	0.318935305	0.316661016	0.177662007	0.339277092	0.106266493	0.23050532	0.090066898
对外开放（Open）	0.2599122622	0.318935305	0.552360636	0.409936325	0.108934814	0.02773395	0.09248715	0.02858849
政府管理（Government）	0.792636063	0.281910114	0.9607257	0.240835047	0.868296496	0.160169194	0.58811361	0.263897422
金融化（Finance）	1.190310394	0.283571074	1.331650153	0.331248949	0.971401845	0.276636644	1.20068798	0.125441259

表4-10 **2012年分类制度变量的描述性统计结果**

变量	全国总体		东部		中部		西部	
	均值	标准差	均值	标准差	均值	标准差	均值	标准差
城镇化（Urban）	0.34794526	0.080029149	0.42020512	0.071969624	0.327645807	0.037778847	0.29524002	0.057432014
市场化（Market）	0.379057382	0.427967496	0.703439099	0.087555509	0.668699998	0.109213174	0.53681873	0.103826182
对外开放（Open）	0.379057382	0.427967496	0.807041202	0.492041317	0.136648273	0.0624542	0.14834495	0.098064674
政府管理（Government）	0.511913224	0.216660505	0.703199173	0.189370278	0.527941774	0.097906005	0.32588207	0.1216191
金融化（Finance）	2.164087099	0.629157958	2.37164363	0.819259531	1.834809636	0.293815837	2.19334525	0.539991376

（2）东中西部地区的差异变动趋势分析。

根据我们得到 1978~2012 年 31 个省市区五方面的制度变量，作出 1978~2012 年我国东、中、西部（东部：北京、上海、天津、江苏、河北、浙江、广东、福建、山东、辽宁、海南等 11 个省份；中部：安徽、江西、湖北、山西、湖南、吉林、河南、黑龙江等 8 个省份；西部：四川、重庆、贵州、云南、陕西、西藏、青海、甘肃、新疆、宁夏、广西、内蒙古等 12 个省份自治区。）地区五大制度变迁变量平均发展走势图，并加以分析。可以看出，不同地区制度变迁代理变量的取值也存在较大差异，表明各项制度变迁的实施与推进在空间地域上存在着明显的差异。

从图 4-7 看，我国城镇化改革的程度与深度呈现不断加剧的态势，东部地区城镇化水平显著高于中西部地区，与西部地区相比，中部地区城镇化水平略高。我们得到的结果与现实相符，我国的城镇化改革自 1978 年以后始终处于快速发展的阶段。东部地区城镇化水平最高，这主要是因为东部地区经济水平优势和地理区位优势，自我国进入城镇化的经济体制改革阶段，具备劳动密集型的轻工业就开始得到迅速的发展，即使在东部沿海靠近大城市的农村地区，那些大量具备原材料优势的乡镇企业也会迅速聚集，并在农村地区形成了众多小城镇。这种城镇化的跨越式发展促进了东部地区城镇化水平的提高。

97

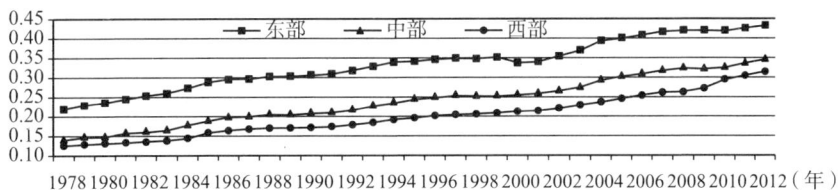

图 4-7　1978~2012 年我国三大地区城镇化水平（平均）发展趋势图

从图 4-8 来看，我国市场化水平总体上是在波动中逐步提高。其中 1992 年之前我国东中西部地区市场化水平相当且进程相对缓慢，1992 年之后我国各地区市场化水平显著提高，这是因为改革开放之初我国非国有企业的比重较小，国有企业的市场化虽已起步，但步子却不大且未能产生明显的影响。1993 年至今，企业市场发生大的变革，现代企业制度被引进了国有企业，市场化进程又进一步提高。近几年来，中部地区市场化水平已逐渐趋向东部地区，东部地区市场化改革起步早，速度快，但会受到资源及其他要素的限制，可能其改革水平达到瓶颈，而中部地区的市场化的发展空间还很大。

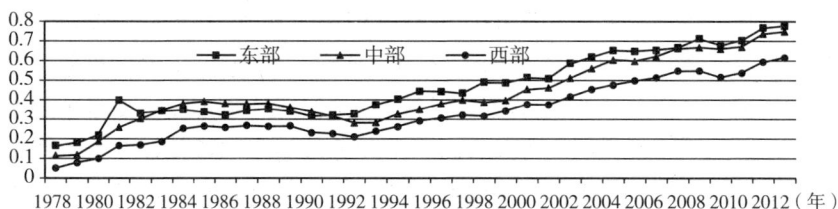

图4-8　1978~2012年我国三大地区市场化水平（平均）发展趋势图

从图4-9看，我国对外开放水平主要取决于东部地区，中西部地区相似且水平远远低于东部地区。但东部地区对外开放水平总体上提高，期间存在波动。这一结论与伞峰（2002）的研究相一致，形成这种差异的原因无外乎地理区位因素和政策因素。从改革开放始，我国政府为了发挥东部沿海地区区位优势而实施了一系列的优惠政策。先是消除外资开放地区限制，后是开放投资领域限制，并降低关税和非关税与国际接轨。但近年来我国东部地区对外开放水平有持续下滑的态势，这可能是因为各级地方政府在引资过程中产生的恶性竞争导致的效率低下。从图4-10来看，我国金融深化改革的程度东部与西部地区相当，均高于中部地区。这可能是因为为了加快西部地区基础设施建设、优化生态环境，我国金融机构不断支持西部地区的结果。与其他制度变迁变量相比，我国金融深化改革虽然略显滞后但也表现出强劲的增长态势。

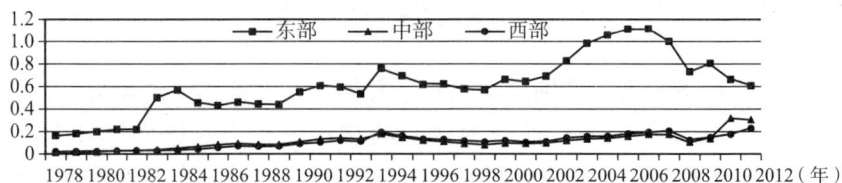

图4-9　1978~2012年我国三大地区对外开放水平（平均）发展趋势图

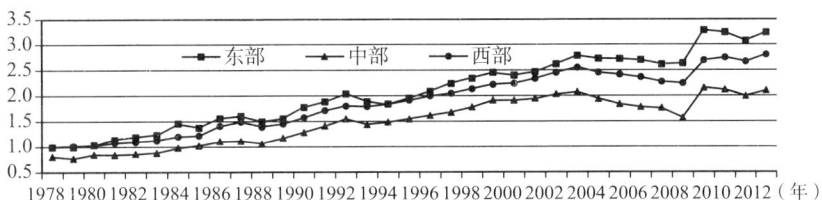

图4-10 1978~2012年我国三大地区金融化水平（平均）发展趋势图

由图4-11来看，我国财政支出占GDP比重的发展趋势基本符合"瓦格纳法则"，即财政支出占GDP比重的发展变化的一般趋势是随着人均GDP的增长而上升，但各国国情不同因此我国也表现出其本身特殊性。虽然我国在1996年之前财政支出逐年增多但由于财政支出增长速度还是慢于GDP增长速度，导致财政支出占GDP比重一路下降，从1996年后才开始回升。总体来说，我国财政支出占GDP比重曲线走势自改革开放后呈现出先逐年下滑而后又逐年回升的特征。具体而言，西部地区的政府干预要明显大于东中部地区，西部地区经济水平较为落后，政府分配资源权力约束越大，市场化程度低。与之相反，东部地区市场化程度高，政府干预程度也越小，因此财政支出比重也较小。基于以上分析，我们得到的各分类制度变迁变量能够反映我国制度变迁的深度与强度，可以用于下面的分析研究。

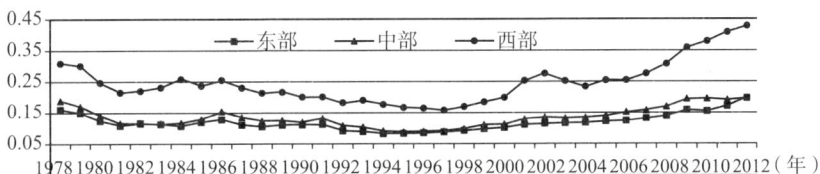

图4-11 1978~2012年我国三大地区政府管制水平（平均）发展趋势图

4.2.2 综合制度变迁变量的测算及差异性描述

1. 数据来源及测算方法

城镇化（Urban）、市场化（Market）、对外开放度（Open）、政府管理（Government）、金融化（Finance）均为一级制度变迁变量指标，仅有政府管制下的二级指标与政府管理水平呈负向关系称之为逆向指标，为了与其他指标统一，本书对其二级指标取倒数，以便于将各指标综合以后进行纵向比较。虽然以上制度变迁变量在一定程度上也能够反映我国制度变迁的强度和深度，但为了整体反映我国的制度变迁的状况，需要将这五个一级指标合成一个综合指标，本书称之为制度变迁指数。

　　计算制度变迁指数的数据均来源于1978～2012年31个省市区的各分类制度变迁变量数据。其测算方法本报告采用因子分析法，由于各变量之间存在不同程度的相关关系，因子分析法可以在尽可能地保留原有数据所含信息的前提下实现对统计数据的简化，达到较为简洁明了的揭示变量间关系的目的。此外，因子分析法能在尽量保留原有变量信息量的情况下，给那些在考察期内差异较大的变量赋予较大的权重，对于那些差异较小的变量则赋予较小的权重，从而使最后生成的指数更能体现差异性，尽可能减少主观随意性。

　　测算方法文采用主成分分析法来确定每个制度变迁变量的权重（方差贡献率），将每一制度变迁变量的方差贡献率作为权重求得制度变迁综合指数。这样求得的累计方差贡献率为100%，综合指数与原来指标相比没有任何信息的丢失。本书用SAS 9.1软件做主成分分析，由于主成分分析是对原始数据标准化后所有得到的综合指标，存在负数。实际制度变迁变量是不存在负数的，为了便于分析本书参考廖进中等（2010）的研究，采用3σ原则对综合指数运用坐标平移方法以消除负数，整理出1978～2012年我国31个省（市区）的制度变迁指数，见附表G。城镇化（Urban）、企业市场化（Market）、经济对外开放（Open）、政府管理（Government）、金融化（Finance）均为一级制度变量指标，在一定程度上也能够反映我国的制度因素，但为了整体反映我国的制度因素状况，需要将这五个一级指标合成一个综合指标，本书称之为综合制度变量。

2. 区域差异特征分析

　　采用因子分析法得到的制度变量综合指数的数据中存在负数，而实际制度变量不可能为负，因此本书采用离差标准化法，对我国1978～2012年31省市的制度变量综合指数数据进行标准化处理使得全部数据均处于［0，1］范围内，最终得到制度进步指数。为了考察我国制度变迁的整体特征，本书对各省市综合制度变量在时间维度上的绝对差异和相对差异做定量测度，主要采用标准差和变异系数两个指标。

由表 4 - 11 可以看出，我国综合制度变量的绝对差异整体上呈上升的趋势，由 1978 年的 0.0479 增长到 2010 年的 0.1023，但期间经历了波动，主要表现为：1978～1981 年呈逐渐上升的趋势，1981 年以后逐渐下降至 1986 年；1986 年以后又开始上升且 1991 年以后上升速度加快至 1995 年达到最大值为 0.2106；1995 年以后逐渐下降至 2007 年，2007 年以后又开始上升。我国综合制度变量的相对差异整体上呈下降的趋势，1978 年我国综合制度变量的变异系数为 3.1893，至 2010 年变为 0.1121，且 1978～1989 年呈现下降趋势但下降速度逐渐减小，1990年以后我国综合制度变量的相对差异在波动中缓慢下降，至 2007 年下降到最小值为 0.0760，2007 年以后有上升的趋势。

表 4 - 11　　　　1978～2012 年综合制度变量的描述性统计结果

年份	全国总体		东部		中部		西部	
	标准差	变异系数	标准差	变异系数	标准差	变异系数	标准差	变异系数
1978	0.0479	3.1893	0.0066	3.3166	0.0448	1.8565	0.0683	3.2737
1979	0.0875	1.1943	0.0438	0.7458	0.1419	1.1996	0.0658	1.1633
1980	0.0981	0.7005	0.0932	0.5890	0.0996	0.7159	0.1068	0.8621
1981	0.1667	0.6222	0.1407	0.4732	0.2144	0.6911	0.1517	0.7134
1982	0.1543	0.5586	0.1686	0.5881	0.1762	0.5241	0.1177	0.5199
1983	0.1598	0.5235	0.1790	0.5312	0.1882	0.5022	0.0856	0.3719
1984	0.1460	0.4243	0.1615	0.3922	0.1437	0.3810	0.0900	0.3463
1985	0.1289	0.3734	0.1568	0.3957	0.0961	0.2546	0.0931	0.3362
1986	0.1105	0.3215	0.1251	0.3344	0.0737	0.1879	0.0949	0.3347
1987	0.1176	0.2827	0.1330	0.2933	0.1026	0.2273	0.0944	0.2638
1988	0.1219	0.2918	0.1213	0.2642	0.1061	0.2306	0.1103	0.3137
1989	0.1149	0.2743	0.1140	0.2460	0.0844	0.1855	0.1102	0.3113
1990	0.1495	0.3100	0.1182	0.2189	0.1310	0.2499	0.1602	0.3988
1991	0.1343	0.2619	0.0930	0.1669	0.1257	0.2302	0.1560	0.3462
1992	0.1674	0.2826	0.1182	0.1740	0.1244	0.2061	0.1945	0.3852
1993	0.1918	0.3201	0.1581	0.2248	0.159	0.2675	0.2034	0.4013

年份	全国总体		东部		中部		西部	
	标准差	变异系数	标准差	变异系数	标准差	变异系数	标准差	变异系数
1994	0.1928	0.2552	0.1418	0.1763	0.2159	0.287	0.2218	0.3108
1995	0.2106	0.2768	0.1432	0.1804	0.2168	0.2804	0.2637	0.3652
1996	0.2041	0.2693	0.1462	0.1828	0.1971	0.2609	0.2572	0.3570
1997	0.2059	0.2688	0.1343	0.1685	0.1996	0.2592	0.2681	0.3647
1998	0.1868	0.2567	0.1115	0.1447	0.1794	0.2521	0.2458	0.3516
1999	0.1602	0.2266	0.1241	0.1653	0.1268	0.1851	0.2068	0.3036
2000	0.1434	0.2016	0.1180	0.1663	0.1124	0.1557	0.1878	0.2660
2001	0.1173	0.1710	0.1094	0.1599	0.0906	0.1287	0.1453	0.2150
2002	0.1051	0.1449	0.0893	0.1205	0.0698	0.0957	0.1387	0.1956
2003	0.1025	0.1275	0.0838	0.1039	0.0865	0.1073	0.1321	0.1653
2004	0.1176	0.1351	0.0695	0.0768	0.1112	0.1290	0.1533	0.1814
2005	0.0928	0.1041	0.0775	0.0842	0.0993	0.1128	0.1023	0.1172
2006	0.0910	0.0994	0.0810	0.0868	0.0958	0.1069	0.1009	0.1107
2007	0.0709	0.0760	0.0794	0.0854	0.0859	0.0923	0.0570	0.0609
2008	0.0869	0.0936	0.0789	0.0843	0.1045	0.1117	0.0879	0.0959
2009	0.0949	0.1110	0.0852	0.0975	0.0863	0.1020	0.1123	0.1333
2010	0.1023	0.1121	0.1155	0.1287	0.1161	0.1293	0.0827	0.0884

由我国东中西部的绝对差异和相对差异可以看出，我国东中西部综合制度变量一直存在着显著的差异，其中 1978～1983 年东部地区绝对差异最小表现为东部地区标准差最小，1984～1989 年东部地区的绝对差异变为最大；1990～2006 年西部地区的绝对差异最大，其次是中部地区；2007 年以后出现波动。就相对差异而言，我国东中西部整体上呈现下降的态势，东中西部地区相对差异不同年份表现也各不相同，主要表现为西部地区相对差异最大，其次是中部地区，东部地区最小。

根据以往的研究应用情况及指数的数据特征看，测度的指标能较好地描绘中国制度变迁的整体特征，为本书后续的相关研究提供可靠的数据支持。

第5章　制度影响中国区域经济增长的面板数据分析

改革开放以来，中国经济取得快速增长，但这种增长在各区域之间并不是均衡的。第4章的分析表明，中国地区间的经济增长存在着明显的阶段性和区域性，虽然改革开放之前中国各地区之间就存在经济发展不平衡问题，但经济体制改革以来该问题的加剧使我们在研究中国区域经济差异时自然会考虑经济体制改革这一制度变迁因素的影响。中国区域经济发展不平衡的关键因素什么？制度要素到底充当了什么角色？本章在总结国内外专家研究成果的基础上，根据已有的数据资料结合2005年国家统计局对当年及此前的GDP作的重大修正整理出新的面板数据，采用包含制度变量的扩展索罗增长核算模型和三阶段DEA模型对1978～2010年间中国区域生产效率进行要素分解，并考察中国区域经济增长差异的根本原因，对结果做比较分析，阐述制度因素在我国区域经济增长的贡献差异。

5.1　基于索罗增长核算模型的计量分析

在制度与区域经济差异的计量分析中，不同的研究者采取了不同的研究方法。概括起来有经典回归分析方法，有基于面板数据的计量分析和检验方法，也有运用空间计量经济学的方法。

回归分析法是国内外关于制度与经济增长计量方法中较早和最常用的方法。该方法通常首先选择制度量化指标，然后建立回归模型进行计量分析。应用回归分析方法研究中较有代表性的有斯库利（Scully，1988）、格沃特尼（Gwartney，1996）、哈兰琼斯（HallandJones，1999）等。我国第一篇开创性的文章是胡乃武和闫衍（1998）在1998年提出将制度变量纳入经济增长计量模型中，并用计量方法进行回归分析。之后国内许多学者也进行了类似的研究，如王文博等（2002）、孙斌栋，王颖（2007）等采用了经典的回归法分析了中国区域制度对经济增长的贡献。何春杰（2003）采用了逐步回归的方法，证明了包含市场化程度和区域创新能力在内的制度是影响区域经济增长差异的重要因素之一。这些研究通过将制度进行量化，证明了制度对于经济增长的重要作用。这种方法简单方便，但得出的结果还很粗糙。

面板数据含有横截面、时期和变量三维信息，利用面板数据的计量分析和检验方法能够得到更为真实的结论，可以更加深入的分析制度对区域经济增长的影响。张光南、李军（2008）通过英属和西葡属殖民地 41 个国家 1970 ~ 2003 年的面板数据采用带个体固定效应的面板数据模型研究分析了制度、最优政府规模与经济增长的关系，验证了制度质量影响政府支出的产出效应和最优政府规模，从而导致经济增长差异。蒲小川（2007）采用一组面板数据，对制度与区域经济进行了尝试性的实证研究，结果表明，区域经济发展中制度是重要的。影响东部地区与中西部地区经济发展差异的主要制度变量既有相同之处，也有差异之处。张新杰（2009）采用固定效应面板数据模型来分析制度创新与中国区域经济发展的关系，并通过格兰杰因果关系检验结果表明制度创新与中国区域经济增长之间存在着显著的双向因果关系。

区域经济增长存在空间相关性，表现为一个地区的经济增长速度不仅取决于自身因素，还会受相邻地区的影响。很多关于中国区域经济增长差异的经验研究使用了面板数据分析方法，但都没有考虑空间相关性问题。埃洛斯特（Elhorst，2003）在传统的面板数据模型中引入空间滞后误差项或空间滞后被解释变量，从而明确考虑了空间相关性。在国内，应龙根是最早运用空间计量方法研究经济增长的学者，应龙根（2003）在运用中国省域数据对区域产出增长的研究中，揭示了以往研究中由于忽视空间依赖性而导致的结果偏差。吴玉鸣、徐建华（2004）运用面板数据对中国省域经济增长的空间计量研究，再次肯定了省域经济增长具有的显著的空间依赖性，忽视这种效应带来的必然是模型设定的偏差和计量结果的不准确。何江、张馨之（2006）、利沛（LIPei，2008）均对区域经济研究中运用空间计量方法的重要性做出了合理的解释。陈华（2012）通过建立空间计量经济模型对中国经济增长和制度变迁之间的关系进行了空间分析。研究发现以市场化改革为主的制度变迁对经济增长的作用在空间上是显著的。

可见，研究制度对区域经济差异影响的计量方法越来越复杂，越来越完善。对于同一问题，研究者采用不同的研究方法可能得出完全不同的结论。那么，如何统一和确定准确的研究方法显得至关重要。这也是有关制度对区域经济增长影响的研究中亟待解决的问题之一。本节采用包含制度变量的扩展索罗增长核算模型对 1978～2012 年间中国区域生产效率进行要素分解，并考察中国区域经济增长差异的根本原因，阐述制度因素在我国区域经济增长的贡献差异。

5.1.1　索罗增长核算模型及其扩展

1. 经济增长理论回顾

本节从经济增长理论的角度介绍索罗增长核算模型的起源与应用。众所周知，经济增长理论的发展经历了从古典经济增长理论、新古典经济增长理论到内生经济增长理论（新经济增长理论）的演化。古典经济增长理论的代表人物是亚当·斯密和大卫·李嘉图，亚当·斯密 1776 年在《国富论》中提出"在劳动生产力上的最大的增进，以及运用劳动时所表现的更大的熟练、技巧和判断力，看起来都是分工的结果。"斯密说明了经济增长与劳动分工、技术进步和资本积累之间的关系，并把资本积累看做是引致劳动分工和技术进步的决定性因素。李嘉图认为在地租增长得缓慢的国家里，财富增长得最快，并把经济增长和收入分配相结合，强调了合理的收入分配对经济增长的决定作用，结论是经济增长是资本积累的结果。古典经济增长理论十分重视物质资本的作用，把资本存量的规模和资本积累的速度，看做是促进或限制经济发展的首要因素。

20 世纪 50 年代末以来，占主导地位的增长理论是新古典经济增长理论，代表人物有索罗和斯旺。新古典经济增长模型（索罗－斯旺模型）的表达式为：

$$\frac{\Delta Y}{Y} = \lambda + \alpha\left(\frac{\Delta K}{K}\right) + \beta\left(\frac{\Delta L}{L}\right)$$

其中，$\frac{\Delta Y}{Y}$、$\frac{\Delta K}{K}$、$\frac{\Delta L}{L}$ 分别为经济增长率、资本增长率和劳动力增长

率，λ 表示技术进步的增长贡献率，α 是资本的产出弹性因素（或权数），β 是劳动力的产出弹性系数（或权数）。在新古典增长模型中，经济增长率不但取决于资本和劳动力的增长率，而且还取决于资本和劳动对产量增长相对作用的权数，取决于技术进步。新古典经济增长理论把资本、劳动、技术甚至土地等生产要素都引入经济增长模型，因而使分析较为全面。依据此模型，索罗发现资本和劳动对总增长率的贡献大约为 12.5%，技术进步对总增长率的贡献约为 87.5%，由此索洛得出技术进步决定经济增长的观点。之后，丹尼森等人的实证研究证明了索罗的观点，并发现一些国家总的经济增长率远大于资本和劳动要素投入的增长率，由此产生了一个"余数"，并归结为技术进步，但对于"索罗余数"是如何发生的并未作出解释。

19 世纪 80 年代中后期以来，围绕如何把"索洛余数"内生化这条主线，以罗默、卢卡斯、杨小凯和诺斯为代表的经济学家们分别从技术变化、人力资本积累、制度变迁、分工演进的角度，提出了新的经济增长模型，使经济增长理论研究的侧重点和方向发生了转移，因此被称为新经济增长理论。无论是古典还是新古典经济增长理论，都把制度因素作为既定的外生的不予考虑，但近二三十年，经济学家对于不同国家不同的经济增长成绩，都认识到制度的重要性，并有不少学者将制度变量引入经济增长模型。

本书将制度变量引入索罗增长模型，并通过面板数据对包含制度变量的索罗增长模型进行计量分析，选择在索罗模型的基础上构造包含制度变量的经济模型，是因为几乎所有的增长问题都是从索罗增长模型作为出发点的。

2. 包含制度变量的扩展索罗（Solow）增长模型

我们将索罗模型可以写作：

$$Y = \lambda F(K, L)$$

其中，Y 代表产出，K 代表资本投入，L 代表劳动力投入，λ 代表"索罗余数"，它是代表扣除资本、劳动对经济增长的贡献之后的其他要素，可归结为广义的技术进步。利用柯布—道格拉斯生产函数的形式，我们得到包含资本和劳动力的简单生产函数：

$$Y = \lambda K^{\alpha} L^{\beta}$$

α、β 分别代表资本、劳动力的产出弹性，我们在李子奈（2002）、冯英俊（2003）、康继军（2006）的研究基础上，将广义的技术进步归结为科学技术进步和资源配置效率的提高，它们分别是技术创新和制度创新的结果，即我们可以将 λ 定义为：

$$\lambda = \lambda' e^{\beta_1 \text{Urban} + \beta_2 \text{Open} + \beta_3 \text{Market} + \beta_4 \text{Finance} + \beta_5 \text{Govern}_1}$$

因为各制度变量对经济增长的影响可能远高于线性水平，因此我们尝试以指数的形式引入。其中，Urban、Open、Market、Finance、Govern 分别为城市化、对外开放、市场化、金融化和政府管理五项制度变量（在第 3 章中已有说明），代表制度创新的投入，λ′ 可解释为技术创新。由此我们得到包含各制度变量的扩展索罗增长模型：

$$Y = \lambda' e^{\beta_1 \text{Urban} + \beta_2 \text{Open} + \beta_3 \text{Market} + \beta_4 \text{Finance} + \beta_5 \text{Govern}_1} K^{\alpha} L^{\beta}$$

两边取对数得到制度对区域经济增长影响的模型：

$$\ln Y = c + \alpha \ln K + \beta \ln L + \beta_1 \text{Urban} + \beta_2 \text{Open} +$$
$$\beta_3 \text{Market} + \beta_4 \text{Finance} + \beta_5 \text{Govern}$$

模型的被解释变量为 Y，即人均产出；解释变量分别是 K、L、Urban、Open、Market、Finance、Govern。这时的常数项 $c = \ln \lambda'$，则作为除资本存量 K、劳动力 L、制度变量（Urban、Open、Market、Finance、Govern）之外的解释产量增长的余量，可以解释为技术进步。

本节研究以 31 个省、直辖市和自治区为研究对象，为了有效度量我国改革开放以来制度因素对区域经济增长的影响，样本区间从 1978 ~ 2012 年。其中，各制度变量（Urban、Open、Market、Finance、Govern）的数据已在前面研究中得到，另外，本书采用 GDP 表示产出 Y，所选用的各地区生产总值（GDP）数据直接来源于相关统计资料并经消费者物价指数 CPI 平减后得，采用各地区年末就业人数表示劳动力总量 L；物质资本 K 是资本存量值，由于无法获得公开的各地区资本存量数据，本节按照张军等（2004）的估计方法，并以其计算得到的 1952 年各省份资本存量数据作为基年资本存量，按照永续盘存法估算了 1978 ~ 2010 年各省份各年资本存量 K，并以此作为资本投入数据。

数据主要来源于《中国国内生产总值核算历史资料（1952 ~ 1995）》《新中国五十五年统计资料汇编》《中国统计年鉴》《中国工业经济统计年鉴》《中国人口统计年鉴》《中国财政年鉴》《中国区域经济统计年鉴》《新中国六十年统计资料汇编》。

5.1.2 包含制度变量的索罗（Solow）增长模型的估计与检验

1. 面板数据模型介绍

考虑到我国制度因素和经济增长水平区域性差异以及不同时间国家政策的影响，单纯地用时间序列数据和横截面数据都无法有效度量我国制度因素对区域经济增长的贡献，因此我们采用能有效解决这一问题的面板数据模型来进行研究。面板数据模型是一类利用面板数据分析变量间相互关系并预测其变化趋势的计量经济模型。模型不仅能反映出研究对象在时间和截面单元两个方向上的变化规律还能反映出不同时间、不同单元的特性。面板数据模型可以简化为以下形式：

$$y_i = \alpha_i + x_i \beta_i + u_i$$
$$i = 1, 2, \cdots, N, \quad t = 1, 2, \cdots, T$$

其中，y_i 是 $T \times 1$ 维被解释变量向量，x_i 是 $T \times k$ 维解释变量矩阵，x_i 和 y_i 的各分量是个体成员的经济指标时间序列，α_i 为截距项，β_i 为 $T \times 1$ 维系数向量，α_i 和 β_i 取值均受个体的影响。u_i 是 $T \times 1$ 维扰动项向量也可以叫作白噪音。

面板数据模型存在以下三种形式：

模型 1：不变系数模型 $\alpha_i = \alpha_j$，$\beta_i = \beta_j$

模型 2：变截距模型 $\alpha_i \neq \alpha_j$，$\beta_i = \beta_j$

模型 3：变参数模型 $\alpha_i \neq \alpha_j$，$\beta_i \neq \beta_j$

对于模型 1，在横截面上无个体影响、无结构变化，则普通最小二乘法估计给出了 α 和 β 的一致有效估计。相当于将多个时期的截面数据放在一起作为样本数据。对于模型 2，在横截面上个体影响不同，个体影响表现为模型中被忽略的反映个体差异的变量的影响。对于模型 3，除了存在个体影响外，在横截面上还存在变化的经济结构，因而结构参数在不同横截面上是不同的。

因为利用不同的模型得出的结果也大不相同，所以我们采用面板数据模型进行实证分析首先要确定属于哪种形式，避免模型设定的偏差，改进参数估计的有效性。经常使用的检验是协方差分析检验，主要检验以下两个假设：

$$H_1: \beta_i = \beta_j, \quad H_2: \alpha_i = \alpha_j, \quad \beta_i = \beta_j$$

可见如果接受假设 H_2 则可以模型为不变参数模型，无须进行进一步的检验。如果拒绝假设 H_2，则需检验假设 H_1。如果接受 H_1，则认为模型为变截距模型，反之拒绝 H_1，则认为即模型为变参数模型。上述检验可以通过基于 F 统计量比较可得。

$$F_1 = \frac{(S_2 - S_1)/(N-1)k}{S_1/[N(T-k-1)]} \sim F[(N-1)k, \; N(T-k-1)]$$

$$F_2 = \frac{(S_3 - S_1)/(N-1)(k+1)}{S_1/[N(T-k-1)]} \sim F[(N-1)(k+1), \; N(T-k-1)]$$

N 为截面数，T 为时序数，k 为解释变量的个数；S_1、S_2、S_3 分别为变参数模型、变截局模型和不变系数模型的残差平方和。若 F_2 统计量的值小于给定置信度下的相应临界值，则使用不变系数模型；否则再利用 F_1 进行检验，若 F_1 小于临界值则使用变截距模型，否则使用变系数模型。

不同形式的面板数据模型，根据个体影响的不同形式又分为固定影响模型和随机影响模型。若个体影响与解释变量无关则模型为随机效应，反之，为固定效应。对于如何检验模型中个体影响与解释变量之间是否相关，豪斯曼（Hausman，1978）提出了一种严格的统计检验方法——Hausman 检验。该检验方法的基本思路：首先建立随机效应模型，然后检验模型是否满足个体影响与解释变量不相关，如果满足就将模型设定为随机效应模型，反之为固定效应模型。检验过程构造出 W 统计量：

$$W = [b - \hat{\beta}]' \sum{}^{-1} [b - \hat{\beta}]$$

Hausman 证明在原假设下，统计量 W 服从自由度为 k 的 χ^2 分布，k 为模型中解释变量的个数。在给定显著性水平下，若统计量 W 值大于临界值，则拒绝原假设选择固定影响模型，否则选择随机影响模型。

2. 面板数据模型的实证检验

（1）单位根检验在面板数据模型在回归之前，首先要检验数据的稳定性，以避免出现伪回归，从而确保估计结果的有效性。本书利用 Eviews7.2 软件，对 1978 ~ 2012 年 31 省市区各变量（LNY、LNK、LNL、Urban、Open、Market、Finance、Govern）数据进行单位根检验。由于面板数据的单位根检验存在相同根和不同根情形下的单位根检验，我们采用混合（Summary）的检验方法，表 5-1 列举了面板数据相同根下 LLC 检验和不同根下 ADF 检验的 p 值。

表 5-1 面板数据的平稳性检验

变量	LLC－－p	ADF－－p	稳定性	变量	LLC－－p	ADF－－p	稳定性
LNY	0.0164	0.0015	平稳	Urban	0.0205	0.0432	平稳
LNL	0.0023	0.0007	平稳	Market	0.0002	0.0166	平稳
LNK	1.0000	0.9971	非平稳	DLNK	0.0328	0.0000	平稳
Govern	0.5061	1.0000	非平稳	DGovern	0.0023	0.0000	平稳
Open	0.9890	0.5327	非平稳	DOpen	0.0000	0.0000	平稳
Finance	0.4812	0.0902	非平稳	DFinance	0.0000	0.0000	平稳

在显著性水平为 0.05 的水平下，由表 5-1 面板数据平稳性检验结果可得 LNY、LNL、Urban、Market 是平稳的，对于非平稳的面板数据一阶差分后变为平稳。

（2）参数模型检验：根据单位根检验的结果，采用平稳变量进行面板数据模型回归，其中 LNK 为被解释变量，DLNK、LNL、Urban、DOpen、Market、DFinance、DGovern 为解释变量，分别运用变参数模型、变截距模型和不变系数模型进行回归，得到的残差平方和依次是 $S_1 = 137.6006$、$S_2 = 277.2017$、$S_3 = 1221.405$，计算得 $F_2 = 24.416$，$F_1 = 0.6958$，则由 $F_2 > F(240, 744)$；$F_1 < F(210, 744)$ 可知，因此我们采用变截距模型。

（3）效应模型检验：首先建立变截距随机效应模型，利用 Hausman 检验得到表 5-2，由于 Hausman 检验 p 值大于显著性水平 0.05，则不能拒绝原假设因此选择随机影响模型。

表 5-2 效应模型的 Hausman 检验结果

TestSummary	Chi－Sq. Statistic	Chi－Sq. d. f.	Prob.
Cross－sectionrandom	0.000000	7	1.0000

基于以上分析，我们建立面板数据变截距随机效应模型：

$$\ln Y_{it} = c + \alpha DlnK_{it} + \beta lnL_{it} + \beta_1 Urban_{it} + \beta_2 Dopen_{it} + \beta_3 Market_{it}$$
$$+ \beta_4 Dfinance_{it} + \beta_5 Dgovern_{it} + v_{it} + \xi_{it}$$

其中 c 截距中常数项部分，v_{it} 为截距中随机变量部分，代表截面的随机影响，ξ_{it} 为残差项，i 代表截面成员，t 代表时间，i = 1，2，…，31，t = 1，2，…，33。

5.1.3　面板数据模型的结果分析

1. 制度变量对经济增长影响总体分析

根据 5.1.2 的分析，我们利用 Eviews7.2 软件建立 31 个省市区 1978 ~ 2012 年面板数据的随机效应变截距模型，表 5 - 3 为模型 1 全国总样本的分析结果，另外，为了更准确地描述制度变量对区域经济增长的影响，我们将 1978 ~ 2012 年分为两个阶段进行面板数据回归：1978 ~ 1991 年和 1992 ~ 2012 年。之所以这样划分一方面是根据本书第 4 章的分析，1992 年为区域经济差异的显著折点，另外根据刘强（2001）的研究，20 世纪 90 年代以前是宏观经济波动的平缓期，计划机制在经济运行中占据主导地位，体制改革主要在农村领域展开，市场机制对经济运行只起着辅助性的调节作用，从制度方面来说，主要还是公有制占绝对优势时期。而 20 世纪 90 年代以后是中国经济增长的波动期，政府积累的宏观调控经验逐步成熟，计划机制的职能和范围在不断萎缩和减小，市场机制在资源配置中逐步起主导性的作用。在计划经济条件下，制度更多地强调国家按照计划在全国进行资源配置，而在市场经济条件下，制度倾向于以市场为基本导向实现资源配置。在这两种情况下，制度创新对经济增长必然会产生很大的影响。实证分析结果表 5 - 3 中的模型 2 和模型 3。其中模型中随机影响 v_{it} 的估计结果略。

表 5 - 3　　　　　　　制度变量对经济增长影响的总体分析

变量	模型 1 （1978 ~ 2012 年）	模型 2 （1978 ~ 1991 年）	模型 3 （1992 ~ 2012 年）
C	- 2.794246 *** （- 13.79468）	- 4.330119 *** （- 21.88526）	- 0.967671 ** （- 3.083848）

变量	模型 1 (1978~2012 年)	模型 2 (1978~1991 年)	模型 3 (1992~2012 年)
DLNK	3.338921 *** (9.542017)	0.292578 * (1.077022)	2.234668 *** (6.387441)
LNL	0.835914 *** (29.06190)	1.193091 *** (41.79365)	0.764018 *** (17.97466)
Market	3.777054 *** (33.08894)	0.119879 *** (6.27771)	2.908083 *** (25.32018)
Urban	6.511561 *** (35.66013)	0.309348 *** (0.077188)	5.153833 *** (19.4496)
DFinance	0.560223 *** (4.730009)	0.309348 *** (4.007709)	0.229701 ** (1.98493)
DGovern	-0.853048 *** (-5.129112)	0.228075 ** (2.194209)	-1.032501 *** (-6.861054)
DOpen	0.205597 (1.951708)	0.031744 (0.541039)	0.285936 *** (2.047379)
Ad-R2	0.878335	0.878335	0.852952
F	638.7282 ***	638.7282 ***	488.2409 ***

注：表中各变量系数下面的括号内为 t 统计量，***、**、* 分别表示在 1%、5% 和 10% 水平上显著。

从表 5-3 可以看出，三个模型中产出的初始水平皆为负值，资本存量和劳动力的系数均为正，且在 5% 水平上均显著，资本存量的弹性系数明显大于劳动力的弹性系数，说明资本存量要比劳动力对经济增长的贡献大。四个制度变量具有显著性，将全国 31 个省市区放在一个样本里进行面板数据回归，我们发现五个制度变量中有四个是显著的，也就是说这四个制度变量对地区经济发展水平的高低具有显著的解释力。

（1）城镇化（Urban）变量在 3 个模型中均表现出显著的正向作用，且系数最大。这说明城镇化对我国经济增长的带动作用相对来说最大。其中模型 3 系数值远大于模型 2 中的参数，这也说明城镇化在 1992~2012 年期间对地区经济增长发挥的作用更大，城镇化水平每提高一倍能促进经济增长率提高 5.153833%。

（2）市场化（Market）变量对经济增长的影响较大且显著，这也进一步说明中国经济增长与市场化改革是分不开的。特别是1992年邓小平南方谈话以后，市场化改革加快，市场化表现出更强劲的带动作用。

（3）政府管理（DGovern）变量在3个模型中均显著，但参数在3个模型中的符号又不同。在模型1中政府管理表现对经济增长的负效应，这说明改革开放至今政府管理在总体上对经济增长并未产生正向作用，而1978~1992年期间政府管理给经济增长呈现促进作用，1992~2012年期间表现为负效应。这可能是由于计划经济时代政府适当的管理和干预带动了经济发展，但实行市场经济之后政府过多的干预会对经济增长产生阻碍作用。

（4）金融化（DFinance）变量对经济增长的具有正向效应但系数较小，这可能是由于金融市场化程度在地区之间具有很大差异，在东部地区金融市场化是促进地区经济快速发展的动因之一，而在中西部地区，金融市场化程度本身就不高，地区经济主要还是靠国有力量来拉动，因此非市场化的金融资源配置在中西部地区反倒成为推动区域经济发展不得已的制度安排。因而总体上表现出正向效应但作用并不明显。

（5）对外开放（DOpen）变量在模型1中不显著，原因可能是将全国作为一个整体来看很难得出明确的结论，而在模型2中不显著模型3中显著，这说明在1978~1992年期间对外开放与地区经济增长关系不显著而1992~2012年期间对外开放带动了经济的增长，但对外开放水平提高一倍仅带来经济增长率约提高0.286%，与其他制度变量相比，对外开放对地区经济发展水平的正向作用较低。

2. 制度变量对区域经济增长影响地区分析

为了考察制度变量对经济增长影响的区际差异，本节将总体样本分东中西三个小样本进行面板数据回归，表5-4列举了东中西部地区面板数据回归结果。

表5-4　　　　　　　　制度变量对区域经济增长影响的分析

变量	模型1（东部）	模型2（中部）	模型3（西部）
C	-2.189733 *** （-7.116696）	-7.131005 *** （-13.50100）	-2.720262 *** （-15.38516）

续表

变量	模型1（东部）	模型2（中部）	模型3（西部）
DLNK	0.750774 （1.082431）	1.556646 *** （2.706294）	1.286786 *** （3.94004）
LNL	0.779522 ** （18.26109）	1.380834 *** （20.11621）	0.820321 *** （33.22020）
Market	3.965450 *** （23.32431）	3.084607 *** （16.75054）	2.262462 *** （10.21634）
Urban	8.952901 *** （25.87638）	8.310969 *** （22.18956）	5.828385 *** （27.94957）
DFinance	0.435410 *** （1.850244）	0.360297 * （1.726673）	0.790403 *** （5.289205）
DGovern	-1.341846 *** （4.835772）	-0.089440 （-0.312365）	-0.638706 ** （-2.375477）
DOpen	0.182294 （1.441923）	2.390241 *** （2.688268）	0.532742 ** （1.185503）
Hausman 检验（p值）	1.0000	1.0000	1.0000
结论	随机效应	随机效应	随机效应
Ad-R2	0.853480	0.873958	0.880464
F	194.2687 ***	150.3914 ***	404.0087 ***

注：①东部：北京、天津、河北、上海、江苏、浙江、福建、山东、广东、海南、辽宁等十一个省份；中部：安徽、湖北、湖南、江西、山西、河南、黑龙江、吉林等八大省份；西部：重庆、四川、贵州、云南、西藏、陕西、甘肃、青海、宁夏、新疆、内蒙古、广西等十二大省份自治区。

②表中各变量系数下面的括号内为t统计量，*** 、 ** 、 * 分别表示在1%、5%和10%水平上显著。

从表5-4可以看出，模型均选择了随机效应模型，且拟合优度均在85%以上，检验方程是否显著的F检验的F统计量均显著，说明方程拟合效果良好。

（1）在模型1中资本存量（DLNK）和对外开放（DOpen）与经济发展水平的关系不显著，这就意味着在资本存量和开放度较高的东部地区，资本存量和对外开放已经不是东部地区经济发展差距的主要因素了。与全国总样本一样，城镇化（Urban）和市场化（Market）是对东部地区经济发展水平影响最大的两个制度变量，且与模型2和模型3相比，这种正向作用也是最大的。

（2）与模型1不同，在模型2和模型3中对外开放变量均表现出显著性，但系数较小，这可能是因为该模型采用了中部和西部各省的数据进行分析，而各省开放的深度和广度不一致，从而稀释了该系数。但就中部和西部地区而言，对外开放度仍是影响该地区经济发展水平差异的一个原因。

（3）在3个模型中，金融化（DFinance）变量和政府管理（DGovern）变量均呈现显著且符号相反。这说明在东中西部地区金融化始终是促进经济增长的有利因素，而政府管理在1978～2012年期间并没有发挥带动作用，这意味着政府职能、管理范围和调节方式的转变等还需要不断深入。

3. 结论

基于以上总体分析和地区分析，我们得到以下结论：

（1）就资本、劳动力和制度变量对经济增长的带动作用而言，不管是总体还是分地区，不管是总体阶段（1978～2012年）还是分阶段（1978～1991年、1992～2012年），制度变量都表现出最大的正向作用，因此我们认为制度因素是决定经济增长的关键因素。

（2）就分阶段而言，制度变量在第二阶段（1992～2012年）对经济增长的影响效应比第一阶段（1978～1991年）更加明显。就分地区而言，影响经济增长的主要制度变量对东部地区的促进作用最大。这说明制度因素对地区经济增长的影响确实存在明显差异，这些因素也是导致地区经济不平衡的主要原因。

5.2 基于三阶段 DEA 模型的计量分析

一个地区要素生产效率的提升预示着该地区经济增速，不同地区经济增速的不同也是造成区域经济发展不平衡之原因。自新制度经济学派

115

将制度变革与经济增长紧密联系起来之后，制度对区域经济增长的影响被国内外学者广泛的关注。随着社会的进步和时间的推移，制度的变革和创新将越来越多，制度的作用也将越来越大，那么制度要素与生产效率之间有何关系？我国区域生产效率状况又如何？制度及区域生产效率的不平衡又是如何影响我国区域经济发展不平衡的？这些问题都成为我们不得不面对的现实，本节基于三阶段 DEA 模型利用我国 31 个省（市、区）1990~2012 年生产要素的投入、产出及制度环境数据，尝试从我国制度环境的角度对我国区域生产效率进行测度并对其差异性进行分析。

5.2.1　DEA 模型的应用

目前文献在测度效率方面广泛采用查恩斯和库珀（Charnes and Cooper，1978）等提出的数据包络分析（DEA）方法。DEA 方法无须主观设定具体的生产函数形式，在确定投入和产出指标的基础上根据线性规划方法计算出各决策单元的相对生产效率，客观性较强。但这一经典的 DEA 方法忽略了环境因素的影响将所有的决策单元之间的效率进行比较，这种比较显然是不科学的。之后学者为解决这一问题作出大胆的尝试，如范恩等（1989）曾提出解决这一问题的一阶段 DEA 方法，将环境因素视为投入和产出变量带入经典的 DEA 模型；科埃利（Coelli，1998）等提出了两阶段 DEA 法，即首先利用经典的 DEA 方法测算出决策单元的效率值，然后以此为因变量以环境变量为自变量建立 Tobit 回归分析。这两种方法其实质也未将环境因素的影响消除，弗里德（2002）等提出能够将环境因素和随机误差影响消除的三阶段 DEA 模型，该方法的第一阶段是利用经典 DEA 方法计算决策单元的效率值；第二阶段使用投入松弛、环境变量及随机误差利用随机前沿模型（SFA）对第一阶段测算的投入松弛量进行修正，并重新调整投入量；第三阶段将调整后的投入量重新代入经典 DEA 模型核算效率，此时得到的效率值就是剔除了环境因素与随机误差影响的真实效率值。

三阶段 DEA 模型主要用于金融市场对银行效率的评价等（如黄台心等；黄宪），但近几年来三阶段 DEA 模型在其他行业也有所体现，如现代服务业（黄森等；樊敏等）、农业（李然等、郭军华等）、建筑业（王雪青等）及能源产业（黄德春等；华坚等）等。在我国区域生产效率的方面，以往的研究学者们主要使用的是 DEA 和 SFA 两种方法，三阶段 DEA 模型的应用还比较少见。颜鹏飞、王兵（2004）基于经典的DEA 方法，测算了我国各省区的 Malmquist 指数，并指出自 20 世纪 90年代以来技术效率提高和技术进步是生产效率得以提高的主要原因，并指出制度因素对全要素生产率及技术效率提高都有重要影响。傅晓霞、吴利学（2006）通过随机前沿模型（SFA）将各地区全要素生产率的变动进行分解，认为 1990 年前全要素生产效率主要由技术进步率决定，1990 年之后制度水平对技术效率的影响进一步增大。王志平、陶长琪（2010）运用随机前沿 C－D 生产函数对我国区域生产效率及其影响因素进行分析，发现 2000 年以来西部地区生产效率的改善比东中部地区显著，外商投资、基础设施的实际有效利用有利于生产效率的提高。陶长琪、齐亚伟（2011）采用了三阶段 DEA 模型对我国生产效率进行了研究，结果发现环境因素确实影响生产效率的测度，规模效率的下降是造成生产率低的主要原因。

从方法上看，对于区域生产效率的研究学者们主要使用随机前沿模型（SFA）、使用数据包络分析（DEA）和三阶段 DEA 模型。但 SFA 和DEA 方法存在明显的缺陷。SFA 基本假设较为复杂，对投入产出的数据要求高，一旦数据不符合假设就会产生严重的偏度问题，DEA 法无法剥离环境因素对结果的影响，容易产生结果的失真，因此使用三阶段DEA 模型对研究更有利；从内容来看，学者们逐步认识到环境因素对生产效率的影响，但对于环境变量的设定还没有统一标准。已有的文献为本书进一步的研究提供了借鉴和指导，但必须指出的是基于三阶段DEA 方法的研究相对较少，为了深入和完善我国区域生产效率的研究，本节试图利用三阶段 DEA 方法，将制度环境因素考虑到生产效率研究范围，测度制度环境变量调整前后我国区域生产效率水平的变化，并对制度环境与区域间生产效率水平以及增长差异的关系进行分析。

5.2.2 三阶段 DEA 模型简介

第一阶段：投入导向型的 BCC 模型。

经典的 DEA 模型分为规模报酬不变的 CCR 和规模报酬可变的 BCC两种，而 BCC 模型将技术效率（TE）分解为纯技术效率（PTE）和规模效率（SE）并且 $TE = PTE \times SE$，这有助于我们比较纯技术效率和规模效率对我国区域生产效率的不同影响，加之我们从要素投入的角度研究我国区域生产效率的差异因此我们选择投入导向型的 BCC 模型。

假设有 n 个决策单元（简称 DMU），每个决策单元均使用 m 中投入、生产 s 中产出，则测度第 n_0 个单元效率值的 BCC 模型为：

$$\min \theta$$

$$s.t. \begin{cases} \sum_{j=1}^{n} \lambda_j x_{ij} + s^- = \theta x_{j0} \\ \sum_{j=1}^{n} \lambda_j y_{rj} - s^+ = y_{j0} \\ \sum_{j=1}^{n} \lambda_j = 1 \\ \lambda_j \geq 0, \ s^- \geq 0, \ s^+ \geq 0 \\ j = 1, 2, \cdots, n, \ i = 1, 2, \cdots, m \\ r = 1, 2, \cdots, s \end{cases}$$

其中，x_{ij} 为第 j 个决策单元的第 i 种类型的投入总量，y_{rj} 为第 j 个决策单元第 r 种类型的产出总量，λ_j 为第 j 个决策单元的权重，s^- 和 s^+ 分别为投入与产出松弛量，根据线性规划原理求解出的最优目标值 θ^* 即为第 n_0 个决策单元的相对技术效率。若某个决策单元的最优解 $\theta^* = 1$，且 $s^- = s^+ = 0$，则表明该决策单元的生产效率处于前沿面，生产相对有效率，否则，生产相对无效率。θ^* 的值介于 0 到 1 之间，越接近 1 表示效率越高，是一种相对效率。

第二阶段：基于相似 SFA 要素投入调整。

弗里德（2002）等人认为第一阶段得到的投入松弛变量是由环境因素、随机误差和管理无效率造成的，但一阶段 DEA 并未将这三部分因素对技术效率的影响区分开，此时的效率值无法反映到底是何种因素造成的。因此第二阶段我们主要构建 SFA 模型，对第一阶段每一种投入松弛变量分别进行 SFA 回归分析，可以观察出以上三部分因素的影响，并将环境因素和随机误差剔除，仅保留管理无效所造成的影响。

以投入松弛为因变量，环境因素为自变量，构造相似 SFA 模型：

$s_{ij}^- = f^i(z_j; \ \beta^i) + v_{ij} + u_{ij}, \ j = 1, 2, \cdots, n, \ i = 1, 2, \cdots, m$

其中，s_{ij}^- 表示第 j 个决策单元在第 i 种投入松弛变量，$z_j = (z_{1j},$

z_{2j}, $\cdots$, z_{pj}）表示 p 个环境变量的组合，β^i 表示外部环境变量的待估参数，$f^i(z_j; \beta^i)$ 表示环境变量对投入松弛变量的影响，一般可简化为一元线性关系：$f^i(z_j; \beta^i) = z_j\beta^i$。$v_{ij} + u_{ij}$ 为混合误差项，其中，v_{ij} 表示随机误差，并满足 $v_{ij} \sim N(0, \sigma^2_{vi})$；$u_{ij}$ 表示管理无效率，并满足 $u_{ij} \sim N^+$ (u^i, σ^2_{ui})，且 v_{ij} 和 u_{ij} 独立不相关。我们设定 $\gamma = \dfrac{\sigma^2_{ui}}{\sigma^2_{ui} + \sigma^2_{vi}}$，当 $\gamma \to 1$ 时，表示管理无效率因素对松弛变量的影响占主导地位，当 $\gamma \to 0$ 时，表示随机误差对投入松弛的影响占主导地位。

本节利用相似 SFA 模型的回归结果对投入量进行调整。其思想是将处于有利制度环境和运气的决策单元通过增加其投入水平调整至相同水平。比如 $\max(z_j\hat{\beta}^i)$ 表示对于第 i 种投入而言处于最差制度环境条件下的投入松弛水平，若 $z_j\hat{\beta}^i < \max(z_j\hat{\beta}^i)$，则表明此时该决策单元处于有利的制度环境，我们将所有处于有利制度环境决策单元的投入要素在初始投入水平上加上 $\max(z_j\hat{\beta}^i)$ 与 $z_j\hat{\beta}^i$ 的差额，那么调整后投入增加决策单元便处于相同制度环境水平。对于处于好运气的随机误差项的调整也是如此。具体方法为：

$$x^A_{ij} = x_{ij} + \{\max(z_j\hat{\beta}^i) - z_j\hat{\beta}^i\} + \{\max\hat{v}_{ij} - \hat{v}_{ij}\},$$
$$j = 1, 2, \cdots, n, \ i = 1, 2, \cdots, m$$

x^A_{ij} 和 x_{ij} 分别是调整后和初始的投入值。

第三阶段：考虑制度环境和随机误差后的 BCC 模型。

这一阶段的模型主要是根据第二阶段所控制制度环境因素和随机误差后的各投入数据 x^A_{ij} 代替原始投入数据，并再次运用投入型 BCC 模型进行测算，第三阶段所得到的效率值即为剔除外部制度环境因素和随机误差影响后的更加符合现实的技术效率值。

5.2.3　基于三阶段 DEA 的我国区域经济增长制度影响的实证分析

运用三阶段 DEA 模型核算我国区域生产效率，需要适当选择投入、产出及制度环境因素变量。本部分首先对各变量指标的选取及数据来源进行说明，其次利用考虑到制度环境因素的三阶段 DEA 模型对我国区域经济增长的制度影响进行实证分析。

1. 投入产出及环境变量的选取及数据来源

本书以 1990～2012 年我国 31 个省市区为研究样本,按照东中西部划分标准将我国 31 个省市区划分为三大区域进行研究。测度我国区域生产效率的大小首先要确定生产要素的投入和产出,与生产类型的企业一样,我国区域生产要素的投入和产出的多少将直接影响到生产效率的大小。已有文献通常将资本和劳动作为投入指标,我们在此基础上加入技术要素,资本、劳动和技术均作为投入要素均纳入 DEA 模型,这与新古典经济增长理论相符合的,由此我们认为各区域通过一定的生产方式将资本、劳动和技术生产要素转化为产出,根据已有研究,产出变量我们选取各地区生产总值来表示。对于环境变量的选取没有统一的标准,本书主要基于制度因素的视角,因此环境变量均采用本书第 3 章已讨论的制度变量。基于以上分析,我们得到基于经典 DEA 模型的我国区域生产效率测度的指标体系。

产出变量(Y):国内生产总值,考虑到价格因素的影响我们以 1978 年为不变价,经消费者物价指数 CPI 进行平减。

劳动力投入变量(L):年末各地区就业人数。

资本投入变量(K):各地区物质资本存量,按照张军等(2004)的估计方法计算所得,在本章第一节已有说明本部分不作解释。

技术投入变量(T):年末各地区专利授权数量。

制度环境变量(E):基于本书第 3 章的研究结果,采用城镇化制度变量(Urban)、企业市场化制度变量(Market)、经济对外开放度制度变量(Open)、政府管理制度变量(Govern)、金融制度变量(Finance)的五个方面。

数据主要来源于《中国国内生产总值核算历史资料(1952～1995)》《新中国五十五年统计资料汇编》《中国统计年鉴》《中国工业经济统计年鉴》《中国人口统计年鉴》《中国则政年鉴》《中国区域经济统计年鉴》《新中国六十年统计资料汇编》。

2. 实证结果及分析

(1)一阶段投入导向型的 BCC 模型分析。

将各省市区生产效率的投入和产出指标数据代入投入导向型 BCC

模型，运用 DEAP2.1 软件对我国 31 个省市区在 1990 ~ 2010 年的生产效率进行测算，得到了技术效率（TE）、纯技术效率（PTE）和规模效率（SE），基于我国区域生产效率的分析表 5 - 5 给出了东中西部三大区域的各效率值。

表 5 - 5　　　　　1990 ~ 2012 年东中西部地区生产效率估计结果

年份	东部地区			中部地区			西部地区		
	TE	PTE	SE	TE	PTE	SE	TE	PTE	SE
1990	0.858	0.873	0.983	0.762	0.810	0.943	0.722	0.807	0.898
1991	0.866	0.890	0.970	0.757	0.827	0.927	0.721	0.807	0.901
1992	0.850	0.866	0.981	0.705	0.780	0.914	0.656	0.761	0.875
1993	0.849	0.908	0.932	0.674	0.766	0.899	0.664	0.794	0.843
1994	0.853	0.910	0.934	0.665	0.772	0.871	0.651	0.769	0.858
1995	0.877	0.934	0.936	0.768	0.833	0.923	0.748	0.827	0.912
1996	0.907	0.965	0.939	0.825	0.897	0.920	0.790	0.874	0.909
1997	0.928	0.975	0.950	0.919	0.940	0.978	0.873	0.897	0.974
1998	0.927	0.974	0.951	0.922	0.947	0.975	0.866	0.892	0.970
1999	0.922	0.972	0.948	0.900	0.940	0.958	0.861	0.891	0.968
2000	0.927	0.976	0.949	0.922	0.954	0.967	0.862	0.897	0.964
2001	0.931	0.976	0.953	0.889	0.926	0.961	0.830	0.866	0.961
2002	0.866	0.964	0.899	0.678	0.719	0.939	0.514	0.692	0.786
2003	0.898	0.990	0.907	0.736	0.794	0.932	0.680	0.777	0.888
2004	0.950	0.987	0.962	0.882	0.927	0.951	0.806	0.854	0.945
2005	0.947	0.980	0.967	0.858	0.915	0.939	0.794	0.853	0.932
2006	0.948	0.985	0.963	0.851	0.905	0.942	0.762	0.831	0.924
2007	0.953	0.989	0.964	0.853	0.924	0.926	0.787	0.836	0.945
2008	0.940	0.980	0.959	0.843	0.918	0.921	0.767	0.830	0.933
2009	0.900	0.961	0.936	0.856	0.918	0.937	0.738	0.829	0.904
2010	0.889	0.959	0.925	0.838	0.921	0.915	0.771	0.825	0.939
2011	0.866	0.968	0.903	0.739	0.819	0.904	0.808	0.861	0.938
2012	0.862	0.966	0.886	0.705	0.780	0.908	0.829	0.869	0.951

注：TE、PTE、SE 分别表示技术效率、纯技术效率与规模效率且 TE = PTE × SE。

由我国东中西部地区生产技术效率图（见图 5 - 1）可以看出在 1990～2012 年期间我国东、中、西部地区的生产技术效率总体上呈现波动上升的趋势且东中部地区技术效率高于西部地区。就波动幅度而言，西部地区生产技术效率波动性最大呈现先上升后下降再上升的态势，这说明西部地区受三种投入量影响的幅度相对要大，西部地区因为地理位置原因自身没有较好的人力、资本及技术资源的优势，因此受外界投入量的影响较大，特别是 1994～1997 年期间西部地区生产技术效率大幅度上升；就区际间的生产技术效率差异而言，1990～1995 年期间东部地区生产技术效率明显高于中西部地区，而 1997～2000 年期间我国东中西部区际差异明显缩小，之后有扩大的趋势但近几年来看区际间差异呈收敛的趋势。地区间生产技术效率的差异，说明我国东中西部地区在利用资本、劳动力与科技有效组织生产管理、技术引进吸收、自主科技创新等方面存在着差距，由此也导致了区域间的发展不平衡。就生产技术效率塌陷而言，1990～2004 年期间我国东、中、西部地区均存在不同程度的塌陷。与中部地区相比，西部地区塌陷程度要更严重，这与近年来学者所研究的经济塌陷是一致的，这也说明地区生产技术效率的塌陷导致了经济塌陷。

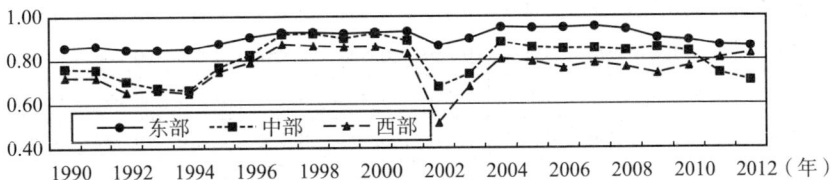

图 5 - 1　我国区域生产技术效率变化趋势图

由图 5 - 2 看出我国东中西部地区纯技术效率的变化趋势与技术效率变化趋势相一致，在不考虑规模效率的情况下，我们可以认为纯技术效率的变化导致了技术效率的变化。对比图 5 - 3，我国东中西部地区间的规模效率呈现出另一种发散态势，1990～1996 年期间我国东部地区规模效率大于中西部地区，之后的 5 年东部地区的规模效率逐渐下降并低于中部和西部地区，东部地区规模效率的下降并未导致其技术效率的下降，这说明东部地区技术效率居高不下的原因是由于纯技术效率水平高的贡献。在 2002 年后开始东部地区规模效率上升但幅度不大近两年来又有下降的趋势。中西部地区生产规模效率在 2002 年以后变化不明显，中部地区或高于西部或低于西部，但就近几年看西部地区规模效率呈上升的趋势而东部和中部地区反而下降，这说明我国实施西部大开发对西部地区的投入规模维持一个较高的水平。

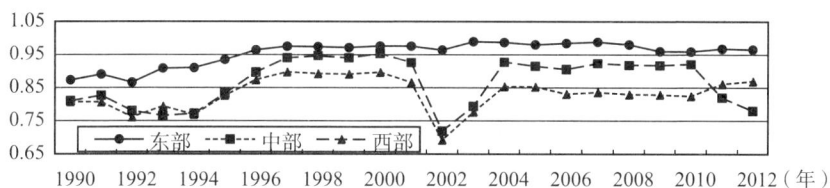

图 5 - 2　我国区域生产纯技术效率变化趋势图

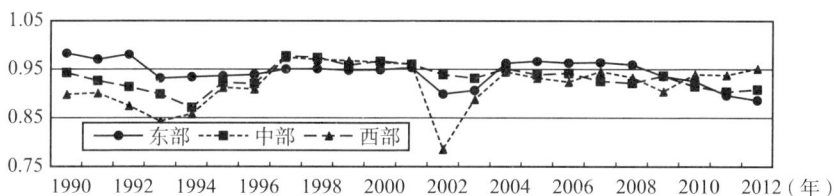

图 5 - 3　我国区域生产规模效率变化趋势图

（2）二阶段基于相似 SFA 要素投入调整分析。

在一阶段 DEA 分析的基础上以各要素的投入松弛变量（Ksl、Lsl、Tsl）分别为因变量，以已定义的五个制度环境变量为自变量构建相似的 SFA 面板数据模型：

在一阶段 DEA 分析的基础上以各要素的投入松弛变量（Ksl、Lsl、Tsl）分别为因变量，以之前定义的五个制度环境变量为自变量构建相似的 SFA 面板数据模型：

$$s_{ij}^- = \beta_0 + \beta_1 Urban + \beta_2 Open + \beta_3 Market + \beta_4 Finance + \beta_5 Govern + v_{ij} + u_{ij}$$
$$(i = 1, 2, \cdots, n; j = 1, 2, \cdots, m)$$

运用 Frontier 4.1 软件进行估计，得到分析结果（见表 5 - 6）。由投入松弛变量的 SFA 模型估计结果可以看出，五个制度环境变量对三种投入冗余均通过了 1% 的显著性检验，另外技术投入冗余 gamma 值均接近 1，并且通过 1% 的显著性检验，这表明在该种投入中管理效率因素对松弛变量的影响占主导地位，另外劳动力投入冗余 gamma 值接近

0，且通过了1%的显著性检验这表明随机误差对技术投入松弛的影响占主导地位。而资本投入冗余 gamma 值介于 0 ~ 1 之间说明管理无效率和随机误差均对劳动投入松弛具有影响。总体来说，管理和随机因素均对我国生产效率存在显著性影响，这也证明三大投入松弛变量是由外部环境、管理无效率和随机误差造成的，因此有必要将不同的因素对技术效率的影响区分开来。

表 5 - 6 投入松弛变量 SFA 估计结果

自变量 ＼ 因变量	资本投入冗余（模型 1）	劳动力投入冗余（模型 2）	技术投入冗余（模型 3）
Urban	$-0.697E+02$ *** ($-0.4196E+02$)	$0.503E+02$ *** ($0.656E+01$)	$-0.524E+03$ *** ($-0.644E+01$)
Open	$0.516E+02$ *** ($0.259E+02$)	$-0.616E+02$ *** ($-0.7194E+01$)	$-0.419E+01$ * ($-0.173E+01$)
Market	$-0.612E+02$ *** ($-0.306E+02$)	$-0.570E+02$ *** ($-0.667E+01$)	$-0.867E+02$ *** ($-0.295E+01$)
Finance	$0.256E+00$ ($0.137E+00$)	$0.892E+01$ ($0.939E+00$)	$0.520E+01$ ($0.152E+00$)
Govern	$-0.121E+01$ * ($-0.169E+01$)	$-0.938E+01$ *** ($-0.908E+01$)	$-0.266E+03$ *** ($-0.243E+02$)
sigma-squared	$0.129E+05$ *** ($0.129E+05$)	$0.766E+04$ *** ($0.766E+04$)	$0.613E+05$ *** ($0.613E+05$)
gamma	$0.999E+00$ *** ($0.993E+05$)	$0.999E+00$ *** ($0.833E+05$)	$0.001E+00$ * ($0.178E+01$)

注：表中各变量系数下面的括号内为 t 统计量，***、**、* 分别表示在 1%、5% 和 10% 水平上显著。

进一步考察五大制度环境变量对三种投入松弛变量影响的系数，由于制度环境变量是对三种投入松弛变量分别回归，当回归系数为负时，说明制度环境变量值的增加会减少投入松弛量，即说明达到效率前沿决策单元的额外投入就越少，其效率的估计值也就越高，我们把这种回归系数为负的变量称为有利的制度环境变量；反之，为不利的制度环境变量。下面逐一说明制度环境变量对各投入松弛变量的影响。

①城镇化环境变量在 3 个模型中均通过了 1% 的显著性水平检验，对劳动力投入松弛具有负影响。这与预期相一致，城镇化水平的提高意味着更多的非农业人口向城镇转移，产业结构也由第一产业逐步向第二、第三产业转变，这有利于规模效率和资源配置效率的提高，因此会减少劳动力投入松弛。但对技术和资本的投入松弛来说，城镇化水平的提高意味着资本和技术额外投入也越高，因而降低了生产效率水平，这可能是由于盲目的推进城镇化规模而造成的资本与技术的浪费。

②对外开放环境变量在 2 个模型中均通过了 1% 的显著水平，并且参数均为负，说明对外开放环境变量值的增加均会减少资本和技术投入松弛量，表现为有利的制度环境变量，这与我们的理论预期也是一致的。一方面，对外开放水平的提高有利于外资引进水平的提高，提高资本形成率；另一方面，对外开放程度的加大，也促使国内企业与外资企业合作与交流，这样有利用我国企业组织引进先进的技术提高技术效率。但对外开放对劳动力投入松弛影响不显著，这可能是由于我国就业人口流动性较大的原因。总体来说，对我开放环境变量有利于我国生产技术效率的提高。

③金融化环境变量对劳动力投入松弛也不显著。并且对资本和技术投入松弛来说是不利的制度环境变量。这说明金融化环境变量还不能改善我国生产技术效率水平。这可能是因为虽然 1996 年后我国金融开始迅速发展，但总的来说，我国金融发展滞后并且地区间差异水平也较大，金融化这一制度变量还没有表现出积极的影响效果，这也意味着金融化改革势在必行。

④市场化环境变量的回归系数通过了 1% 显著性水平检验，但对三大投入松弛影响作用不同。对资本投入松弛为有利的制度变量，但对劳动力和技术的投入松弛的影响均为正且显著，这和我们的理想预期是不一致的，这说明市场化对我国生产效率并没有起到应有的作用，提高市场化水平会导致劳动及技术投入松弛量的增加，这可能是由于我国市场机制完善及经济体制运行良好增加了各地区的经济单位的预期收益，使得他们扩大经营规模，但劳动及技术过多的投入可能会造成了生产要素粗放利用进而降低了资源配置和管理效率，因此表现为生产要素低效率。

⑤政府管理制度变量其中，政府管理有利于资本和技术投入松弛变

量的减少（系数为负），这说明我国政府管理的改革能够有效地改善我国生产效率水平，政府可以直接通过投资影响资源配置，通过适当的产业政策影响地区经济结构，特别是地方政府对企业扩大生产规模、引进先进技术的政策优惠的加强都会促进生产技术效率的提高。政府管理对劳动投入松弛的回归系数为正，说明在生产效率上，政府加大对劳动的额外投入从而使生产效率降低。这一结果与政府所提倡的提高就业率，进而改善民生的政策是有关系的。

上述分析表明制度环境变量对三种投入松弛有显著影响进而影响到我国区域生产效率水平，制度环境好的地区效率水平高，而面临较差的制度环境的地区生产效率可能表现较差，因此有必要对原有投入水平做出调整使所有地区面临相同的制度环境，并将随机误差剔除，仅保留管理无效所造成的影响，进而考察更真实的效率水平。

（3）三阶段考虑制度环境 BCC 模型分析。

根据二阶段调整初始投入，并将调整后的投入和原始产出重新代入 BCC 模型进行分析，运用 DEAP2.1 软件得到调整后的且较为真实的各地区生产效率值（见表 5 - 7）。

表 5 - 7   调整后 1990 ~ 2012 年东中西部地区生产效率估计结果

年份	东部地区			中部地区			西部地区		
	TE	PTE	SE	TE	PTE	SE	TE	PTE	SE
1990	0.718	0.872	0.823	0.645	0.809	0.797	0.508	0.804	0.632
1991	0.736	0.889	0.828	0.640	0.826	0.775	0.503	0.804	0.626
1992	0.730	0.865	0.844	0.634	0.779	0.814	0.498	0.758	0.657
1993	0.729	0.907	0.804	0.615	0.765	0.804	0.500	0.791	0.632
1994	0.743	0.909	0.817	0.610	0.771	0.791	0.483	0.766	0.631
1995	0.785	0.933	0.841	0.617	0.832	0.742	0.488	0.824	0.592
1996	0.775	0.964	0.804	0.678	0.896	0.757	0.522	0.871	0.599
1997	0.778	0.974	0.799	0.690	0.939	0.735	0.563	0.894	0.630
1998	0.776	0.973	0.798	0.738	0.946	0.780	0.596	0.889	0.670
1999	0.813	0.971	0.837	0.765	0.939	0.815	0.643	0.888	0.724
2000	0.846	0.975	0.868	0.730	0.953	0.766	0.647	0.894	0.724

年份	东部地区			中部地区			西部地区		
	TE	PTE	SE	TE	PTE	SE	TE	PTE	SE
2001	0.837	0.975	0.858	0.725	0.925	0.784	0.645	0.863	0.747
2002	0.807	0.933	0.865	0.714	0.868	0.823	0.622	0.839	0.741
2003	0.851	0.989	0.860	0.782	0.893	0.876	0.674	0.874	0.771
2004	0.858	0.986	0.870	0.796	0.926	0.860	0.701	0.851	0.824
2005	0.830	0.979	0.848	0.780	0.914	0.853	0.639	0.850	0.752
2006	0.872	0.984	0.886	0.815	0.904	0.902	0.668	0.828	0.807
2007	0.876	0.988	0.887	0.784	0.923	0.849	0.648	0.833	0.778
2008	0.866	0.979	0.885	0.775	0.917	0.845	0.641	0.827	0.775
2009	0.853	0.960	0.889	0.785	0.917	0.856	0.636	0.826	0.770
2010	0.850	0.958	0.887	0.778	0.920	0.846	0.653	0.822	0.794
2011	0.927	0.970	0.900	0.926	0.826	0.942	0.692	0.865	0.790
2012	0.953	0.967	0.890	0.952	0.786	0.947	0.711	0.874	0.801

注：TE、PTE、SE 分别表示技术效率、纯技术效率与规模效率且 TE = PTE × SE。

由表 5 - 7 表明调整后我国真实的区域生产效率值的变化趋势与调整前相比出现了明显的差异。下面我们分地区阐释调整后各效率值的变化状况。

首先，从调整后的东部地区各效率值变化趋势图（见图 5 - 4）来看，经制度环境变量调整后，我国东部地区平均生产技术效率（TE）水平有所下降，且存在逐年上升的趋势；纯技术效率（PTE）相对于调整前效率值变化不大，但变化幅度减小；规模效率（SE）经制度环境变量调整后也有所下降，且变化趋势与生产技术效率大致相同。这表明

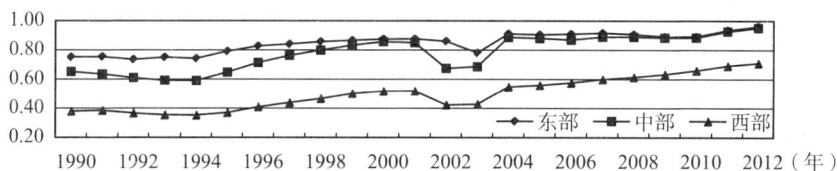

图 5 - 4 调整后我国区域生产技术效率变化趋势图

制度环境变量对我国东部地区的技术效率和规模效率均产生了影响，并且东部地区的技术效率变化主要受规模效率的影响，受纯技术效率影响相对较弱。因此对东部地区我们要努力提高其规模投入水平。

其次，从中部地区调整后的各效率值变化趋势图（见图5-5）来分析，我国中部地区的生产技术效率值和纯技术效率值均出现了明显的下降，且均呈上升的趋势，而规模效率的估计值变化不明显。这说明对于中部地区，制度环境变量对其生产技术效率和纯技术效率产生了影响。并且中部地区的技术效率变化主要依赖其纯技术效率的变化。这与实际情况也是相符的，中部地区由于其自身的地理位置集中，各省市区的经济发展水平相当并且早就形成了一定的规模效应，因此提高中部地区的生产技术效率水平应从提高其技术管理水平入手。

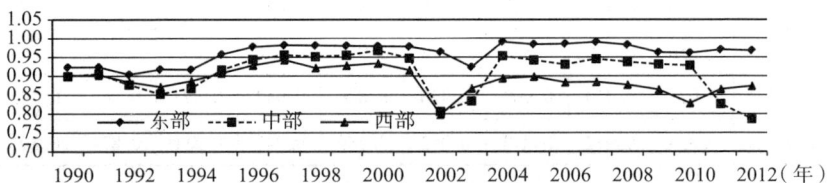

图5-5　调整后我国区域生产纯技术效率变化趋势图

最后，我们分析西部地区各效率估计值经调整后的真实的效率水平变化状况如图5-6所示。相比较于东中部地区，很显然西部地区技术效率和规模效率在经制度变量调整后发生大幅下降，这表明制度因素对西部地区技术效率起着决定性的作用。另外，调整后西部地区纯技术效率水平是上升的但在很大程度上被西部地区生产规模效率的下降所抵消，2002年以后西部地区生产规模效率大幅度提高，这可能是由于国家重视西部大开发战略，投入大量的资本劳动及技术支持的作用，但西

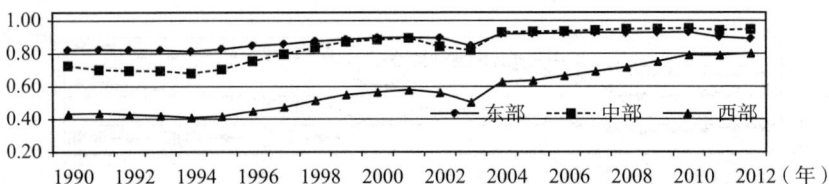

图5-6　调整后我国区域生产规模效率变化趋势图

部地区生产纯技术效率趋于最低水平，因此对西部地区我们应注重规模投入和技术水平两方面的提高。

总体来说，我国东中西部地区生产技术效率值总体上都有所减少，效率值仍然是东部地区高于中部，西部地区最低，其中下降幅度最大的是西部地区且下降幅度明显高于东中部地区，这说明制度环境变量对西部地区生产技术效率水平有重要的作用。我国东部地区变化幅度最小，这是因为东部地区较早地形成了良好的资本资源、人力资源以及经济资源使其能够实现较好的资源配置，即使控制了影响效率的制度环境因素东部地区的技术效率变化幅度仍较小。另外从东中西部地区间的差异来看，控制了制度环境变量后区际生产技术效率差异变大了，这说明制度环境变量对区际生产技术效率差异具有显著影响。

3. 结论

（1）调整前 1990～2012 年期间我国东、中、西部地区的生产技术效率总体上呈现波动上升的趋势且东中部地区技术效率高于西部地区；经制度环境变量调整后，我国东中西部地区生产技术效率值总体上都有所减少，效率值仍然是东部地区高于中部，西部地区最低，其中下降幅度最大的是西部地区且下降幅度明显高于东中部地区，这说明制度环境变量对西部地区生产技术效率水平有重要的作用。

（2）从东中西部地区间的差异来看，控制了制度环境变量后区际生产技术效率差异变大了，这说明制度环境变量对区际生产技术效率差异具有显著影响；各制度变量均对三种投入投入松弛具有显著影响，进而说明制度因素影响技术效率水平，而技术效率的不同又是造成区域经济增长不平衡的主要原因，因此制度因素的差异是造成区域经济差异的根本原因。

第6章 中国区域经济差异的制度差异影响

本章从以下三方面展开论证：一是制度因素对区域经济差异影响的方差分析。利用构建的制度指标体系对我国 31 个省区进行聚类分析，以制度表现的相似性划分区域类别，用方差分析检验类别间经济差异相对于类内省区间的经济差异是否显著，如果制度设计相异的区域相对于制度设计相似的区域存在更显著的经济差异，说制度结构不同确实影响区域经济差异。二是不同制度形式的区域差异对区域经济差异的影响分析。根据整理计算的 1978～2012 年的区域经济差异指标（如标准差系数）与各制度构成指标（城镇化、对外开放、金融化、市场化和政府管理制度指标）的标准差系数时间序列进行协整分析与格兰杰因果关系检验，判断何种制度要素差异决定区域经济差异，各制度形式的政策倾斜程度不同是否会拉大区域经济差异。三是制度要素对区域相对经济差异水平的边际效用及其细部特征描述。利用前面分析中筛选的对区域经济差异影响显著的制度指标对各省区经济发展水平进行分位数回归分析，不但可以研究制度要素对区域经济差异水平的边际效用，而且可以分析制度变量在 9 个十分位点上对相对经济发展水平边际效应的变化规律和细部特征，观察不同制度指标变化导致不同区域经济增长变动的程度。

6.1 制度因素对区域经济差异影响的方差分析

本节利用已构建的制度指标体系对我国 31 个省区进行聚类分析，以制度表现的相似性划分区域类别，用方差分析检验类别间经济差异相对于类内省区间的经济差异是否显著，如果制度设计相异的区域相对于制度设计相似的区域存在更显著的经济差异，说明制度结构不同确实影响区域经济差异。

6.1.1　制度同质化区域的划分

1. 聚类分析法原理

聚类分析（Cluster Analysis）是根据研究对象的数量特征对研究对象进行分类的一种方法。聚类分析通过计算能度量事物间相似程度（或亲疏关系）的统计量，按相似程度的大小，把分析对象逐一归类，关系密切的类聚集到一个小的分类单位，关系疏远的聚合到一个大的分类单位，直到所有的对象都聚集完毕，把不同的类型一一划分出来。用聚类分析法对制度水平进行分析，可以把制度水平相近的城市分为一类，有助于我们更好地认识和反映各不同地区制度的强弱与差异。聚类分析法的主要步骤如下：

（1）选择分析指标。因为聚类分析是根据所选定的指标对研究对象进行分类，聚类的结果仅仅反映了选定指标所定义的数据结构，所以指标的选择在聚类分析中非常重要。一般来说，选择的指标应该具有以下特点：

①与聚类分析的目标密切相关；

②反映了要分类对象的特征；

③在不同研究对象上的值具有明显差异；

④变量之间不应该高度相关。

（2）计算相似性统计量，测度各城市间的相似程度。

（3）选择聚类方法。选择合适的聚类方法，计算类与类之间的距离，合并距离最近的两类为一新类。依次类推，直到所有城市聚为一个大类为止。

（4）对聚类结果进行表示和解释。

树状聚类图是最常用的聚类谱系图，它可以显示合并的先后过程。此外，还有聚类进度表（Agglomeration Schedule）和冰柱图（Icicle Plot）。

2. 聚类分析法的应用

（1）数据的选择。聚类分析是对横截面数据进行分析，由于制度变量随着时间的递增会变得越来越完善，因此我们选取 2010 年 31 省市区分类制度变量（城镇化、企业市场化、经济对外开放、政府管理和金融化）的数据进行聚类分析。诚然，这些数据能够反映制度总体特征，通过聚类分析我们能够对制度同质化区域的进行划分。

（2）利用 SPSS 对 31 个省市区进行层次聚类（Q 型聚类），其中，个体间距离采用平方欧式距离，类间距离采用平均组间连锁距离，由于数据不存在数量级上的差异，因此无须进行标准化处理。

（3）聚类分析树形图的描述。利用 SPSS 对 31 个省市区的 5 大分类制度指标进行层次分析生成的聚类分析树形图如图 6 - 1 所示，其他结果略去。可以看出，SPSS 层次聚类分析将所有可能的聚类结果全部输出，但是聚类数目是不确定的。观察树形图，我们可以将 31 个省市区聚成 3 类或者 4 类，如表 6 - 1 分别列举了不同聚类数目下的省市区。

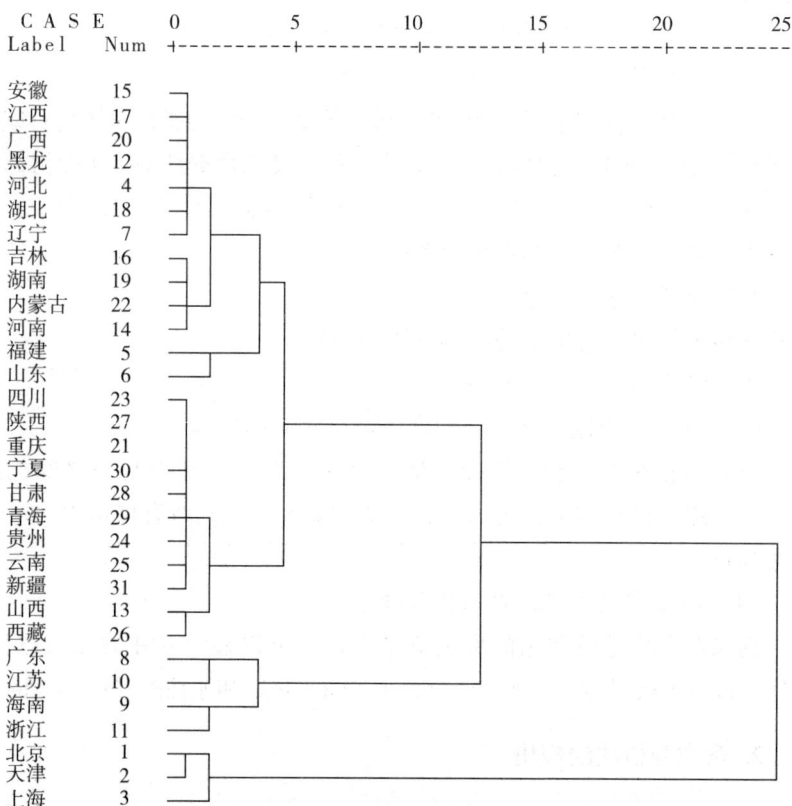

图 6 - 1　31 个省市区五大分类制度指数层次聚类分析结果

表 6 - 1　　　　　不同聚类数目下的 31 省市区的分类结果

分三类	（第一类） 北京、天津、 上海	（第二类） 江苏、广东、浙江、海南		（第三类） 其他
分四类	（第一类） 北京、天津、 上海	（第二类） 江苏、广东、 浙江、海南	（第三类） 安徽、江西、广西、黑龙江、 湖北、河北、辽宁、吉林、 湖南、内蒙古、河南、福建、 山东	（第四类） 其他

3. 方差分析确定聚类数目

为了验证哪种聚类数目下的分类结果更为合理，本书采用方差分析的方法。首先，检验不同类别对五大制度变量是否具有显著性影响，如表6 - 2、表6 - 3 所示。若显著性水平为 0.05，在聚类数目为 3 时，城镇化、对外开放、金融化和政府管理方差分析的概率 P 值均小于 0.05，说明不同类别对该四大制度变量均具有显著性影响，而市场化方差分析的概率 P 值大于 0.05，说明不同类别对市场化不产生显著影响。同理，由表 6 - 3 可知，当聚类数目为 4 时，不同的类别对五大制度变量均产生了显著的影响。

表 6 - 2　　　不同类别对五大制度变量的单因素方差分析结果（聚类数目：3）

		平方和	df	均方	F	P 值
城镇化	组间	0.092	2	0.046	12.799	0.000
	组内	0.100	28	0.004		
	总数	0.192	30			
对外开放	组间	5.430	2	2.715	100.035	0.000
	组内	0.760	28	0.027		
	总数	6.190	30			
金融化	组间	4.976	2	2.488	32.715	0.000
	组内	2.130	28	0.076		
	总数	7.106	30			

133

续表

		平方和	df	均方	F	P 值
市场化	组间	0.048	2	0.024	1.654	0.209
	组内	0.406	28	0.015		
	总数	0.454	30			
政府管理	组间	0.317	2	0.158	4.742	0.017
	组内	0.935	28	0.033		
	总数	1.252	30			

表6-3　　　不同类别对五大制度变量的单因素方差分析结果（聚类数目：4）

		平方和	df	均方	F	P 值
城镇化	组间	0.109	3	0.036	11.870	0.000
	组内	0.083	27	0.003		
	总数	0.192	30			
对外开放	组间	5.472	3	1.824	68.592	0.000
	组内	0.718	27	0.027		
	总数	6.190	30			
金融化	组间	5.712	3	1.904	36.877	0.000
	组内	1.394	27	0.052		
	总数	7.106	30			
市场化	组间	0.273	3	0.091	13.499	0.000
	组内	0.182	27	0.007		
	总数	0.454	30			
政府管理	组间	0.658	3	0.219	9.972	0.000
	组内	0.594	27	0.022		
	总数	1.252	30			

其次，利用多重比较方差检验的方法来检验五大制度变量各类别间是否具有显著性差异。多重比较检验的原假设是：相应水平下观测变量的均值间不存在显著性差异。表6-4和表6-5是多重比较方差分析的结果，其中采用的是LSD方法进行检验，若得到的概率P值大于0.05，

则接受原假设。否则，拒绝。由表6-4可知，当聚类数目为3时，对于城镇化、金融化这两大制度变量，各类别之间存在显著性差异，对于对外开放1-3和2-3类均存在显著差异，但第一与第二类不存在显著性差异，而市场化三个类别之间均不存在显著性差异。因此，这种分类效果并不理想。由表6-5可以看出，除市场化制度变量个别分类间不存在显著性差异外，其他制度变量各分类间均存在显著性差异。

表6-4　　　　　　　　多重方差比较分析结果（聚类数目：3）

变量	对比类	均值差	标准误	p值
城镇化	1-2	0.0622*	0.0457	0.0840
	1-3	0.1609*	0.0367	0.0000
	2-3	0.0986*	0.0323	0.0050
对外开放	1-2	-0.0362	0.1258	0.7760
	1-3	0.9801*	0.1009	0.0000
	2-3	1.0163*	0.0890	0.0000
金融化	1-2	1.1660*	0.2106	0.0000
	1-3	1.3650*	0.1689	0.0000
	2-3	0.1990*	0.1489	0.0020
市场化	1-2	-0.1302	0.0920	0.1680
	1-3	-0.0153	0.0738	0.8380
	2-3	0.1149	0.0651	0.0880
政府管理	1-2	-0.2081	0.1396	0.1470
	1-3	0.0926*	0.1119	0.0150
	2-3	0.3007*	0.0987	0.0050

注：表中*表示在10%水平上显著。

表6-5　　　　　　　　多重方差比较分析结果（聚类数目：4）

变量	对比类	均值差	标准误	p值
城镇化	1-2	0.0623*	0.0423	0.0030
	1-3	0.1361*	0.0355	0.0010
	1-4	0.1903*	0.0361	0.0000

变量	对比类	均值差	标准误	p 值
城镇化	2－3	0.0738 *	0.0317	0.0280
	2－4	0.1280 *	0.0323	0.0000
	3－4	0.0542 *	0.0227	0.0240
对外开放	1－2	0.0542 *	0.1245	0.0440
	1－3	0.9417 *	0.1044	0.0000
	1－4	1.0256 *	0.1062	0.0000
	2－3	0.9778 *	0.0932	0.0000
	2－4	1.0617 *	0.0952	0.0000
	3－4	0.0839 *	0.0668	0.2200
金融化	1－2	1.1660 *	0.1735	0.0000
	1－3	1.5260 *	0.1455	0.0000
	1－4	1.1747 *	0.1480	0.0000
	2－3	0.3600 *	0.1299	0.0100
	2－4	0.0087 *	0.1327	0.0480
	3－4	－ 0.3513 *	0.0931	0.0010
市场化	1－2	－ 0.1302 *	0.0627	0.0470
	1－3	－ 0.1042 *	0.0525	0.050
	1－4	0.0899	0.0534	0.1040
	2－3	0.0260	0.0469	0.5850
	2－4	0.2201 *	0.0479	0.0000
	3－4	0.1941 *	0.0336	0.0000
政府管理	1－2	－ 0.2081 *	0.1133	0.0470
	1－3	－ 0.0170 *	0.0950	0.0390
	1－4	0.2223 *	0.0966	0.0290
	2－3	0.1910 *	0.0848	0.0330
	2－4	0.4303 *	0.0866	0.0000
	3－4	0.2393 *	0.0608	0.0010

注：表中 * 表示在 10% 水平上显著。

136

　　最后，我们利用方差分析检验了不同类别对五大制度变量的显著性影响，我们知道当聚类数目为 4 时，各组对五大制度变量均产生显著性影响，由多重方差比较分析，我们知道当聚类数目为 4 时，各分组间具有显著性差异，综上所述，我们将 31 省市区分为四组更为有效合理，由此聚类数目确定为 4。这种使用层次聚类分析对制度同质化区域进行划分时，采用多重方差分析法来确定聚类的数目，避免了主观判断，提高了结论的准确性。

6.1.2　制度同质化区域间经济差异的方差分析

　　由聚类分析我们根据制度的相似性将我国 31 个省市区分为了四个类别，得到 4 类制度同质化区域：第一类包括北京、天津和上海；第二类包括江苏、广东、浙江、海南；第三类包括安徽、江西、广西、黑龙江、湖北、河北、辽宁、吉林、湖南、内蒙古、河南、福建、山东；第四类包括其余省份。对于制度同质化区域间是否存在经济差异我们用方差分析进行检验。如果类别间经济差异相对于类内省区间存在更显著的经济差异，则说明制度结构不同确实影响区域经济差异。

　　方差分析的基本思想是用来分析一个控制变量的不同水平是否对观测变量产生了显著影响，观测变量值的变动会受到控制变量和随机变量两方面的影响。据此，单因素方差分析将观测变量总的离差平方和分解为组间离差平方和组内离差平方和。组间离差平方和是由控制变量的不同水平造成的变差，而组内离差平方和是由抽样误差引起的变差。方差分析认为：如果组间离差平方所占的比例较大，则说明观测变量的变动主要是由控制变量引起的，可以主要由控制变量来解释，控制变量给观测变量带来了显著影响；反之，则说明观测变量主要由随机变量因素引起的。我们选取 2010 年各省市区人均 GDP 作为方差分析的数据如表6 – 6 所示，在 SPSS16.0 软件上进行方差分析，得到人均 GDP 的单因素方差分析结果如表 6 – 7 所示。

表 6 – 6　　　　　　　　2010 年各省市区人均 GDP 指标

地区	分组	人均 GDP	地区	分组	人均 GDP
北京	1	75943	河南	3	24446

地区	分组	人均 GDP	地区	分组	人均 GDP
天津	1	72994	湖北	3	27906
上海	1	76074	湖南	3	24719
江苏	2	52840	广西	3	20219
浙江	2	51711	重庆	4	27596
广东	2	44736	四川	4	21182
海南	2	23831	贵州	4	13119
河北	3	28668	云南	4	15752
内蒙古	3	47347	西藏	4	17319
辽宁	3	42355	陕西	4	27133
吉林	3	31599	甘肃	4	16113
黑龙江	3	27076	青海	4	24115
安徽	3	20888	宁夏	4	26860
福建	3	40025	新疆	4	25034
江西	3	21253	山西	4	26283
山东	3	41106			

由表 6-7 可以看到，观测变量人均 GDP 总的离差平方和是 8991000000，仅考虑分组单个因素的影响，则在人均 GDP 总变差中，不同的分组形式可解释的变差为 7150000000，抽样误差引起的变差为 1841000000，它们的方差分别为 2383000000 和 68200000，并且 F 统计量为 34.946，概率 P 值近似为 0，认为分组对人均 GDP 产生了显著性影响，并且组间差异远大于组内差异。由此我们可得到以下结论：类别间经济差异相对于类内省区间存在更显著的经济差异，而各类别的划分是基于制度相似性原理，则说明制度结构不同确实影响区域经济差异。

表 6-7 分组对人均 GDP 方差分析结果

	平方和	df	均方	F	显著性
组间	7150000000	3	2383000000	34.946	0
组内	1841000000	27	68200000		
总数	8991000000	30			

6.2　各制度形式对区域经济差异的影响分析

本节主要研究不同制度形式的差异对区域经济差异的影响分析。根据整理计算的 1978～2012 年的区域经济差异指标（如标准差系数）与各制度构成指标（城镇化、对外开放、金融化、市场化和政府管理制度指标）的标准差系数时间序列进行协整分析与格兰杰因果关系检验，判断何种制度要素差异决定区域经济差异，各制度形式的政策倾斜程度不同是否会拉大区域经济差异。

6.2.1　各制度形式与区域经济差异的协整分析

经济理论指出，某些经济变量间确实存在着长期均衡关系，这种均衡关系意味着经济系统不存在破坏均衡的内在机制，如果变量在某时期受到干扰后偏离其长期均衡点，则均衡机制将会在下一期进行调整以使其重新回到均衡状态。协整关系表达的正是一组非平稳变量的稳定的动态均衡关系。协整分析的经济意义在于对于两个具有各自长期波动规律的变量，如果二者之间是协整的，则它们之间存在一个长期的均衡关系，一次冲击只能使协整变量短时期内偏离均衡为止，在长期中会自动恢复到均衡位置。根据协整理论，如果两个变量都是单整变量，只有当它们的单整阶相同时，才可能协整，如果他们的单整阶不相同，就不可能协整，因此协整分析首先要对变量进行稳定性检验即单位根检验。

1. 数据来源及单位根检验

本节选取 1978～2012 年期间时间序列数据进行协整检验，其中选取人均 GDP 的基尼系数（记为 ZGini）作为区域经济差异指标，选取城镇化、对外开放、金融化、市场化和政府管理的标准差系数（分别记为 ZUrban、ZOpen、ZFinance、ZMarket、ZGovern）作为制度差异的指标。采用 EVIEWS7.0 软件，运用 ADF（Augment Dickey - Fuller Test）方法检验 ZGDP、ZUrban、ZOpen、ZFinance、ZMarket 和 ZGovernment 序列是否平稳。检验结果如表 6 - 8 所示，可以看出原始序列的 ADF 统计量在

5% 显著性水平上均大于临界值，说明原始序列 ZGini、ZUrban、ZOpen、ZFinance、ZMarket、ZGovern 都是非平稳序列；经过一次差分以后可以看出，原始序列 ZGini、ZUrban、ZOpen、ZFinance、ZMarket、ZGovern 的 ADF 检验值均小于 5% 的临界值，说明此时六组时间序列在 5% 的显著性水平下均为一阶单整平稳序列，符合协整检验的前提条件。

表 6 - 8   ADF 单位根检验结果

变量	ADF 统计量	5%临界值	P	检验类型 (C, T, K)	结论
ZGini	- 1.654289	- 3.557759	0.7479	(C, T, 0)	非平稳
ZUrban	- 0.747992	- 1.951687	0.3844	(0, 0, 0)	非平稳
ZOpen	- 0.395059	- 1.951687	0.5335	(0, 0, 0)	非平稳
ZFinance	- 1.537641	- 3.574244	0.7925	(C, T, 0)	非平稳
ZMarket	- 2.540757	- 2.95711	0.1157	(C, 0, 0)	非平稳
ZGovern	- 2.090211	- 3.557759	0.5315	(C, T, 0)	非平稳
DZGini	- 3.467481	- 2.960411	0.0159	(C, 0, 0)	平稳
DZUrban	- 8.331773	- 2.960411	0.0000	(C, 0, 0)	平稳
DZOpen	- 4.713302	- 3.562882	0.0036	(C, T, 0)	平稳
DZFinance	- 5.988847	- 3.568379	0.0002	(C, T, 0)	平稳
DZMarket	- 4.752824	- 2.960411	0.0006	(0, 0, 0)	平稳
DZGovern	- 4.465444	- 3.562882	0.0065	(C, T, 0)	平稳

注：检验形式（C，T，K）中各项依次表示单位根检验方程的截距项、趋势项和滞后阶数。

2. 协整检验

对于两变量之间的协整检验，本节采用恩格尔（Engle）和格兰杰（Granger）于 1987 年提出的基于 OLS 法估计模型的两步检验法，又称 EG 检验。这种协整检验方法是对回归方程的残差进行的单位根检验。从协整理论的思想来看，自变量和因变量之间存在协整关系，即因变量能被自变量的线性组合所解释，两者之间存在稳定的均衡关系，因变量不能被自变量解释的部分构成一个残差序列，这个残差序列应该是平稳的。因此，检验一组变量（因变量和解释变量）之间是否存在协整关系等价于检验回归方程的残差序列是否是一个平稳序列。EG 检验的主要步骤：

第一步，用 OLS 方法估计方程：$Y_t = \alpha_0 + \alpha_1 X_t + e_t$ 并计算非均衡误差，得到：

$$\hat{Y}_t = \hat{\alpha}_0 + \hat{\alpha}_1 X_t$$
$$\hat{e}_t = Y_t - \hat{Y}_t$$

第二步：检验 $\hat{e}_t$ 的稳定性。检验方法仍然是 ADF 检验。由于协整回归中已含有截距项，则检验模型中无须再用截距项，使用以下模型。

$$\Delta e_t = \delta e_{t-1} + \sum_{i=1}^{p} \theta_i \Delta e_{t-i} + \varepsilon_t$$

原假设：H_0：$\eta = 0$ 序列存在单位根是非平稳的；备择假设：H_0：$\eta < 0$ 序列是平稳。进行检验时，通过 ADF 统计量和 P 值检验原假设，若 ADF 统计量在 5% 显著性水平上大于临界值，同时 P 值大于 0.05，则不能拒绝原假设认为该序列是非平稳序列即两变量间不存在协整关系，反之，为平稳序列，两变量间存在协整关系。

分别将区域经济差异指标对各制度差异指标进行 EG 两步检验，以验证各制度变量差异是否与区域经济差异存在长期均衡的关系。表 6 - 9 是区域经济差异指标 ZGini 分别与制度差异指标（ZUrban、ZOpen、ZFinance、ZMarket、ZGovern）进行 EG 检验的残差平稳性结果，可以看出，经济差异与金融化、政府管理差异之间的 EG 检验的 ADF 统计量在 5% 显著性水平上均大于临界值，说明残差均为非平稳序列，因此经济差异与金融化、政府管理差异之间不存在协整关系。同样可以看出经济差异与城镇化、对外开放及市场化差异均存在协整关系，说明城镇化差异、对外开放差异及市场化差异均与区域经济差异存在长期均衡的关系。

表 6 - 9　　　　　　　　　　　　EG 检验结果

变量	ADF 统计量	5% 临界值	P 值	残差的平稳性	是否存在协整关系
ZGini 与 ZUrban	- 3.243539	- 2.34267	0.0268	平稳	是
ZGini 与 ZOpen	- 3.657316	- 1.85426	0.0101	平稳	是
ZGini 与 ZFinance	- 1.423724	- 1.952066	0.1410	非平稳	否
ZGini 与 ZMarket	- 3.556009	- 1.952066	0.0009	平稳	是
ZGini 与 ZGovern	- 0.950683	- 1.952066	0.2975	非平稳	否

6.2.2 各制度形式与区域经济差异的 Granger 因果关系检验

1. Granger 因果关系检验的思想

Granger 因果关系检验是用来判断一个变量的变化是否是另一个变量变化的原因，它解决了 x 是否引起 y 的问题，主要是看现在的 y 能够多大程度上被过去的 x 解释，加入 x 滞后值是否使解释程度提高。如果 x 在 y 的预测中有帮助，或者 x 与 y 的相关系数在统计上显著时，就可以说"y 是由 xGranger 引起的"。

根据以上定义，x 对 y 是否存在因果关系的检验可通过检验 VAR 模型以 y 为被解释变量的方程中是否可以把 x 的全部滞后值剔除掉而完成。VAR 模型中以 y_t 为被解释变量的方程表示如下：

$$y_t = \sum_{i=1}^{k} \alpha_i y_{t-i} + \sum_{i=1}^{k} \beta_i x_{t-i} + u_{1t}$$

检验 x_t 对 y_t 存在 Granger 非因果性的零假设 $H_0 = \beta_1 = \beta_2 = \cdots = \beta_k = 0$。上式中的 x_t 的滞后变量的回归参数估计值全部不存在显著性，则上述假设不能被拒绝。换句话说，如果 x_t 的任何一个滞后变量的回归参数的估计值存在显著性，则结论应是 x_t 对 y_t 存在 Granger 因果关系，上述检验可用 F 统计量完成：

$$F = \frac{(SSE_r - SSE_u)/k}{SSE_u/(T - kN)}$$

其中，SSE_r 表示施加约束（零假设成立）后的残差平方和。SSE_u 表示不施加约束条件下的残差平方和。k 表示最大滞后期。N 表示 VAR 模型中所含当期变量个数，T 表示样本容量。在零假设成立条件下，F 统计量近似服从 $F(k, T-kN)$ 分布。用样本计算的 F 值如果落在临界值以内，接受原假设，即 x_t 对 y_t 不存在格兰杰因果关系。

2. 模型的建立

本节基于以上研究选取存在协整关系的变量：1978～2012 年区域经济差异指标、城镇化差异性指标、对外开放差异性指标及市场化差异性指标进行格兰杰因果关系检验。由于格兰杰因果关系检验要求变量是平稳性变量，因此根据表 6 - 8ADF 单位根检验结果，选取上述变量一阶差分后变量进行 Granger 因果关系检验，分别是 DZGini、DZUrban、DZOpen、DZMarket 序列。

首先对于平稳序列 DZGini、DZUrban、DZOpen、DZMarket 建立 VAR 模型，这种模型采用多方程联立的形式，它不以经济理论为基础，在模型的每一个方程中，内生变量对模型的全部内生变量的滞后值进行回归，从而估计全部内生变量的动态关系。对平稳序列建立 VAR 模型的一个重要的问题就是滞后阶数的确定。确定滞后阶数的检验结果如表 6 - 10 所示。根据 AIC 和 SC 原则可以看出本书 VAR 模型的最优滞后阶数 3。

表 6 - 10　　　　　　　　VAR 模型的滞后阶数检验结果

滞后期	LogL	LR	FPE	AIC	SC	HQ
0	-41.78087	NA [*]	0.089935	5.584592	7.054968	5.73075
1	-36.19094	8.549298	0.059776	5.669523	6.257674	5.727986
2	-28.3425	9.233469	0.077862	5.805	6.834263	5.90731
3	-17.46903	8.954619	0.03897 [*]	5.26833 [*]	5.41537 [*]	5.28295 [*]

由确定的最优滞后阶数我们对 DZGini、DZUrban、DZOpen、DZMarket 序列进行 Granger 因果关系，以下是检验结果（见表 6 - 11）。可以看出，在滞后期为 3，显著性水平为 0.05 时，Granger 因果关系检验均要拒绝原假设，认为存在因果关系，即城镇化差异是区域经济差异的 Granger 原因，市场化差异是区域经济差异的 Granger 原因，对外开放差异是区域经济差异的 Granger 原因。而区域经济差异并不是上述制度变量差异的 Granger 原因。

表 6 - 11　　　　　　　　Granger 因果关系检验结果

原假设	时期	F 统计量	P 值
DZURBAN does not Granger Cause	29	3.47746	0.0132
DZGN does not Granger Cause DZURBAN	29	1.24291	0.3181
DZMARKET does not Granger Cause DZGN	29	4.47746	0.0312

原假设	时期	F 统计量	P 值
DZGN does not Granger Cause DZMARKET	29	1.24291	0.3181
DZOPEN does not Granger Cause DZGN	29	4.19932	0.0257
DZGN does not Granger Cause DZOPEN	29	0.53196	0.6651

3. 分析与结论

本节主要研究不同制度形式的差异对区域经济差异的影响。根据整理计算的 1978~2012 年的区域经济差异指标（如标准差系数）与各制度构成指标（城镇化、对外开放、金融化、市场化和政府管理制度指标）的标准差系数时间序列进行协整分析与 Granger 因果关系检验，我们得到以下结论：

（1）城镇化差异、对外开放差异、市场化差异均与区域经济差异是协整的，它们之间存在一个长期的均衡关系，一次冲击只能使协整变量短时期内偏离均衡为止，在长期中会自动恢复到均衡位置。

（2）城镇化差异、对外开放差异、市场化差异均是区域经济差异的 Granger 原因，说明城镇化的差异、对外开放的差异、市场化的差异均能够引起区域经济的差异。

（3）金融化差异、政府管理差异与区域经济差异既不存在协整关系也不存在因果关系，说明金融化差异、政府管理差异对于区域经济差异影响效果不明显，这可能是由于制度变迁的原因。

6.3 制度对区域经济差异的边际效用及其细部特征描述

本节利用前面分析中筛选的对区域经济差异影响显著的制度指标（城镇化指标、对外开放指标、市场化指标）对各省区经济发展水平进行分位数回归分析，不但可以研究制度要素对区域经济差异水平的边际效用，而且可以分析制度变量在 9 个十分位点上对相对经济发展水平边际效应的变化规律和细部特征，观察不同制度指标变化导致不同区域经济增长变动的程度。

6.3.1　分位数回归模型——方法介绍

分位数回归（Quantile Regression）最早由张车伟（Koenker）和巴西特（Bassett）于 1978 年提出，它提供了回归变量 X 和因变量 Y 的分位数之间线性关系的估计方法。传统的回归模型都关注因变量的条件均值，即采用最小二乘估计方法，其假设是不同分位点上的解释效果是相同的，但是这种方法对数据要求非常严格，要求被解释变量数据满足随机性、独立性、正态性及常数方差。而分位数回归则是一种更一般化的估计方法，这种方法对数据分布的要求比较宽松，对于异常值具较高的包容度，而且可以通过反映样本局部信息而比传统线性回归方法更能反映现象之间关系的细部特征，所以可以在很大程度上提高定量分析的科学性、稳健性和有效性。另外，最小二乘法与分位数回归的回归系数在解释涵义上有所不同，最小二乘法估计式是自变量对因变量的平均边际效果，而分位数回归估计式则是自变量对因变量的某个特定分位数的边际效果。最小二乘法只能提供一个平均数，而分位数回归却能提供许多不同分位数的估计结果，目的是观察分布中不同分位点上解释变量对被解释变量的不同边际效应，其基本模型是：

$$y_i = X'_i B_\theta + \varepsilon_{\theta i}$$

其中，y_i 为被解释变量，X_i 是 $K \times 1$ 的行向量，表示 K 个解释变量中的第 i 个观察值，X'_i 为逆向量。B_θ 是 $K \times 1$ 的行向量，分别表示对应于被解释变量第 θ 分位数的各解释变量的回归系数，$\varepsilon_{\theta i}$ 是随机误差项，符合有关古典假定。给定解释变量 x 时，被解释变量 y 的第 θ 个条件分位数 $Q_\theta(y_i/x_i) = X'_i B_\theta$，其样本估计值为 $X'_i \hat{B}_\theta$。

分位数回归中，参数估计一般采用加权绝对离差最小（Weighted Least Absolute，WLA）准则，其表达式为：

$$\hat{\beta}_\theta = \text{Arg min}_\beta \left(\sum_{i:y_i > x'_i\beta} \theta |y_i - x'_i\beta| + \sum_{i:y_i < x'_i\beta} (1-\theta)|y_i - x'_i\beta| \right)$$

其中，θ 为估计中所取的各分位点值，$\hat{\beta}_\theta$ 为各分位点的估计系数值。其基本含义是对于在回归线上方的点（残差为正），赋予其权重 θ；对于在回归线下方的点（残差为负），赋予其权重为 (1 - θ)，然后求误差绝对值的加权和，使这个加权和最小的系数即为参数的样本估计值。参数值 $\hat{\beta}_{\theta}$ 将随 θ 值的变化而有所不同，即它允许参数 $\hat{\beta}_{\theta}$ 在被解释变量的条件分布中的不同分布点变动，相当于给定几个分位点，就有几个对应的回归方程。因此它可以对回归关系进行更详细的特征描述，本节拟采用分位数回归模型研究各制度变量对区域经济的边际效应和细部特征。

6.3.2　分位数回归模型——应用及估计

1. 模型的设定

根据柯布道格拉斯生产函数：

$$Y = AK^{\alpha}L^{\beta}$$

其中，Y 代表总产出；K 和 L 分别代表物质资本和劳动投入；α、β分别代表物质资本和劳动的产出弹性；A 为常数，代表生产的效率系数。两边取对数：

$$\ln Y = \ln A + \alpha \ln K + \beta \ln L$$

考虑到各制度变量也是影响经济增长的重要因素，因此将各制度变量从 A 中分离出来，在模型中作为独立的要素进行考虑，改进的模型如下：

$$\ln y = \ln A + \alpha \ln k + \beta \ln l + \beta_1 urban + \beta_2 open + \beta_3 market + \beta_4 finance + \beta_5 govern$$

其中，y 为人均产出，k 为人均资本，l 为人均劳动力。

2. 变量选取及数据说明

本书采用人均 GDP 表示人均产出 y；采用就业人数表示劳动力总量，就业人数与人口数的比值表示人均劳动力 l；人均物质资本 k 是物质资本存量与劳动力总量的比值。城镇化水平、对外开放水平、市场化水平的面板数据作为对区域经济差异影响显著的制度指标，分别记为 URBAN、OPEN、MARKET。

因为在构建分位数回归时，为了得到更优良的参数估计，需要较大的样本容量，因此本节使用 1978～2012 年我国 31 个省市区的面板数据进行研究。以上数据均来自于附录 B～附录 J。

3. 各变量的描述性统计分析

本节对以上各指标 1978~2012 年全国 31 省市区的面板数据进行描述性统计分析，有关统计量见表 6-12：各指标的均值与中位数均不相同，变量的峰度和偏度都明显不为 0，说明了数据具有非正态性和非对称性。J-B（Jarque-Bera）统计量对应的正态分布假设的显著性水平均近似为 0，进一步验证了各指标数据分布明显不具备正态性。因此我们所使用的数据具有非正态性、非对称性特点。如果采用最小二乘法，则会使估计结果出现严重的偏误，从而得出错误的结论。因此本节使用更具稳健性（Robustness）的分位数回归方法的原因之一。

表 6-12   各变量数据的描述性统计分析

指标	Lngdp（Y）	Urban（X1）	Market（X2）	Open（X3）
均值	3.490545	0.255379	0.384554	0.272975
中位数	3.52621	0.232055	0.3841	0.117454
最大值	4.897567	0.643158	1.0000	3.838213
最小值	2.243038	0.081902	-0.0018	0.002518
标准差	0.619902	0.121068	0.19582	0.410487
偏度	0.05748	0.975047	0.01323	3.223611
峰度	1.989529	3.483572	2.204828	16.61815
Jarque-Bera 统计量	44.0856	172.0646	26.98154	9676.758
显著性	0.0000	0.0000	0.000001	0.0000
观测值个数	1023	1023	1023	1023

4. 参数估计

本书以人均 GDP 对数为被解释变量（因变量），以人均资本、人均劳动力、城镇化、对外开放、市场化指标为解释变量（自变量），建立分位数回归模型：

$$\ln(\text{gdp}) = \beta_0 + \ln k + \ln l + \beta_1 \text{Urban} + \beta_2 \text{Open} + \beta_3 \text{Market}$$

其中，β_0 是常数项，由于人均 GDP 取对数，因此 β_1、β_2、β_3 分别表示城镇化、对外开放、市场化对区域经济增长率的边际效应。使用统计软件 EViews7.0 提供的 QREG – Quantile Regression（Including LAD）功能我们得到该模型回归估计结果。由于我们主要考察制度变量对区域经济的影响，因此我们将人均资本 k 和人均劳动力 l 作为控制变量引入模型在此不做解释；另外对外开放的边际效应在各分位点上均不显著，将其剔除模型。剩余两个指标（城镇化、市场化）在各十分位点（Decitile）上对区域经济增长率的边际效应及其显著性水平见表 6 – 13。

表 6 – 13　　　　　　各分位点上城镇化、市场化对区域经济
增长率的边际效应及其显著性

解释变量	分位点	系数估计结果	标准误差	T 统计量	Prob.
C	0.1	1.724632	0.113674	15.171680	0.000000
	0.2	1.733324	0.051014	33.977180	0.000000
	0.3	1.866117	0.044938	41.526480	0.000000
	0.4	1.995602	0.041472	48.119180	0.000000
	0.5	2.121124	0.035988	58.940130	0.000000
	0.6	2.185412	0.036360	60.105240	0.000000
	0.7	2.313697	0.049041	47.179250	0.000000
	0.8	2.463274	0.066440	37.075050	0.000000
	0.9	2.697804	0.097649	27.627480	0.000000
Urban	0.1	2.734903	0.238436	11.470176	0.000000
	0.2	2.974139	0.154278	19.277791	0.000000
	0.3	3.199484	0.174550	18.329900	0.000000
	0.4	2.826590	0.187472	15.077398	0.000000
	0.5	2.777282	0.187532	14.809643	0.000000
	0.6	2.827298	0.201851	14.006857	0.000000
	0.7	2.817617	0.232159	12.136583	0.000000
	0.8	2.878144	0.277803	10.360378	0.000000
	0.9	2.658177	0.413214	6.432931	0.000000

解释变量	分位点	系数估计结果	标准误差	T 统计量	Prob.
Market	0.1	1.249287	0.245838	5.081749	0.000000
	0.2	1.304866	0.104221	12.520183	0.000000
	0.3	1.437584	0.075798	18.965989	0.000000
	0.4	1.537855	0.068544	22.436026	0.000000
	0.5	1.649675	0.072890	22.632391	0.000000
	0.6	1.711834	0.080390	21.294116	0.000000
	0.7	1.895807	0.096683	19.608483	0.000000
	0.8	2.098972	0.098596	21.288612	0.000000
	0.9	2.325815	0.116619	19.943706	0.000000

6.3.3　分位数回归模型——边际效应及细部特征描述

根据表 6 - 13 的分位数回归结果，我们可以发现城镇化和市场化对区域经济增长率边际效应的变化规律和细部特征。根据表 6 - 13 的估计结果，我们将系数（边际效应）的估计结果绘制成图 6 - 2 进行研究。

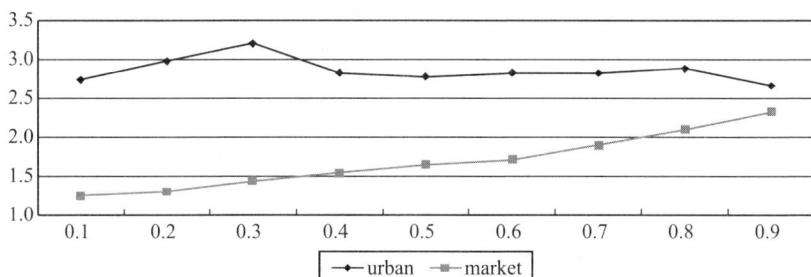

图 6 - 2　城镇化、市场化对区域经济增长率的边际效应

1. 城镇化的边际效应解释

城镇化对区域经济增长率的边际效应均为正，说明在我们所分析的

样本区间内城镇化对区域经济的增长具有积极的促进作用。国内外很多学者都有此观点：如美国学者兰帕德（Lampard，1956）研究指出城市发展与经济增长之间呈现一种非常显著的正相关，经济发展程度与城市化阶段之间有很大的一致性；我国学者周一星（1997）对1977年世界157个国家和地区的资料进行分析，发现除了科威特、新加坡、瑞士、乌拉圭等大约20个国家因受某种特殊因素的强烈影响、两种水平不匹配外，其余137个国家和地区的城镇化率与人均GDP之间是一种十分明显的对数曲线关系；朱孔来（2011）从弹性角度分析，认为我国城镇化率每提高一个百分点，可以维持7.1%的经济增长。具体来说，城镇化对区域经济增长率的正向边际响应可以从规模和集聚效应来解释：城镇作为物质空间载体，能够提供人类活动所需的规模效益和集聚效益，随着城镇化的推进，农业人口转化为非农业人口，占主导地位的产业从农业转为工业，再转为服务业，经济发展水平呈现出不断提高的发展过程。

从低分位点到高分位点，城镇化的边际效应先增大后减小。其中在0.3的分位点上边际效应达到最大值为1.866117，这说明在其他生产要素保持不变的条件下，随着区域经济增长率水平的不断提高，城镇化对区域经济的正向作用先增大而后逐渐减小。这可以从城镇化对经济增长的作用机制进行解释。正如一些研究者认为城镇化并不是直接影响经济增长，而是通过影响产出的投入要素和结构变化进而间接作用于经济增长，并通过研究认为城镇化主要是通过物质资本、人力资本、劳动力、经济结构等因素对经济发展产生影响。我们认为城镇化的过程伴随着农业人口向非农业人口的转变，伴随着产业结构的调整和升级。因此城镇化产生了物质资本、人力资本、知识资本、工业和现代服务业等相关要素的集聚，这种集聚效应和规模效应推动了经济的快速发展。基于蔺雪芹（2013）的实证研究：中国城镇化主要通过物质资本、人力资本的集聚推动经济发展，对知识资本、现代服务业等高端要素的集聚作用还不强。我们认为我国的城镇化主要仍以受教育程度低的农村劳动力向城市人口转变为主，在经济增长水平较低时，大量的非农业人口的聚集一开始会由于物资和人力资本的集聚能够快速提高经济发展水平，表现为边际效应稳步增加。但随着时间的推移经济水平的提高，城镇对于各要素尤其是非农业人口的承载空间有一定的限度，当达到一定程度时随着各要素的集聚和规模的扩大，城镇化的这种正向边际效应就会逐渐减小。因此，我国在推进城镇化的进程中不能盲目追求量的提高，而要注重城镇化模式的选择，促进知识资本、先进技术、高端服务业等要素在城镇的合理流动和有效集聚，优化资源配置，充分发挥城镇化要素集聚对促进区域经济增长的作用。

2. 市场化的边际效应解释

在不同分位点上，市场化对区域经济增长率的边际效应均显著为正。这说明市场化的改革有助于我国经济的增长。市场化改革就是使资源配置从计划调节转化为市场调节，是一种制度变迁。这种制度变迁能够促进经济增长（诺思，1994）。与计划经济相比，市场经济能产生更高的经济效率，进而带来社会财富的更快增长。乔（Chow，2002）、王和姚（Wang and Yao，2003）、洪名勇（2004）、王立平、龙志和（2004）、王文举、范合君（2007）、江峰等（2008）等利用中国实际数据对市场化与经济增长的关系进行分析，结论一致表明中国的市场化改革是经济高速增长的主要动力。我们认为在市场经济中，企业成为自主经营的主体，能够发挥自己的主动性；市场经济中的企业面临巨大的竞争压力，能够促使企业不断创新；市场经济中的政府干预比较少，行政性垄断对资源配置的扭曲能够大大降低；市场经济制度能够降低交易费用，提高经济效率。因此，市场化改革对经济增长有正的促进作用。

从低分位点到高分位点，市场化的边际效应稳步增强，且在高分位点上迅速提高。这说明在经济增长率较高时（高分位点处），市场化对经济增长率的效应更强。这与樊纲、王小鲁、马光荣（2011）"随着市场化进程的推进，市场化对经济增长的作用并没有减小，反而还在加大。"的研究结论相一致。在其他影响要素不变的条件下，随着我国经济增长率的不断提高，市场化进程的推进，市场化改革的这种正向边际效应还会逐步的增大。另外，我们认为经济增长率处于低分位点的地区往往都是欠发达的地区，市场化改革提升的空间有限，因而对经济增长的促进作用越不显著。相反，经济增长率处于高分位点的地区往往都是发达地区，市场化改革能够充分的改善资源配置效率，从而能够快速提高经济增长的速度。这也说明市场化改革进程在地区之间存在着巨大的不平衡，在一些东部沿海省市，市场化已经取得了决定性的进展，而在另外一些省份，经济中非市场的因素还占有重要的地位。因此，在今后的市场改革的进程中应着力缩小区际间的差异，发挥市场化的积极作用。

下　篇

基于面板数据模型的
实证研究

第7章 制度与生产要素的空间特性与内生性检验

本章利用探索性空间数据分析方法（ESDA）对制度变迁及各生产要素的空间特性进行统计分析，研究制度变迁及生产要素是否存在空间集聚或空间依赖。然后，综合利用现代计量方法：协整检验、Granger因果关系检验及贝叶斯向量自回归模型等对制度及生产要素的内生性进行检验，分析变量之间的关系并为后面的实证研究提供依据。

7.1 制度及生产要素的空间统计分析

20世纪90年代以后，随着空间计量经济学知识的引入，我国的学者才意识到以往研究假设空间位置均质性是与现实不相符的。在空间统计分析中，空间位置存在空间异质和空间依赖两种性质，恩瑟兰（Anselin，1998）给出空间异质性（空间差异性）的定义——即每个空间区位上的事物和现象都有别于其他区位上的事物和现象的特点。恩瑟兰（2000）将空间依赖（空间关联）定义为观测值及区位之间的一致性。这种空间关联意味着观测值在空间上并不是我们原来设定的随机分布，而是因某种空间作用在地理上呈现一种集聚，不同地区之间观测值表现出交互或者溢出。因此，有必要从空间维度方面分析我国制度变迁的差异问题，以克服传统统计方法忽略空间影响的不足之处。

本节对我国制度变迁与各生产要素进行空间统计描述性分析，采用恩瑟兰等开发的GeoDa（Geography Data Analysis）空间分析软件对我国31省（市区）制度变迁进步指数的全局Global Moran's I和局部Local Moran's I进行计算，并绘制Moran散点图，以便于从整体和局部两方面来分析影响区域经济增长的要素空间演变特征。

7.1.1 空间统计分析方法

本章主要运用探索性空间数据分析（ESDA）方法对各影响要素进行空间统计分析。ESDA 具有对数据的识别功能，它主要用于探测数据的空间分布特性也即非随机性。这种数据分析方法是将现代图形计算机技术和统计学相结合，用直观形象的方法展示空间数据所存在的空间模式、空间分布及空间相互作用等特点，这种数据分析方法的优点是"让数据说话"，也即通过数据真实性来分析是否存在空间的非随机性。

ESDA 方法主要使用两类工具：第一种用来分析空间数据在整个研究范围或区域内表所现出的分布特征，叫做全局空间自相关，一般用 Moran 指数 I（Moran，1950）、Geary 指数 C（Geary，1954）来测度；第二种用来分析局部的或者部分区域所表现出的分布特征，称为局部空间自相关，一般用 G 统计量、Moran 散点图和 LISA 来测度。

1. 全局空间自相关

与传统的计量经济学研究思路不同，空间计量经济学首先引入了空间权重矩阵，这也是进行空间统计分析的基础和前提。通常的做法是确定一个 n×n 维空间权重矩阵，首先对一个存在二元对称的空间权重矩阵进行定义，并用该矩阵表示 n 个空间区域位置关系，其一般形式如下：

$$W_{ij} = \begin{bmatrix} w_{11} & w_{12} \cdots & w_{1n} \\ w_{21} & w_{22} \cdots & w_{2n} \\ \cdots & \cdots & \cdots \\ w_{n1} & w_{n2} \cdots & w_{nn} \end{bmatrix} \quad (i=1,2,\cdots,n; j=1,2,\cdots,n)$$

确定空间权重矩阵的方式有多种，比如相邻距离空间权重、有限距离空间权重及负指数距离空间权重等，我们最常用的空间距离是相邻距离，根据地图上所研究区域的相对位置决定哪些区域是不相邻的，哪些是相邻的。其做法是通过空间中的相对位置来定义相邻，并用 0~1 表示。本书主要运用相邻距离标准确定空间权重矩阵，其具体形式如下：

$$W_{ij} = \begin{cases} 1, & \text{区域 i 和区域 j 相邻} \\ 0, & \text{其他情况} \end{cases} \quad (i = 1, 2, \cdots, n; \ j-1, 2, \cdots, n)$$

在空间统计分析中，通常用 Moran 指数 I 来测度全局空间相关性。它能够检验相邻地区间是相互独立还是相似、相异（空间正相关、空间负相关）的。Moran 指数 I 的计算公式如下：

$$I = \frac{n \sum_{i=1}^{n} \sum_{j=1}^{n} w_{ij}(x_i - \bar{x})(x_j - \bar{x})}{\sum_{i=1}^{n} \sum_{j=1}^{n} w_{ij} \sum_{i=1}^{n}(x_1 - \bar{x})^2} = \frac{\sum_{i=1}^{n} \sum_{j=1}^{n} w_{ij}(x_i - \bar{x})(x_j - \bar{x})}{S^2 \sum_{i=1}^{n} \sum_{j=1}^{n} w_{ij}}$$

上述公式中，n 表示研究区域内的个体总数，W_{ij} 是空间权重矩阵，x_i 和 y_i 分别表示不同区域的属性；$\bar{x} = \frac{1}{n} \sum_{i=1}^{n} x_i$ 是属性的平均值；$S^2 = \frac{1}{n} \sum_{i=1}^{n}(x_i - \bar{x})^2$ 是属性方差。Moran 指数 I 的取值范围为，Moran 指数 I 大于 0 表示正相关，该指数越接近 1 表明具有相似属性的集聚效应就越大，内部空间差异性就越小；Moran 指数 I 小于 0 表示负相关，该值越接近 -1 表明具有相异的属性集聚在一起的程度越强，此时空间差异性较大。Moran 指数 I 接近 0 表明观测值属性是随机分布的即不存在空间自相关性。

2. 局部空间自相关

全局空间自相关性能够说明研究区域内所有地区与周边地区在空间上集聚或差异的总体平均程度，但是很难检验不同的局部空间差异程度，因此需要对局部空间差异程度进行测度。恩瑟兰（1995）提出了一个局部 Moran 指数（Local Moran index），称为 LISA（Local Indicator of Spatial Association），用来检验局部地区是否存在相似的观察值聚集在一起。一个区域的局部 Moran 指数用来测度该区域和它领域之间的空间关联程度，其计算公式如下：

$$I_i = \frac{(x_i - \bar{x})}{S^2} \sum_{j \neq i} w_{ij}(x_j - \bar{x})$$

其中，w_{ij} 是空间权重矩阵，x_i 和 x_j 分别不同区域的观察值属性；$\bar{x}$ 是属性的平均值；$S^2 = \frac{1}{n} \sum_{j=1}^{n}(x_j - \bar{x})^2$，是属性方差。正的 I_i 表示局部正空间自相关，表示在空间上一个具有高属性的区域被另一个高值所包围，叫做高—高类型，反之为低—低类型；负的 I_i 表示局部空间负相关，表示一个低属性值的区域被高值所包围（即低—高类型）或者一个高属性值的区域被低值所包围（高—低）（见图7-1）。

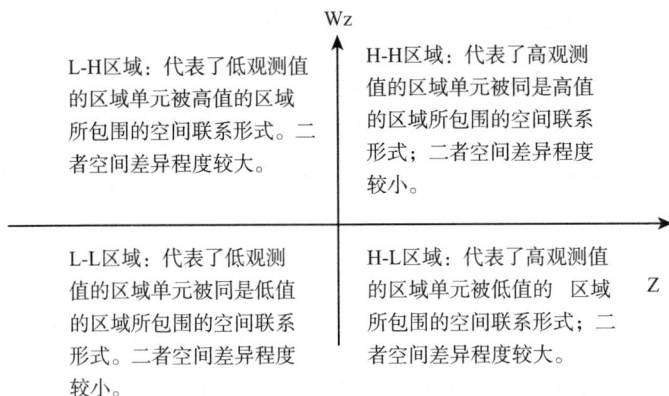

图7-1　Moran 散点图二维显示图

一般来说，为了能够直观地对局部空间的差异性进行描述性分析我们会引入 Moran 散点图。在坐标中可以划分为四个象限以代表四种不同类型的观测值属性的空间差异类型。其中横轴表示变量 Z 的所有观测值，纵轴表示空间滞后变量 Wz 所有取值。

与 Global Moran's I 一样，基于样本数据的 Local Moran's I 分析局部空间格局时需要检验，检验方法同 Global Moran's I（见表7-1）。

表7-1　　　　　　　空间自相关指数与空间格局关系

	空间自相关	空间格局	Moran's I	LISA	P
依据分析空间范围的大小	全局空间自相关	—	—	—	—
	局部空间自相关	—	—	—	—
依据空间自相关的性质	正空间自相关	集聚格局	接近1	I > 0	P ≤ α
	负空间自相关	离散格局	接近 -1	I < 0	P ≤ α
	无空间自相关	随机分布	$-1/(n-1)$	I = 0	P > α

注：显著性水平 α = 0.05。

7.1.2 我国制度要素的探索性空间统计分析

本节利用 ESDA 统计方法对我国的制度变迁的全局及局部空间自相关性进行统计分析。本节采用本章第一节中得到的 1978～2012 年我国 31 省市区制度变迁综合指数作为制度变迁变量的数据进行实证分析。

1. 全局空间自相关性分析

为了检验我国的制度变迁在地理空间上的相关性即是否存在空间依赖特性，本节利用 Geoda10. 2 软件计算出我国 1978～2012 年省际制度变迁进步指数的全局 Moran 指数，表 7 - 2 列举了整理后的具体数值，包括全局 Moran 指数和运用蒙特卡罗模拟方法检验 Moran 指数得到的 p 值。可以看出，1978～2012 年我国制度变迁指数的 Global Moran's I 均大于 0，表明我国的制度变迁具有空间依赖性或空间集聚性（正的自相关性），并且除了个别年份（1979 年）以外各年的 Moran 指数对应的 p 值均小于 0.05，即通过了显著性检验。这也说明我国制度变迁的空间分布并非随机分布而是呈现显著相似属性的集聚效应，制度变迁水平较高的省区相对地趋于较高的制度变迁水平的省区，反之亦然。

表 7 - 2　我国 1978～2012 年省际制度变迁总量的 Global Moran's I 估计值

年份	1978	1979	1980	1981	1982	1983	1984	1985	1986	1987	1988	1989
Global Moran's I	0. 140	0. 045	0. 148	0. 314	0. 605	0. 278	0. 195	0. 318	0. 342	0. 411	0. 440	0. 461
p 值	0. 048	0. 201	0. 047	0. 002	0. 001	0. 001	0. 001	0. 001	0. 001	0. 001	0. 002	0. 001
年份	1990	1991	1992	1993	1994	1995	1996	1997	1998	1999	2000	2001
Global Moran's I	0. 401	0. 400	0. 424	0. 365	0. 311	0. 333	0. 321	0. 327	0. 360	0. 309	0. 247	0. 271
p 值	0. 003	0. 003	0. 002	0. 004	0. 008	0. 005	0. 003	0. 003	0. 001	0. 005	0. 016	0. 010
年份	2002	2003	2004	2005	2006	2007	2008	2009	2010	2011	2012	
Global Moran's I	0. 250	0. 245	0. 318	0. 340	0. 354	0. 362	0. 418	0. 438	0. 427	0. 391	0. 352	
p 值	0. 014	0. 013	0. 008	0. 007	0. 004	0. 001	0. 004	0. 001	0. 002	0. 001	0. 002	

我们进一步分析我国制度变迁指数的全局 Moran 指数变化情况，如图 7-2 所示，1978～2012 年我国制度变迁指数的全局 Moran 指数趋势图，可以看出，我国制度变迁的集聚效应整体波动性较为明显，1984 年以前波动性较大，1984 年以后虽有波动但整体上存在减弱的态势。这也说明我国制度变迁的总体集聚效应下降其空间差异性则存在增大的态势，需要指出的是这一结论是针对省际尺度而言的，是省（市、区）之间空间差异平均意义上的增大，与其他尺度上空间差异的缩小并不矛盾。

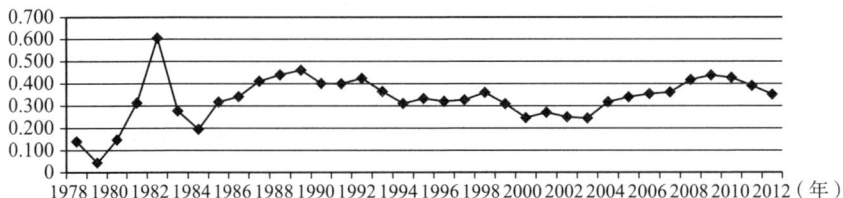

图 7-2　我国 1978～2012 年省际制度变迁总量的 Global Moran's I 趋势图

2. 局部空间自相关性分析

前面的分析表明我国的制度变迁在整体上存在空间依赖性，那么局部区域的省份是否也存在明显空间依赖或空间集聚？因此，为了研究我国制度变迁空间分布的具体格局，本节进一步对我国省际制度变迁进步指数进行 LISA 分析。利用 Geoda 软件作出三个时间段（1978～1991 年，1992～2001 年，2002～2012 年）进行局部空间自相关性分析，输出 Moran's I 四个类型（高—高区域、低—低区域、低—高区域、高—低区域）的散点图，LISA 显著性水平图和 LISA 聚集图。

从图 7-3Moran's I 散点图上可以看出，多数省份属于低—低和高—高类型，说明这些省份的制度变迁在空间上存在明显的空间关联。从散点图上可以看出，14 个省份属于低—低类型在 1978～1991 年时间段，属于高—高类型有 6 个省份。其中高—高类型的省份少于低—低类型的省份，而属于低—高和高—低类型的省份较少，表示这些少数省份出现局部负的空间自相关性，这些省份制度变迁属性表现为水平高的与水平低的相邻，体现了制度变迁的空间异质性。

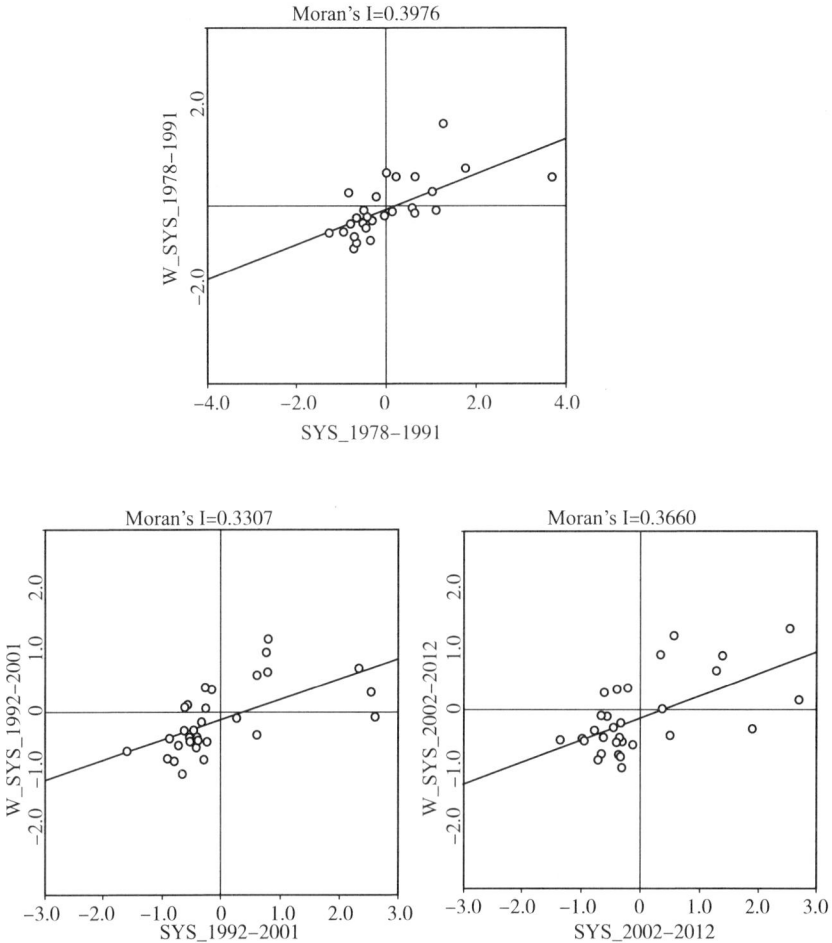

图 7-3 分时间段的我国制度变迁总指数（年平均量）Moran 散点图

总的来说，上述结果说明我国制度变迁在空间水平上存在着空间集聚和空间异质。空间异质性主要通过低—低和高—高这两类的空间实体表现出来。表 7-3 中为三个时间段内我国 31 省（市、区）制度变迁总指数（年平均量）的 LISA 聚集类型（"1"表示高—高区域、"2"表示低—低区域、"3"表示低—高区域、"4"表示高—低区域），其显示的结果与 Moran's I 散点图的结果是一致的。从 LISA 的聚集类型可以看出，低—低类型的省份主要位于广大的西部地区，新疆、青海和四川在三个时间段均属于低—低类型。这些省份制度变迁水平较低，且相邻省份集聚表明制度变迁在这些省份空间上存在相互作用。高—高类型的区域主要分布在东部沿海地区，比如江苏省和上海市，并且由 LISA 显著性水平图看出此分布结果是显著的。

表 7 - 3 　　我国制度变迁总指数（年平均量）的 LISA 聚集和显著性水平表

省 （市、区）	1978~1991 年		1992~2001 年		2002~2012 年	
	集聚型	P 值	集聚型	P 值	集聚型	P 值
安徽	0	0.108	0	0.374	0	0.218
北京	1	0.030	0	0.328	0	0.262
福建	0	0.118	0	0.070	0	0.056
甘肃	2	0.006	0	0.130	2	0.046
广东	0	0.494	0	0.424	0	0.316
广西	0	0.324	0	0.486	0	0.442
贵州	0	0.066	0	0.128	0	0.078
海南	5	0.002	5	0.002	5	0.002
河北	1	0.030	0	0.142	0	0.160
河南	0	0.412	0	0.218	0	0.218
黑龙江	0	0.292	0	0.480	0	0.212
湖北	0	0.196	0	0.138	0	0.094
湖南	0	0.348	0	0.488	0	0.388
吉林	0	0.442	0	0.400	0	0.360
江苏	1	0.048	1	0.042	1	0.038
江西	0	0.300	0	0.200	0	0.204
辽宁	0	0.462	0	0.492	0	0.290
内蒙古	0	0.302	0	0.378	0	0.114
宁夏	2	0.038	0	0.190	2	0.036
青海	2	0.004	2	0.016	2	0.020
山东	0	0.240	0	0.424	0	0.446
山西	0	0.372	0	0.262	0	0.120
陕西	2	0.032	0	0.140	2	0.044

续表

省 (市、区)	1978 ~ 1991 年		1992 ~ 2001 年		2002 ~ 2012 年	
	集聚型	P 值	集聚型	P 值	集聚型	P 值
上海	0	0.052	0	0.106	1	0.026
四川	2	0.002	2	0.004	2	0.002
天津	1	0.016	0	0.072	1	0.048
西藏	2	0.010	0	0.062	0	0.078
新疆	2	0.006	2	0.008	2	0.004
云南	2	0.008	2	0.008	2	0.004
浙江	0	0.074	0	0.074	1	0.050
重庆	0	0.112	0	0.102	0	0.066

注:"0"表示集聚不显著的省市区,"5"表示无相邻地区的省份。

分析三个时间段的 LISA 聚集类型可以发现三个时间段发生的空间位置的变化。具体来说,低—低类型的省份在数量上逐渐减少,西藏、陕西、宁夏等地区都已从原来的低—低类型中消失,而高—高类型的省份逐渐增多。处于中间位置的中部地区省份,多数与东部或西部省份相邻,因此表现为低—高类型或高—低类型。需要说明的是,部分省份在 LISA 显著性水平上并不显著,也可能是制度变迁在总体上能表现出显著的空间相关性,但具体到省份这种空间依赖性被稀释,所以表现的不明显。

7.1.3 传统生产要素的探索性空间统计分析

为探究各生产要素在地理空间上是否存在空间依赖性,本书利用 Geoda10.2 软件计算出我国 1990 ~ 2012 年 31 个省的资本要素、劳动要素及技术要素全局 Moran 指数,分析三要素的全局空间自相关性,并进行 LISA 分析进而探究空间地理上不同位置上的区域空间关联特性。其中,劳动力投入变量(L)和技术投入变量(Tech)分别为各地区年末的就业人数和专利授予数量;物质资本 K 是资本存量值,由于无法获得公开的各地区资本存量数据,本节按照张军等(2004)的估计方法,并以其计算得到的 1990 年各省份资本存量数据作为基年的资本存量,按照永续盘存法估算了 1990～2012 年各省份各年资本存量 K，并以此作为资本投入数据。

传统的三要素除技术要素空间相关性不显著以外，资本存量和劳动力都表现出显著的空间特性。这可能是由于我国技术投入量整体上的不足，省级之间的技术投入水平并没有在彼此之间造成一定的影响，因而技术投入量在地理空间上呈现出随机分布态势并没有显著的空间自相关性。因此，下面重点分析资本存量和劳动力的空间自相关性。

1. 资本存量的空间探索性分析（见表 7-4）

表 7-4　　　　　　资本存量的 Global Moran's I 估计值

年份	1990	1991	1992	1993	1994	1995	1996	1997	1998	1999	2000	2001
Global Moran's I	0.255	0.264	0.277	0.284	0.29	0.302	0.32	0.334	0.343	0.346	0.349	0.35
p 值	0.012	0.007	0.006	0.005	0.004	0.004	0.003	0.002	0.001	0.001	0.001	0.001

年份	2002	2003	2004	2005	2006	2007	2008	2009	2010	2011	2012	
Global Moran's I	0.348	0.346	0.345	0.343	0.34	0.336	0.334	0.328	0.316	0.305	0.292	
p 值	0.001	0.002	0.002	0.003	0.004	0.006	0.007	0.005	0.006	0.004	0.008	

资本存量的全局 Moran's 指数在 95% 的置信水平上均显著大于 0，说明我国省级资本存量存在显著正的空间自相关性，即资本存在显著外溢性。进一步地分析资本存量全局 Moran's 指数在 1990～2010 年间的变化情况，如图 7-4 所示，资本存量空间依赖性整体上存在先上升后下降的趋势，其中在 2001 年 Moran's 指数达到最大值 0.3495，近几年来资本外溢性相对减弱。

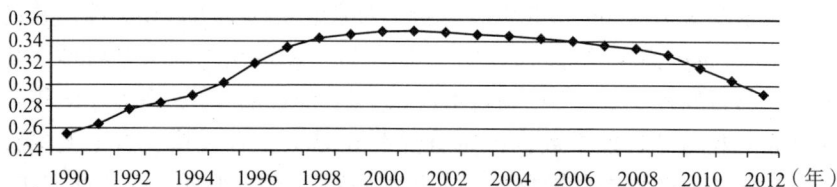

图 7-4　资本存量的 Global Moran's I 趋势图

　　基于以上资本存量的空间自相关性的变化，我们选取 1990 年、2001 年、2012 年三年的数据进行分析，利用 Geoda10.2 软件输出 LISA 显著性水平和 LISA 聚集类型表（见表 7-5）。三个时间点的聚集图都突出了高—高类型和低—低类型的省份，这与全局空间自相关的显著的空间集聚性是一致的，资本存量高的省份趋向于资本存量高的省份相邻，而资本存量低的省份也趋向于较低的省份相邻。这再次说明资本存量存在显著的外溢性。就具体分布而言，高—高类型的省份位于部分东部沿海地区，其中以山东省和安徽省为代表，而低—低类型的省份主要位于部分西部地区的省份，其中以新疆和西藏为代表，以上省份都通过了 5% 的显著性水平；三个时间点相比较，高—高类型的省份与低—低类型的省份均有所增加。

表 7-5　　　　　　　　资本存量的 LISA 聚集和显著性水平表

省 （市、区）	1990 年		2001 年		2012 年	
	集聚型	P 值	集聚型	P 值	集聚型	P 值
安徽	3	0.028	3	0.018	3	0.002
北京	0	0.418	0	0.328	0	0.376
福建	0	0.192	0	0.074	0	0.070
甘肃	0	0.100	0	0.094	0	0.158
广东	0	0.408	0	0.400	0	0.460
广西	0	0.380	0	0.500	0	0.480
贵州	0	0.112	0	0.078	2	0.050
海南	5	0.002	5	0.002	5	0.002
河北	0	0.054	0	0.196	0	0.074
河南	0	0.220	0	0.290	0	0.180
黑龙江	0	0.324	0	0.300	0	0.320
湖北	0	0.470	0	0.338	0	0.488
湖南	0	0.406	0	0.458	0	0.436
吉林	0	0.376	0	0.240	0	0.496
江苏	1	0.018	1	0.014	1	0.022
江西	0	0.476	0	0.264	0	0.332

续表

省 （市、区）	1990 年		2001 年		2012 年	
	集聚型	P 值	集聚型	P 值	集聚型	P 值
辽宁	0	0.442	0	0.478	0	0.224
内蒙古	0	0.272	0	0.114	0	0.194
宁夏	0	0.414	0	0.374	0	0.402
青海	0	0.170	0	0.146	0	0.066
山东	0	0.084	0	0.078	1	0.020
山西	0	0.276	0	0.358	0	0.076
陕西	0	0.226	0	0.150	0	0.362
上海	0	0.058	1	0.032	1	0.022
四川	4	0.004	2	0.006	2	0.006
天津	0	0.056	0	0.118	0	0.244
西藏	2	0.040	2	0.020	2	0.016
新疆	2	0.032	2	0.022	2	0.040
云南	0	0.060	2	0.036	2	0.040
浙江	0	0.078	1	0.048	0	0.072
重庆	0	0.356	0	0.254	0	0.234

注："0"表示集聚不显著的省市区，"5"表示无相邻地区的省份。

2. 劳动力要素的空间探索性分析

劳动力的全局 Moran's I 值均大于 0，且从 1990 ~ 2012 年间，全局 Moran's I 值虽有波动但总体在不断增加。P 值均小于 0.05，说明劳动力要素存在显著的空间集聚特性（见表 7 - 6）。

表 7 - 6　　　　　　劳动力 Global Moran's I 估计值及 p 值

年份	1990	1991	1992	1993	1994	1995	1996	1997	1998	1999	2000	2001
Global Moran's I	0.229	0.229	0.232	0.236	0.237	0.261	0.263	0.265	0.268	0.272	0.287	0.276
p 值	0.017	0.014	0.018	0.013	0.01	0.009	0.006	0.006	0.007	0.005	0.002	0.004

年份	2002	2003	2004	2005	2006	2007	2008	2009	2010	2011	2012
Global Moran's I	0.278	0.281	0.283	0.265	0.286	0.286	0.289	0.289	0.289	0.294	0.294
p 值	0.005	0.006	0.004	0.003	0.004	0.004	0.004	0.003	0.002	0.003	0.003

由劳动力的 Global Moran's I 变化趋势图（见图7-5）可以看出，劳动力的 Moran's I 值有显著的拐点，其中1999年其值达到最大，而2004年又减小至0.283。我们将1990~2012年分为3个时期：1990~1999年期间属于上升期，2000~2004年属于下降期，2005~2012年为平稳期。因此，我们选取1990年、1999年、2004年、2012年4年的数据对3个时间段的劳动力人数的平均量进行 LISA 局部分析。

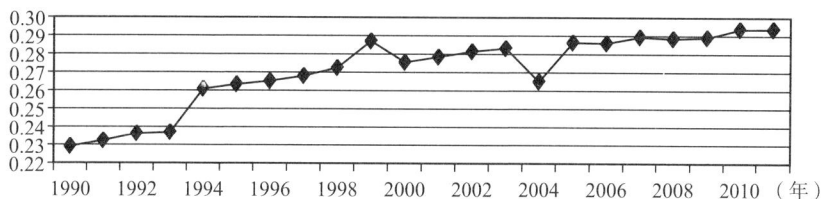

图7-5 劳动力的 Global Moran's I 变化趋势图

如表7-7所示，分3个时间段31个省劳动力的平均量数据进行 LISA 局部分析，可以看出与资本存量局部空间自相关性相类似，高—高类型的省份主要分布在部分东部地区的省份。而低—低类型的省份较少，以西部地区的新疆为代表，并且从劳动力总体分布演进来看，高—高类型的省份在东部地区的越来越多，这也说明东部沿海地区经济发展水平高，工业产业集聚可能造成劳动力也在东部地区集聚。

表7-7 劳动力平均量的 LISA 聚集和显著性水平表

省（市、区）	1990~1999年		2000~2004年		2005~2012年	
	集聚型	P 值	集聚型	P 值	集聚型	P 值
安徽	1	0.002	1	0.002	1	0.002
北京	0	0.484	0	0.424	0	0.452

省 (市、区)	1990～1999 年		2000～2004 年		2005～2012 年	
	集聚型	P 值	集聚型	P 值	集聚型	P 值
福建	0	0.094	0	0.160	0	0.106
甘肃	0	0.070	0	0.098	0	0.084
广东	0	0.308	0	0.286	0	0.272
广西	0	0.082	0	0.112	0	0.130
贵州	0	0.182	0	0.138	0	0.208
海南	5	0.002	5	0.002	5	0.002
河北	0	0.280	0	0.318	0	0.350
河南	1	0.042	1	0.016	1	0.046
黑龙江	0	0.200	0	0.214	0	0.168
湖北	0	0.090	1	0.046	0	0.084
湖南	0	0.198	0	0.204	0	0.212
吉林	0	0.262	0	0.292	0	0.228
江苏	0	0.056	0	0.080	0	0.060
江西	3	0.028	3	0.046	3	0.026
辽宁	0	0.398	0	0.344	0	0.372
内蒙古	0	0.136	0	0.120	0	0.110
宁夏	0	0.144	0	0.206	0	0.154
青海	0	0.198	0	0.238	0	0.232
山东	1	0.004	1	0.004	1	0.004
山西	0	0.170	0	0.182	0	0.186
陕西	0	0.440	0	0.312	0	0.454
上海	0	0.092	0	0.110	0	0.092
四川	0	0.064	0	0.080	4	0.044
天津	0	0.492	0	0.500	0	0.482
西藏	0	0.354	0	0.390	0	0.352
新疆	2	0.012	2	0.018	2	0.012
云南	0	0.496	0	0.396	0	0.468
浙江	0	0.246	0	0.320	0	0.274
重庆	0	0.144	0	0.086	0	0.120

7.2　制度及生产要素的内生性检验

在进行经济增长回归分析的过程中，需要先确定内生和外生变量，而在变量之间存在相互影响的系统中，明确地区分外生变量与内生变量存在一定难度，因为主观的识别可能会带来错误的结论。因此，在研究各因素（制度、劳动力、资本和技术）对经济增长影响的复杂系统里，需要将这些影响因素放到一起，作为一个整体来分析经济增长系统的动态影响机制，这便是向量自回归模型所解决的问题。本节即利用贝叶斯向量自回归模型估计下的脉冲响应分析对影响经济增长的制度及生产要素的内生性加以研究。

7.2.1　贝叶斯向量自回归模型

向量自回归模型（Vector Autoregressive Model）是西姆斯（Sims）在 1980 年提出的，采用多方程联立的形式，在模型的每一个方程中，变量对模型的全部变量的滞后值进行回归，从而估计变量间的动态关系。因此，VAR 模型具有动态面板系统的特征。由于 VAR 模型不以经济理论为基础，能够检验出多个变量之间存在的动态关联性，因此该模型很早就被广泛地应用。西姆斯（1993）将 VAR 模型作为宏观经济预测模型加以运用；陈东陵（1996）较早应用向量自回归模型预测中国 2000 年前经济发展形态；谭庆华（2002）从经济冲击相关性的角度来进行研究了东亚货币体系存在的问题。高铁梅（2004）等建立钢铁行业与其下游行业之间的 VAR 模型并利用脉冲响应函数和方差分解技术分析了钢铁行业与下游行业之间的动态影响。之后也有很多研究者（张鹤等，2005；缪仕国等，2006；王爱俭等，2007）采用 VAR 模型来分析宏观经济问题。随着研究的深入，研究者发现 VAR 模型也存在一些缺陷，主要是参数过多准确的估计存在一定难度。针对这一问题，李特曼（Litterman，1986）提出了 VAR 模型的一个扩展模型——贝叶斯向量自回归模型（BVAR）。

贝叶斯方法不仅能利用样本信息还能利用参数的先验信息，当进行参数估计时，贝叶斯估计量通常具有更小的平方误差或者说方差，该方法能得到更加准确的预测结果。在研究我国宏观经济问题中现有研究大多采用的是 VAR 模型进行分析，比如杨丽萍等（2008）利用 VAR 模型的脉冲响应分析银行信贷、货币供应对国内物价水平的动态影响关系；赵志君等（2009）根据理论模型的动态特点，设计了一个向量自回归模型 VAR 用来实证分析实际汇率、经济增长率和利率的关系；王军等（2013）基于 VAR 模型研究制度变迁对经济增长的影响机制。本节研究制度变迁与传统生产要素即劳动力、资本与技术多个变量间的动态关系，为克服传统 VAR 模型估计不准确的缺点，本节采用贝叶斯 VAR 模型对变量间关系加以研究。BVAR 模型采用 BAYESIAN 方法能够对动态面板的 VAR 系统加以分析，从而得出经济增长系统内各生产要素间的交互影响关系，验证制度变量、人力资本和技术进步等变量的内生性假说。

7.2.2　制度及生产要素内生性的实证分析

1. 变量的选取及数据说明

选择国内生产总值 GDP 来衡量经济水平的指标，本书以 1990 年为基期经 GDP 平减指数进行平减得到实际 GDP 值，变量用 Y 表示；基于数据可得，使用 1990~2012 年中国 31 省（市区）的制度、劳动力、资本、技术四大要素的面板数据，其中制度变量（S）来源于本章 7.1 节的综合制度变迁指数；劳动力投入变量（L）和技术投入变量（Tech）分别为各地区年末的就业人数和专利授予数量；物质资本 K 是资本存量值，数据来源已在前面介绍。

数据主要来源已在第 3 章中介绍，在此不做赘述。

2. 变量的检验及实证前的准备

（1）平稳性检验。

首先要检验数据的稳定性，以避免出现伪回归，从而确保估计结果的有效性。本部分利用 Eviews8.0 软件，为消除异方差性，对 1990~2012 年 31 省市区各变量取对数后（LNY、LNK、LNL、LNT、LNS）的面板数据进行单位根检验。由于面板数据的单位根检验存在相同根和不同根情形下的单位根检验，我们采用混合（Summary）的检验方法，表7-8列举了面板数据相同根下 LLC 检验和不同根下 ADF 检验的 p 值。

表7-8　　　　　　　　　　　面板数据的平稳性检验

变量名	水平值			一阶差分值		
	LLC 检验	ADF 检验	结论	LLC 检验	ADF 检验	结论
LNY	0.25721 (0.6015)	25.5789 (0.9999)	非平稳	-8.48858 (0.0000)	233.386 (0.000)	平稳
LNK	3.95242 (1.0000)	24.2873 (1.0000)	非平稳	-4.40936 (0.0000)	123.399 (0.000)	平稳
LNT	5.46720 (1.0000)	6.99296 (1.0000)	非平稳	-29.4763 (0.0000)	693.861 (0.0000)	平稳
LNL	9.93237 (1.0000)	2.36214 (1.0000)	非平稳	-7.47670 (0.0000)	191.140 (0.0000)	平稳
LNS	13.2808 (1.0000)	1.26127 (1.0000)	非平稳	-15.5907 (0.0000)	364.598 (0.0000)	平稳

　　显然，GDP、制度、资本、劳动力及技术的原变量都是非平稳的，经过一阶差分后，各变量平的稳性均通过显著性1%的检验。因此，对非平稳变量接下来要检验其是否存在协整关系。

　　（2）协整关系检验。

　　上述分析表明，制度、资本、劳动力、技术及 GDP 均是一阶单整变量，此时对于非平稳变量若存在稳定的动态均衡关系，即存在协整关系。表7-9为 Eviews8.0 采用 Kao 检验和 Johansen 面板协整检验得到的检验结果：KAO 检验结果表明 GDP、制度、资本、劳动力及技术四变量之间存在协整关系，Johansen 面板协整检验结果表明五变量之间至少存在4个协整关系。因此，对于非平稳变量存在协整关系，我们可以进一步利用 BVAR 模型进行脉冲响应分析。

表 7 – 9   面板数据的协整关系检验

检验方法	统计量名称	T 统计量值	P 值	结论
KAO 检验	ADF	– 7.899199	0.0000	存在协整
检验方法	原假设	Fisher 联合迹 统计量值（p 值）	Fisher 联合 λ – max 统计量（p 值）	结论
Johansen 面板协整检验	None	948.4 (0.0000)	537.3 (0.0000)	拒绝原假设
	At most 1	527.3 (0.0000)	288.5 (0.0000)	拒绝原假设
	At most 2	296.5 (0.0001)	191.9 (0.0000)	拒绝原假设
	At most 3	169.2 (0.0941)	146.4 (0.0000)	拒绝原假设
	At most 4	109.9 (0.0002)	109.9 (0.0002)	拒绝原假设

3. BVAR 模型的脉冲响应分析

运用 Eviews8.0 软件利用 LNY、LNK、LNL、LNT、LNS 的省际面板数据进行 BVAR 模型估计，基于 BVAR 模型的估计选择模型的滞后阶数，其中 SC 和 HQ 原则模型的最优滞后阶数为 2 阶，基于 LR、FPE 和 AIC 原则最优滞后阶数为 6 阶（见表 7 – 10），因此本节建立 BVAR（6）的模型。

表 7 – 10   BVAR 模型的滞后阶数的检验结果

Lag	LogL	LR	FPE	AIC	SC	HQ
0	– 1937.187	NA	0.001093	7.370729	7.411214	7.386579
1	3958.434	11657	2.31E – 13	– 14.90867	– 14.66575	– 14.81356
2	4356.118	778.76510	0.000000	– 16.323030	– 15.87768 *	– 16.14867 *
3	4392.601	70.75246	5.37E – 14	– 16.36661	– 15.71884	– 16.113
4	4431.177	74.07768	5.10E – 14	– 16.41813	– 15.56793	– 16.08527
5	4474.882	83.09596	4.75E – 14	– 16.48911	– 15.43648	– 16.077
6	4507.365	61.14534 *	4.62e – 14 *	– 16.51751 *	– 15.26246	– 16.02614

注：* 表示在 10% 水平上显著。

（1）格兰杰因果关系分析。

针对 BVAR（6）模型的估计，本节对 GDP 与制度及生产要素的因果关系进行格兰杰检验，部分检验结果如表 7 – 11 所示：GDP 均是引起制度及生产要素变化的 Granger 原因，这意味着经济水平的变化能够引起制度及生产要素的改变。我们不妨设想：经济增长能够带来制度水平的提高、资本的进一步积累、劳动力总量的增加及技术的进步。具体影响将在制度及生产要素的脉冲响应中进一步分析。

表 7 – 11　　　　　　　　　格兰杰因果关系检验结果

原假设	观测值	F 统计量	P 值	结论
LOG（GDP）does not Granger Cause LOG（K）	527	8. 35664	0. 0000	拒绝
LOG（GDP）does not Granger Cause LOG（T）	527	13. 2855	0. 0000	拒绝
LOG（GDP）does not Granger Cause LOG（L）	527	4. 90872	0. 0001	拒绝
LOG（GDP）does not Granger Cause LOG（S）	527	3. 20542	0. 0042	拒绝

（2）BVAR 模型脉冲响应分析。

利用 BVAR（6）模型对上述变量进行估计最重要的是得到变量间的脉冲响应函数，在分析 BVAR（6）模型时，往往要分析模型受到某种冲击时或当一个误差项发生变化时对系统的动态影响，这种方法称为脉冲响应分析。运用 Eviews8. 0 软件得到制度及生产要素对 GDP 的脉冲响应函数图，其中横轴表示冲击作用的滞后期间数（单位：年），纵轴表示受冲击变量做出的响应。

图 7 – 6 脉冲响应图分别代表了制度、劳动力、技术及资本对经济增长的脉冲响应，从中可以看出，制度及生产要素对经济增长的冲击反应是不同的；从长期看（滞后期大于 15 期）经济增长的冲击作用均表现为正向效应，这与我们的设想一致，即在长期，经济增长能够促进制度水平的提高、资本的积累、技术进步及劳动力人口的增加；制度及生产要素对 GDP 的冲击反应在当期均为 0，从第 2 期开始或增或减开始变化，说明 GDP 对制度及生产要素的冲击作用存在一定的滞后性。

分析制度对 GDP 的脉冲响应，在当期给 GDP 一个标准差的影响，制度在当期并未发生改变，第 2 期制度的响应表现为正，说明 GDP 的增长在第 2 期对制度水平的提高带来积极影响；但从第 2 期以后 GDP

173

对制度的冲击作用开始回调并低于 0 边界出现波动反应，从第 3 期至第 12 期制度的响应波动成负效应，说明 GDP 的增长对制度的变迁带来的阻碍，之后开始回升趋于稳定，在长期制度对 GDP 的响应表现出明显的正效应。

分析各生产要素对 GDP 的脉冲响应，我们可以看出不同的生产要素反应机制大不相同。其中，在当期给 GDP 一个标准差的增加，在第 3 期至第 10 期，GDP 对劳动力的冲击作用平稳增长。从第 10 期以后，劳动力对 GDP 的脉冲响应属于持续上升型，把滞后期延长至 40 期，劳动力的冲击反应依然保持持续性。随着时期的增加，GDP 对劳动力的冲击作用越来越大，这说明经济增长会持续地带来劳动力的增长；技术对 GDP 的脉冲响应最明显，虽然当期技术并未作出反应，但在第 3 期技术的响应急剧上升，在第 5 期上升至最高点达到 0.077，之后开始回升至第 10 期以后达到一种稳态水平，说明 GDP 的增加在短期给技术进步带来较大冲击作用之后至稳定水平；资本对 GDP 的脉冲响应呈现出先上升后平稳的反应机制，说明短期内 GDP 对资本的冲击作用持续增强，在长期内开始平稳。

174

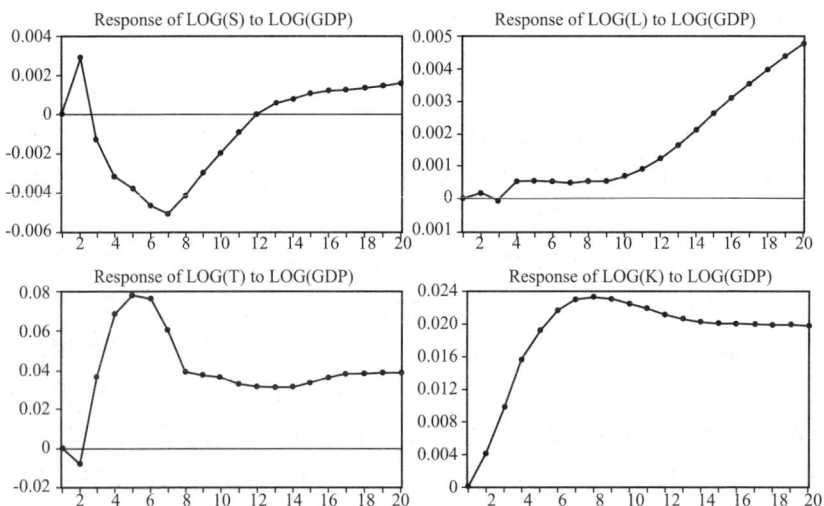

图 7-6　制度及生产要素对经济增长的脉冲响应

7.2.3　研究结论及分析

实证检验结果表明：在短期（滞后期为 6 期）GDP 均是引起制度及生产要素变化的 Granger 原因；BVAR 模型的脉冲响应表明，在长期 GDP 对制度及生产要素的冲击作用均表现出明显的正效应。即最初的设想成立：经济增长能够带来制度的变迁创新、技术的进步、资本的积累及劳动力增加。从短期和长期观察都表明 GDP 对制度及生产要素带来显著影响，这也验证了制度及生产要素的内生性的假设，为第 9 章的计量分析提供依据，因而，我们在计量分析中不能忽视解释变量的内生性问题。

第一，对制度与制度变迁加以区分：制度是静态的包含道德伦理规范等内容，制度变迁则是动态的，包含正式制度内容，文研究制度变迁特指改革开放以来我国经济体制一系列的变革，包括城镇化改革、市场化改革、对外开放、政府管制及金融制度改革五大方面，构建了包含 14 个二级指标的制度变迁指标体系。

第二，考察制度变迁的差异性特征，五大分类制度变迁变量的区际差异明显，东部地区制度水平较高，与中西部地区存在显著差异；利用主成分分析法得到综合制度变迁进步指数，用来反映我国制度变迁的深度和强度。

第三，利用空间统计方法研究我国区域经济增长的各因素的空间特性，研究发现制度要素及传统要素（资本存量和劳动力）都表现出显著的空间集聚特性。技术要素空间相关性不显著，这可能是由于我国技术投入量整体上的不足，省级之间的技术投入水平并没有给彼此造成一定的影响，因而技术投入量在地理空间上呈现出随机分布态势并没有显著的空间依赖。

第四，利用协整、格兰杰因果关系及贝叶斯向量自回归模型检验制度及生产要素的内生性，研究发现制度及生产要素与 GDP 变量之间存在长期稳定动态均衡关系，并且 GDP 均是引起制度要素及生产要素变化的 Granger 原因，BVAR 模型的脉冲响应分析表明，在长期 GDP 对制度及生产要素的冲击作用均表现出明显的正效应，验证了制度要素及生产要素的内生性的假设。

175

第8章　中国区域经济增长的收敛性分析

本章对我国区域经济增长的收敛性进行分析，在对我国的区域经济增长的空间集聚性进行检验，研究区域经济的空间及局部的空间集聚特性，验证省域经济增长的空间依赖性假设，在经济增长具有空间依赖性的基础上进一步分析区域经济增长的收敛性，并分析区域经济收敛性的成因。

8.1　我国区域经济增长差异的时空间现状

8.1.1　我国区域经济增长的时间演变

改革开放以来，我国经济面貌发生了翻天覆地的变化，GDP 总量由 1978 年的 3471.97 亿元增长到 2012 年的 577728.7 亿元，近 141.6 倍，由图 8 - 1 中能够看出我国经济增长的总体状况：1978～1992 年期间我国经济缓慢增长，这可能是因为虽有体制改革和制度创新，但开始几年成效较慢；1992～2001 年我国经济水平开始显著提升，年平均增长率达 16.69%。这主要是随着改革开发的深入，东部地区得此契机经济快速发展，特别是 1992 年邓小平同志南方谈话以后东部地区抓住了开发开放、发展外向型经济的大好机遇，工业化进程大大加快；2001～2012 年期间我国经济水平快速增长，2001 年国内生产总值首超 10 万亿元并且随着我国加入 WTO，城市的改革发展加快，市场经济体制逐步推进。

（亿元）

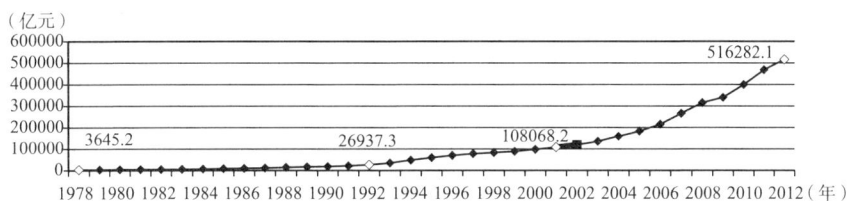

图 8 - 1　1978～2012 年中国 GDP 总量趋势图

注：GDP 总量以当年不变价计算。
资料来源：历年《中国统计年鉴》。

　　本书选取人均 GDP 这一指标，计算反映我国各区域经济增长差异的基尼系数，得到 1978～2012 年全国各省区人均 GDP 相对差异变动图，由图 8 - 2 可以明显看出，我国区域经济增长的相对差异程度总体上均呈现下降的趋势，其间经历的波动也很明显。

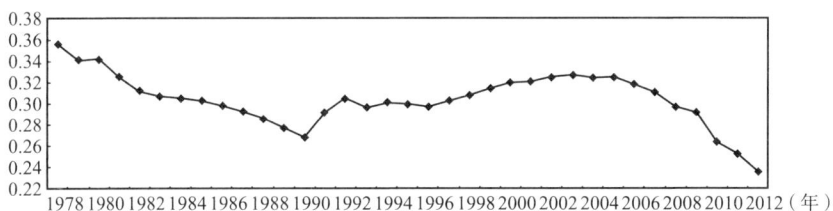

图 8 - 2　1978～2012 年全国各省人均 GDP 基尼系数变动

177

　　1978～1990 年，我国各省人均 GDP 相对差异在波动中逐渐缩小，基尼系数由 1978 年的 0.356 减小至 1990 年 0.268。就年平均增长率而言，1978～1985 年期间基尼系数的年平均增长率分别为 - 0.022765148，1985～1990 年期间基尼系数的年平均增长率为 - 0.024250285。可见1978～1990 年期间相对差异减小的速度越来越快。1990 年以后我国各省人均 GDP 相对差异逐步扩大，1990～1992 年期间我国人均 GDP 相对差异扩大明显，至 1992 年达到一个新高度，这是第一阶段的波峰。1992 年后我国人均 GDP 相对差异先降后升，逐步扩大至 2001 年达到最大值，此时基尼系数为 0.325，这是第二阶段的波峰。2001～2012 年，我国各省人均 GDP 相对差异呈现出下降的趋势，至 2012 年基尼系数减小至 0.236。基于以上分析，我国人均 GDP 相对差异变化过程的转折时点为 1992 年和 2001 年。

8.1.2　我国区域经济增长的空间格局

各省区人均 GDP 变化明显，其中东部①省区经济水平普遍高于中西部省区，北京、天津、上海、广东、江苏等省区尤为明显，而河北、福建两省明显落后于东部其他省区；中部发展水平整体偏低，其中山西、吉林两省的发展领先于中部其他各省；西部较中部发展水平略有提高，其中内蒙古、宁夏、陕西、重庆、云南、西藏等省区凭借各自资源优势领先于西部发展，如图 8 – 3 所示。

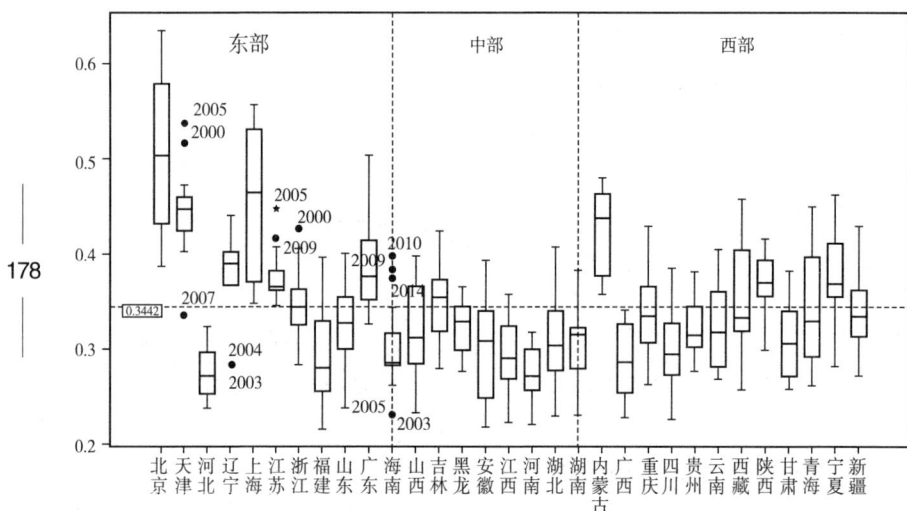

图 8 – 3　各省经济增长年纪变化箱线图

为了能够直观的展示我国区域经济增长的空间分布状况，本节分别选取以上时间断点 1978 年、1992 年、2001 年以及 2012 年我国 31 省市区的 GDP 总量数据作为样本，利用空间计量 Geoda10.2 软件生成了以上 4 个年份中国 31 省市区的 GDP 总量的空间四分位图，统计如表 8 – 1

---

① 东部：北京、天津、河北、上海、江苏、浙江、福建、山东、广东、海南、辽宁等十一个省份；中部：安徽、湖北、湖南、江西、山西、河南、黑龙江、吉林等八大省份；西部：重庆、四川、贵州、云南、西藏、陕西、甘肃、青海、宁夏、新疆、内蒙古、广西等十二大省份自治区。

所示。4 个时间点的空间分布将我国 31 个省市区划分为 4 个类别：第 I
类较发达地区（8 个），第 II 类欠发达地区（8 个），第 III 类发展中地区
（8 个），第 IV 类落后地区（7 个）。从这 4 个年份来看，北京市、天津
市、辽宁省、河北省、山东省、江苏省、上海市、广东省都属于第 I 类
地区，也即我国经济较发达地区主要集中在东部沿海地区，第 I 类地区
是我国经济聚集程度最高的地区。另外，贵州省、新疆维吾尔自治区、
西藏自治区、青海省都位于第 IV 类落后地区，经济发展水平最低地区集
中在西部地区。而中部地区的省市区则位于第 II 类欠发达地区或者第 III
类发展中地区。比较不同的年份，大体可以看出不同省市区域经济发展
水平的演变过程，最为明显的是内蒙古自治区由第 IV 类跻身至第 II 类之
列，这可能是因为 2001 年之后西部大开发的不断推进的影响。

表 8 - 1　　　　　我国 31 省（市区）GDP 总量的空间分布表

分类	省市区
I	北京市、天津市、辽宁省、河北省、山东省、江苏省、上海市、广东省
II	部分中部地区的省市区
III	部分中部地区的省市区
IV	贵州省、新疆维吾尔自治区、西藏自治区、青海省等西部地区的省市区

从表 8 - 1 还可以看出，东部、中部、西部三大地区间经济水平差
异明显，我国经济实力较强的地区主要集中在东部沿海地区，部分西部
地区的省市区空间位置的演变也说明区际间差异有所缓解，但区域经济
发展不平衡这一问题仍未解决。

8.2　我国区域经济增长的空间相关性分析

传统研究大多注重我国区域经济增长的差异问题，将这一问题研
究置于空间地理均质假设之上，但近年来，越来越多的学者（Brun,
J. F. , J. L. Combes and M. F. Renard, 2002；Groenewold, N. , G. Lee
and A. Chen, 2007；潘文卿, 2012 等）注重了我国不同地区间经济增
长的空间关联效应，他们都证明了区域经济增长存在空间集聚的特性。

虽然对于该问题已存在相关研究，但随着时间演进有关研究还应不断深化和细化，本节即研究 1978～2012 年我国 31 个省市区我国区域经济增长的空间统计性质，以期为后面的实证研究作铺垫。

8.2.1 全局空间自相关性分析

为了检验我国区域经济增长在地理空间上的相关性即空间依赖性，本节利用 Geoda10.2 软件计算出我国 1978～2012 年省际 GDP 总量的全局 Moran 指数，表 8-2 可以看出，1978～2012 年我国省际 GDP 总量的 Global Moran's I 均大于 0，表明我国省域经济增长具有空间依赖性（正的自相关性），并且各 Moran 指数对应的 p 值均小于 0.01，即通过了显著性检验。这也说明我国省域经济增长空间分布并非随机分布而是呈现显著相似属性的集聚效应，GDP 总量较高的省区相对地趋于较高的 GDP 省区靠近，反之亦然。

表 8-2 我国 1978～2012 年 31 省市区 GDP 总量的 Global Moran's I 估计值

年份	1978	1979	1980	1981	1982	1983	1984	1985	1986	1987	1988	1989
Global Moran's I	0.269	0.298	0.281	0.321	0.308	0.306	0.313	0.332	0.323	0.316	0.302	0.285
p 值	0.009	0.006	0.008	0.002	0.006	0.004	0.007	0.002	0.003	0.003	0.007	0.005
年份	1990	1991	1992	1993	1994	1995	1996	1997	1998	1999	2000	2001
Global Moran's I	0.260	0.233	0.249	0.257	0.275	0.295	0.301	0.301	0.301	0.305	0.293	0.290
p 值	0.009	0.009	0.008	0.009	0.007	0.005	0.007	0.006	0.008	0.005	0.007	0.004
年份	2002	2003	2004	2005	2006	2007	2008	2009	2010	2011	2012	
Global Moran's I	0.290	0.288	0.295	0.288	0.281	0.281	0.280	0.279	0.281	0.276	0.271	
p 值	0.007	0.008	0.006	0.008	0.009	0.008	0.006	0.007	0.008	0.004	0.005	

我们进一步分析我国省域 GDP 总量的全局 Moran 指数变化情况（见图 8-4），1978～2012 年我国省域 GDP 总量的全局 Moran 指数趋势

图，可以看出，我国省域经济增长的集聚效应虽有变化但整体上存在减弱的态势，这也说明我国省域经济增长的总体空间差异性存在增大的态势，需要指出的是这一结论是针对省际尺度而言的，是省（市、区）之间空间差异平均意义上的增大，与其他尺度上空间差异的缩小并不矛盾。我国省域经济增长空间依赖性总体上呈现减弱趋势，但期间经历了先增强后减弱又增强最后又缓慢减弱的态势。以 1991 年为分界点，将 1978～2012 年分为两个阶段，我国省域经济增长的空间集聚性呈倒"U"型分布。我们分阶段研究，1978～2011 年期间，空间全局 Moran 指数先是在波动中增大继而迅速减小，Moran 指数由 1978 年的 0.269 增长到 1985 年的 0.332，到 1991 年又减小到 0.233。也就是说 1978～1991 年省域经济增长的空间差异在波动中减小而后又增大，这说明我国省域经济增长不平衡问题在改革开放初期得到了一定的控制，而随着改革开放的进一步实施特别是东部沿海地区快速的发展，省域经济增长的空间差异又进一步的扩大。从 1991 年之后我国省域经济增长的空间依赖性先增大而后缓慢下降，该阶段 1999 年 Moran 指数值达到最大为 0.305，也就是说 1991～1999 年省域经济空间差异持续减小，而后又缓慢上升。

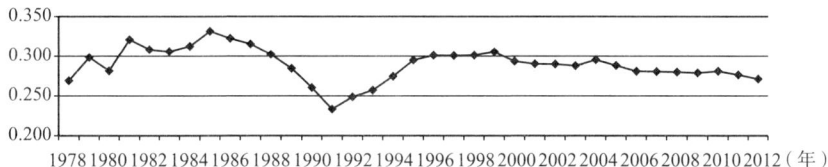

图 8 - 4　1978～2012 年我国 31 省市区 GDP Global Moran's I 趋势图

以上利用全局 Moran 指数得出的我国省域空间差异变化趋势是加入了地理空间位置因素，与常规的度量方法显示的其他尺度上的区域经济增长差异并不矛盾。

8.2.2　局部空间自相关性分析

全局空间自相关性解决了我国省域经济增长在地理空间上是否存在空间依赖性，本节继续研究局部空间自相关性问题，解决区域内部哪些省份存在空间依赖性问题，即探究上述空间地理格局形成的原因。针对1978~2012年省域GDP数据序列，基于第一节分析中提到的时间断点，我们继续对1978年、1992年、2001年和2012年这4年的数据进行分析。利用Geoda10.2软件分别对这4年的数据进行LISA分析，输出Moran's I 散点图的四个类型（高—高区域、低—低区域、低—高区域、高—低区域），LISA显著性水平图和LISA聚集图（见图8-5）。

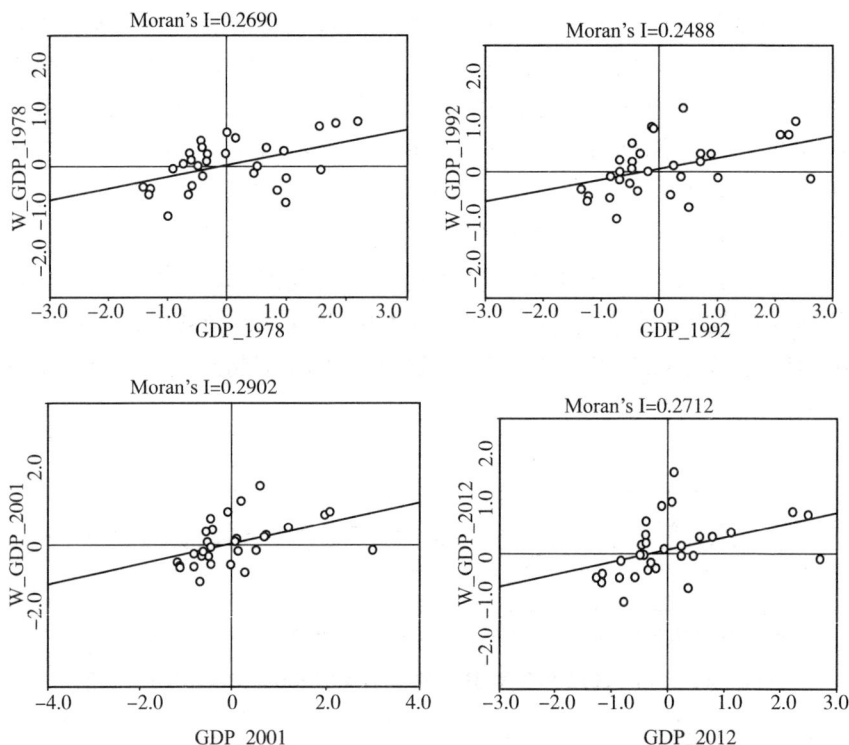

图 8-5 我国 31 个省市区 GDP 总量的 Moran 散点图

从 Moran's I 散点图上可以看出，1978 年多数省域位于高—低和低—高区域，表现出局部的空间负相关性，空间差异较大，其中属于低—高类型的省份最多。而 1992 年的 Moran's I 散点图上多数省域属于低—低和高—高类型，表现出局部空间的正相关性，空间集聚效应增强。2001年和 2012 年的情况也是如此，其中属于高—高和低—低类型的省份在这 3 年都占到总数的一半以上，由此可见局部空间关联性逐年增强。上述分析说明我国局部省域经济存在的空间差异性和空间集聚性。

表 8-3 中为 4 个时间点上我国 31 省（市、区）GDP 总量的 LISA 聚集类型（"1"表示高—高区域、"2"表示低—低区域、"3"表示低—高区域、"4"表示高—低区域），其显示的结果与 Moran's I 散点图的结果是一致的。具体来看，高—高类型的区域主要分布着在东部沿海地区，低—低类型的区域主要集中在西部地区，由 LISA 显著性水平看出此分布结果是显著的。中部地区则表现为低—高或高—低类型的局部空间差异性明显。

上述结果符合现实情况，具体来说高—高类型聚集在东部地区，这些地区的特点是经济基础好资本力量雄厚，市场化程度高，加之国家政策的大力支持使得经济发展速度较快，因此，高的经济增长省份之间相互影响，溢出效应明显。低—低类型的区域主要分布在西部地区，这是因为西部地区虽然资源丰富，但缺乏人力资本，交通不便开发不足，经济增长速度缓慢。处于西部地区省份相邻的省域几部属于发展水平较低，从而缺乏相互促进的溢出效应。处于中间位置的中部地区省份，多数与东部或西部省份相邻，因此表现为低—高类型或高—低类型。我们可以看出我国区域经济增长空间分布的不平衡。

表 8-3　　分时间点的我国省域 GDP 总量的 LISA 聚集和显著性水平表

省市区	1978 年		1992 年		2001 年		2012 年	
	集聚型	P 值	集聚型	P 值	集聚型	P 值	集聚型	P 值
安徽	1	0.028	3	0.012	3	0.006	3	0.010
北京	0	0.340	0	0.394	0	0.366	0	0.350
福建	0	0.294	3	0.044	1	0.022	1	0.038
甘肃	2	0.030	2	0.020	2	0.016	2	0.030
广东	0	0.334	0	0.486	0	0.434	0	0.458
广西	0	0.500	0	0.214	0	0.182	0	0.228
贵州	0	0.460	0	0.454	0	0.302	0	0.358
海南	5	0.002	5	0.002	5	0.002	5	0.002
河北	0	0.160	0	0.202	0	0.206	0	0.138
河南	0	0.106	0	0.140	0	0.214	0	0.166

省市区	1978 年		1992 年		2001 年		2012 年	
	集聚型	P 值	集聚型	P 值	集聚型	P 值	集聚型	P 值
黑龙江	0	0.246	0	0.206	0	0.210	0	0.372
湖北	0	0.478	0	0.402	0	0.396	0	0.492
湖南	0	0.362	0	0.344	0	0.330	0	0.320
吉林	0	0.174	0	0.328	0	0.466	0	0.438
江苏	1	0.020	1	0.030	1	0.038	1	0.020
江西	0	0.258	3	0.046	3	0.036	3	0.042
辽宁	0	0.472	0	0.456	0	0.462	0	0.388
内蒙古	0	0.500	0	0.236	0	0.166	0	0.140
宁夏	0	0.092	0	0.058	0	0.070	0	0.166
青海	0	0.120	0	0.060	2	0.046	2	0.038
山东	1	0.040	1	0.032	1	0.034	1	0.022
山西	0	0.398	0	0.424	0	0.410	0	0.344
陕西	0	0.262	0	0.198	0	0.144	0	0.246
上海	0	0.064	1	0.026	1	0.020	1	0.014
四川	4	0.006	4	0.002	4	0.004	4	0.004
天津	0	0.250	0	0.340	0	0.304	0	0.252
西藏	0	0.142	0	0.146	0	0.104	0	0.074
新疆	2	0.002	2	0.004	2	0.004	2	0.002
云南	0	0.156	0	0.158	0	0.130	0	0.126
浙江	0	0.072	0	0.160	0	0.128	0	0.104
重庆	0	0.410	0	0.464	0	0.358	0	0.436

注："0" 表示集聚不显著的省市区，"5" 表示无相邻地区的省份。

8.3 我国区域经济增长的收敛性分析

我国区域经济发展不平衡由来已久，图 8-6 显示了我国东、中、西部三大区域 GDP 比重的趋势图，从图中我们可以清楚看到区域经济差异的变化情况，就经济水平高低来说，东部地区一直稳居高位，其次是中部地区，西部地区水平最低；就三大区域的经济差异而言，我国区域经济增长不平衡问题由来已久，改革开放初期三大区域间的差异主要是东中部地区与西部地区之间的差异，而随着东部沿海地区经济快速发展，三大区域间的经济差异主要集中在东部地区与中西部地区之间的差异；就区域经济增长差异的程度来讲，三大区域经济差异经历了先扩大而后缓慢缩小的态势，但自 2004 年以后，东部地区 GDP 比重呈缓慢下降趋势，而中西部地区比重略有回升，这是否预示着我国区域经济增长差异在未来有缩小的可能？

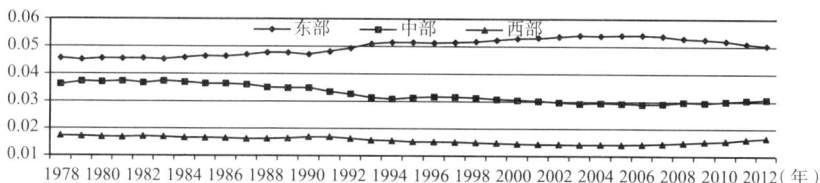

图 8 - 6　1978～2012 年我国东中西部地区 GDP 比重趋势图

　　对于改革开放以来我国区域经济差异变化的研究，尽管许多学者已做过较多的研究，但研究结论却不尽一致，有些结果甚至相去甚远。杨开忠（1994）采用 1952～1990 年各地区人均国民收入年增长速度为研究数据，运用变异系数和加权变异系数为研究方法，对全国省际的经济差异进行了测算，得出的结论是各省经济差异变化以 1978 年为转折点，呈"U"型变化，1952～1978 年差距一度缩小；1978～1990 年差距呈不断扩大之势。魏后凯（1997）采用各地区人均 GDP，人均国民收入和人均收入，采用地区经济增长的 β 收敛系数法，对 1952～1995 年的省区增长差异进行了研究，结论是 1952～1996 年地区差距一度缩小，1965～1978 年区域差异扩大，1978～1995 年差距缩小。覃成林（2002）运用加权系数法对 1978～2000 年的区域人均 GDP 进行测算，结论是 1978～2000 年地区差距总体呈缩小趋势，但是 1993～1995 年有略有波动并呈扩大走势。林毅夫（2003）采用全国 31 个省区的人均 GDP，运用变异系数和基尼系数对 1978～1999 年的省际数据进行核算，结论是 1990 年后区域差异扩大。吴玉鸣（2004）利用非线性分形理论对中国 1978～1998 年区域经济发展差异进行实证分析，结论是区域经济发展差异没有呈现出收敛而呈现发散态势。林光平等（2005，2006）分别采用25年人均GDP数据检验我国28个省市区的收敛和发散，研究发现，考虑到省区经济相关性近几年省区经济存在收敛；地区经济间存在收敛但是收敛速度减缓。任建军、阳国梁（2010）选取GDP、人均GDP和城乡居民收入水平角度对我国四大区域经济发展进行多维度分析，发现四大区域间经济发展差异呈现不断扩大的趋势。龙志和等（2012）考虑到经济增长的空间特性对县域经济的收敛进行检验，发现县域经济的空间溢出效应加快了县域经济的趋同。

研究者采用不同的统计指标、分析方法、时空尺度和地域单元得出的结论也大不相同。本节以我国31个省市区为研究对象，对我国的省域经济进行收敛性检验，研究我国区域经济增长是否趋同，是否存在收敛并进行比较分析。

8.3.1　变量的选取及数据说明

本节以1978年为基期，根据国内生产总值指数计算出1978~2012年31省市区的GDP平减指数进行平减，得到实际GDP值，并利用省市区年末总人口计算出实际人均GDP，变量用y表示；

本节在研究条件收敛时，采用资本、劳动力、技术及制度变量作为控制变量用来控制各省市区的结构性个体差异，其中，物质资本（K）、劳动力投入变量（L）和技术投入变量（Tech）已在第3章中有所说明，在此不做赘述，利用省（市区）年末总人口计算出人均资本存量，人均劳动力和人均技术投入量分别用k、l、t表示；制度变量（S）来源于本章第一节的综合制度变迁指数。

数据来源在此不做赘述。

8.3.2　我国区域经济增长的收敛分析

收敛研究的是人均实际GDP的离差随时间的变化趋势，若其离差随时间推移越来越小则说明存在收敛。依据现有研究（林光平，2006），本节取人均实际GDP的对数形式，并用标准差反映离差大小，计算公式如下：

$$\sigma_t = \sqrt{\frac{1}{n-1} \sum_{i=1}^{n} (\ln y_{it} - \bar{y}_t)^2} \quad (i = 1, 2, \cdots, n; \ t = 1, 2, \cdots, T)$$

显然，若 $\sigma_{t+1} < \sigma_t$，则存在收敛。

本节采用 1978 ~ 2012 年的人均实际 GDP 数据，将每一年的人均实际 GDP 对数进行常数回归，则回归模型残差项估计的标准差，其方程如下：

$$\ln y_{it} = \bar{y}_t + \varepsilon_{it}$$

利用 Eviews8.0 软件对方程进行估计，得到估计值，绘出图 8 - 7。

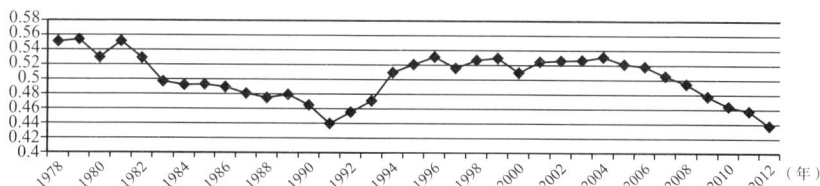

图 8 - 7　OLS 残差标准差时序图

从图 8 - 7 看出，1978 ~ 1991 年人均 GDP 的标准差值开始时略有波动但总体减小，趋势明显，这个阶段存在收敛，说明省市区间的经济绝对差异趋于下降；1992 ~ 1996 年不存在收敛，该阶段经济差异越来越大；这与林毅夫（2003）和林光平等（2006）等学者的研究结论是相符的。1997 ~ 2000 年该阶段人均 GDP 的标准差时高时低，经济差异或大或小处于波动期；2001 ~ 2004 年该阶段人均 GDP 的标准差趋于 0.525 左右，经济差异趋于稳定；2004 年以后标准差值开始减小，即 2005 ~ 2012 年该阶段省区经济增长存在收敛。下面我们分阶段进行分析：

第一阶段：1978 ~ 1991 年。1978 年以前，我国重工业主要集中在中部特别是东北地区，产业布局不平衡导致经济发展差异存在已久，改革开放后，我国各地区的经济差异开始缩小，主要原因在于体制改革和制度创新。比如影响较深的农村经济体制改革——以家庭联产承包责任制为代表，农村经济体制改革释放了被约束多年的劳动生产力，极大地调动了农民的生产劳作的积极性，劳动生产率迅速提高。这种生产关系的变革，对于经济原本就比较落后的中西部、特别是西部地区起到极大地推动经济发展的作用，加之 1988 年中国政府明确提出了"加快沿海地区发展战略"，支持沿海地区的政策取向进一步加强，如对外开放整

187

个沿海地带，鼓励沿海省区进口原材料并出口他们的产品。为支持这一沿海地区的对外开放，政府还给予了若干倾斜性政策支持，在一系列的优惠政策支持下，东部地区经济得到了迅猛发展，这也减小了与中西部地区的差距。

第二阶段：1991～2004 年。1991 年以后的 5 年里我国区域经济差异急剧上升，这主要是因为随着改革的深入，东部地区经济发展迅速，特别是 1992 年邓小平同志南方谈话以后东部地区抓住了开发开放、发展外向型经济的大好机遇，经济增长速度大大加快，但中西部地区（特别是西部地区）的大部分县市的产业还仍然以农业为主。东西部地区劳动生产率的差异，对区域经济发展总体差距的扩大起了加速作用，由此区域经济增长的差异表现出扩大的趋势；1997～2000 年经济差异处于波动时期且差距扩大幅度较小，一方面我国经济受到了 1997 年的东南亚金融危机的冲击，另一方面随着地区间经济差距的不断扩大，其负面效应也初步显现，区域协调发展问题也越来越引起人们的重视。1999年中央政府实施了西部大开发战略，提出了统筹区域经济发展的新的发展观。因而 2000 年之后的几年（2001～2004 年）经济差异并未再扩大而是趋于稳定。

第三阶段：2004～2012 年。我国区域经济差异呈现下降的趋势，这可能是由于"十五"期间我国市场环境引入了竞争机制，加快垄断行业管理体制的改革，这破除了经济发展的垄断障碍，提供了有效和充分的竞争环境从而极大地促进了经济的更加繁荣。另外，自党的十六大非常明确地提出要"壮大县域经济"后，县域经济受到了前所未有的重视和关注，这在一定程度上有利于缩小全国经济发展差距。因此，区域经济增长的差异开始呈下降态势。

8.3.3　我国区域经济增长的 β 收敛分析

收敛研究经济增长率与初始产出水平关系的一种方法，若经济增长率与初始产出水平负相关，则存在收敛。也就是说，经济水平低的地区经济增长速度反而更快，落后地区的经济增长出现赶超，地区间经济差异会逐渐趋同。

研究 β 收敛一般将区域经济的绝对收敛方程作为基础模型：

$$\ln(y_{it+k}/y_{it}) = \alpha + \beta \ln y_{it} + \varepsilon_{it} \quad (i=1,\ 2,\ \cdots,\ n;\ t=1,\ 2,\ \cdots,\ T)$$

其中，y_{it} 表示第 i 个地区 t 年的实际人均 GDP，y_{it+k} 表示第 i 个地区 t+k 年的实际人均 GDP，ε_{it} 服从正态分布；若 β < 0，则说明该地区在 [t，t+k] 时间段存在 β 收敛。如果加上能够控制研究对象结构差异的变量，则绝对收敛方程就变成了条件收敛方程，以课题前面的研究为基础，制度及生产要素都是影响经济增长的要素，能够代表地区的经济结构特征，并且在前面的研究中可以看出地区间的制度要素及生产要素存在显著的差异性。因此，本节仍选用制度及生产要素作为 β 条件收敛性的控制变量，将这些控制变量引入到绝对收敛方程就得到了以下条件收敛方程：

$$\ln(y_{it+k}/y_{it}) = \alpha + \beta \ln y_{it} + \ln k + \ln l + \ln t + \ln s + \varepsilon_{it}$$
$$(i=1,\ 2,\ \cdots,\ n;\ t=1,\ 2,\ \cdots,\ T)$$

其中，控制变量 k、l、t、s 分别表示人均资本、劳动力、技术投入量及制度水平。变量选取及数据来源已在前面研究中所涉及，在此不做赘述。本节的研究以每 10 年为一个时间段，以 1990 年为 t 年，则 k 为 9，检验我国 31 个省市区 1990~2012 年总体时间段和 14 个时间分段的 β 收敛性，并分别研究其绝对收敛和条件收敛。

1. 绝对收敛分析

依据绝对收敛方程，利用 Eviews8.0 软件对 15 个时段的数据进行回归分析，得到表 8-4 所示的分析结果：前 4 个时间段回归结果中 β 估计量均大于 0，说明 1990~1999 年、1991~2000 年、1992~2001 年和 1993~2002 年期间不存在绝对收敛，但统计量的 P 值均大于 0.10，说明参数估计量均未通过显著性检验，因此，这 4 个时间段不存在明显的绝对收敛，这也说明这 4 个时间段的经济增长并不存在显著的趋同现象；从 1994 年之后的所有时间段 β 估计量均变为负数，说明此后的时间段，省区的经济增长存在绝对的 β 收敛，此时省市区的经济增长是趋同的；从参数的显著性来看，1994~2003 年时间段至 1998~2007 年时间段的 P 值均是大于 0.10，说明这 5 个时间段虽绝对收敛但不显著，说明在此时间段内经济增长趋同现象不显著；从 1999 年之后的 5 个时间段，参数估计量均能通过 10% 显著性水平下的检验，说明 1999 年之后的 5 个时间段省区经济存在显著的趋同现象。

表 8 - 4   绝对 β 收敛估计结果

时间段	1990 ~ 1999 年	1991 ~ 2000 年	1992 ~ 2001 年	1993 ~ 2002 年	1994 ~ 2003 年
β 估计量	0.08246374	0.09537771	0.08961825	0.07531617	− 0.01133661
P 值	0.2191182	0.1846485	0.2066573	0.1892305	0.841204
结论	发散	发散	发散	发散	收敛
时间段	1995 ~ 2004 年	1996 ~ 2005 年	1997 ~ 2006 年	1998 ~ 2007 年	1999 ~ 2008 年
β 估计量	− 0.02809078	− 0.05373591	− 0.02709619	− 0.07251898	− 0.09970919
P 值	0.6284332	0.278511	0.5653509	0.123046	0.0385913
结论	收敛	收敛	收敛	收敛	收敛
时间段	2000 ~ 2009 年	2001 ~ 2010 年	2002 ~ 2011 年	2003 ~ 2012 年	1990 ~ 2012 年
β 估计量	− 0.1114838	− 0.1665642	− 0.1817081	− 0.2277755	− 0.164016
P 值	0.0537144	0.005177	0.0024964	0.0004244	0.0509255
结论	收敛	收敛	收敛	收敛	收敛

进一步分析，从 1999 年之后的 5 个时间段的回归结果中 β 估计量越来越小，说明经济增长的收敛速度越来越快，地区间的经济差距逐渐减小。比如 1999 ~ 2008 年时间段 β 估计量为 − 0.09970919，说明该时间段省区经济的收敛速度约为 9.97%。相应的，2000 ~ 2009 年时间段经济增长的收敛速度增加至约为 11.15%。

最后分析 1990 ~ 2012 年总体时间段，β 估计量的值在 10% 的显著水平下通过检验，表明 20 世纪 90 年代后的 23 年间我国省区经济总体上存在绝对收敛，经济水平低的地区经济增长的相对较快，经济增长趋同。

2. 条件收敛分析

在绝对收敛方程中引入了控制变量就得到了条件收敛方程，地区的控制变量反映了该地区的经济结构特征，继而决定了地区自身的稳态水平。本节中将制定及生产要素作为控制变量，也可以称作稳态因子。为了加以区分，本节在条件收敛模型中分两个模型进行比较分析：其一是加入传统生产要素稳态因子的条件收敛分析,其二是加入制度及生产要素四个稳态因子收敛分析。

在绝对收敛分析中对 15 个时间段进行回归分析,仅有 5 个时间段的回归估计参数通过了显著性检验,无法对 1990~2002 年的分段的经济增长的收敛性进行判断,基于此,本节选取 2002 年作为时间断点对 1990~2002 年、2002~2012 年两大时间段进行研究,依据条件收敛方程,利用 Eviews8.0 软件对分段和总体时段的数据分别进行回归分析。在对截面数据进行多元回归分析中,很容易出现多重共线性问题,为解决多重共线性问题,本节利用 Spss16.0 软件对传统三要素(资本、劳动和技术变量)进行主成分分析,并以每一变量的方差贡献率作为其权重,得到一个传统要素的稳态因子。将传统要素稳态因子和制度要素稳态因子作为条件收敛的控制变量能够很好解决多重共线性问题。表 8-5 为我们得到的 1990 年、2002 年我国 31 省市区的经济增长稳态因子,其中 Factor1 为传统要素因子,Factor2 为制度要素因子。基于条件收敛模型,利用 Eviews8.0 软件对 3 个时段的数据进行回归分析,表 8-6 列出了绝对 β 收敛模型和条件 β 收敛模型的估计结果,其中条件收敛模型一为引入传统要素稳态因子为控制变量;条件收敛模型二的控制变量为传统要素稳态因子和制度要素稳态因子。

191

表 8-5　　　　　　　我国 31 省市区经济增长稳态因子

省份	1990 年		2002 年		省份	1990 年		2002 年	
	Factor1	Factor2	Factor1	Factor2		Factor1	Factor2	Factor1	Factor2
浙江	3.043	0.701	6.950	1.013	黑龙江	3.154	0.414	6.278	0.753
云南	1.988	0.274	5.85	0.669	河南	2.845	0.478	7.035	0.846
新疆	3.225	0.334	6.477	0.687	北京	4.304	0.763	7.603	1.330
西藏	3.160	0.250	5.254	0.433	天津	3.868	0.772	6.692	1.068
四川	3.106	0.139	7.194	0.727	海南	2.929	0.112	5.854	0.829
陕西	3.206	0.421	6.696	0.742	贵州	2.650	0.268	6.161	0.613
山西	3.111	0.314	6.523	0.725	广西	2.448	0.188	6.445	0.779
山东	3.121	0.593	7.198	0.903	甘肃	3.200	0.161	6.580	0.606
青海	3.091	0.382	5.777	0.645	福建	2.739	0.639	6.210	0.945

省份	1990 年		2002 年		省份	1990 年		2002 年	
	Factor1	Factor2	Factor1	Factor2		Factor1	Factor2	Factor1	Factor2
宁夏	3.140	0.264	5.796	0.73	安徽	2.365	0.121	5.867	0.665
内蒙古	3.035	0.377	6.200	0.68	上海	4.162	1.005	7.327	1.159
辽宁	3.003	0.562	6.474	0.949	重庆	3.314	0.138	7.148	0.675
江西	2.596	0.113	6.029	0.749	江苏	3.171	0.244	7.197	1.041
吉林	2.970	0.511	6.223	0.88	广东	3.034	0.642	7.490	1.214
湖南	2.716	0.479	6.657	0.78	河北	2.890	0.181	6.785	0.811

表 8 - 6　　　　　　　　　　　　条件 β 收敛估计结果

变量统计检验	1990~2002 年			2002~2012 年			1990~2012 年		
	绝对收敛模型	条件收敛		绝对收敛模型	条件收敛		绝对收敛模型	条件收敛	
		模型一	模型二		模型一	模型二		模型一	模型二
lny	0.089 (0.165)	0.103 * (0.078)	0.026 (0.787)	-0.23 *** (0.000)	-0.28 ** (0.005)	-0.403 ** (0.015)	-0.164 ** (0.050)	-0.140 * (0.080)	-0.214 (0.117)
Factor1		0.061 ** (0.036)	0.058 ** (0.048)		-0.043 (0.476)	-0.054 (0.380)		-0.078 * (0.049)	-0.074 * (0.063)
Factor2			0.190 ** (0.048)			0.335 ** (0.035)			0.182 * (0.094)
A - R2	0.033	0.146	0.146	0.326	0.315	0.314	0.095	0.185	0.170
F 检验	2.027 (0.165)	3.569 ** (0.042)	2.709 ** (0.048)	15.52 *** (0.000)	7.892 *** (0.002)	5.576 *** (0.004)	4.147 * (0.051)	4.406 ** (0.022)	3.043 ** (0.046)
White 检验	1.844 (0.398)	5.070 (0.407)	13.111 (0.158)	0.189 (0.910)	0.881 (0.972)	3.999 (0.911)	0.002 (0.999)	4.725 (0.450)	5.314 (0.806)
MCN	28.587	32.075	34.563	24.277	31.406	33.898	21.587	32.075	34.563

注：表中各变量系数下面的括号内为 t 统计量，***、**、* 分别表示在 1%、5% 和 10% 水平上显著。

在表 8 - 6 中，lny 表示基期 gdp 对数，Factor1 表示传统要素的稳态因子，Factor2 表示制度要素稳态因子，A - R2 表示模型调整后的拟合优度；并列举了 F 检验统计量及 P 值，其中 P 值小于 0.05，则说明在 5% 的显著性水平下模型整体通过检验；怀特（White）检验列出了检验异方差性的统计量和 P 值，若 P 值大于 0.1 表明在 10% 的显著性水平上不能拒绝不存在异方差性的原假设，表明不存在异方差性；MCN 是检验多重共线性的 Multi - collinearity Condition Number 值，根据判别准则：如果多重共线性的值不超过 30，则说明回归模型中自变量不存在多重共线性问题。从表 8 - 6 可以得到我国省区经济增长的以下收敛现象：

（1）从绝对收敛模型分析，1990~2002 年不存在绝对收敛，基期 GDP 系数的估计值为正，但模型未通过 F 检验，参数也未通过显著性水平，可以肯定，该时期我国省市区经济增长不存在绝对收敛现象；2002~2012 年我国省区经济增长存在绝对收敛，且收敛速度高达 22.8%；1990~2012 年这一时段各省区经济增长出现绝对收敛，但收敛速度与 2002~2012 年时段相比减小至 16.4%，分析其原因，主要是 1990~2002 年期间省区经济增长不存在收敛，即 1990~2002 年时段经济增长发散的影响。

（2）从条件收敛的模型一分析，在引入传统要素的稳态因子后：1990~2002 年 lny 估计值显著大于 0，说明初始人均 GDP（1990 年）与 1990~2002 年期间的人均 GDP 增长率呈正相关，基期经济水平越高的省区经济增长的越快，该时期经济增长是发散的；2002~2012 年该时段存在明显的 β 条件收敛，收敛速度约为 27.9%；1990~2002 年该时段表现出显著的条件收敛，收敛速度约为 14.0%，并且该时段回归模型总体显著，且各参数均通过显著性检验。

（3）从条件收敛的模型二分析，在引入传统要素稳态因子的基础上加入制度要素稳态因子后：1990~2002 年该时段经济增长没有表现出收敛，虽然是发散的但依然是不显著的；2002~2012 年该时段依然表现出显著的收敛现象，并且收敛速度高达 40.3%，说明在传统要素和制度要素的共同作用下，大大提高了各省区经济增长的收敛速度；1990~2012 年时期省区经济增长是存在条件 β 收敛，但是并不明显，此时的 t 检验的 P 值略大于 0.1。

（4）从两种稳态因子分析，在引入传统要素的稳态因子后，各时段的收敛速度有所变化但并不相同，比如 2002~2012 年时段在引入传统要素稳态因子后收敛速度提高了 0.05%，而在 1990~2002 年时段收敛速度略有下降，说明传统要素稳态因子对经济增长收敛的影响并不稳定；在引入制度要素稳态因子后，发现具有收敛现象的时段的收敛速度均大幅提高，比如 2002～2012 年时段，在引入制度要素控制变量后，经济增长的收敛速度提高了约 20％，这也说明制度要素能够促进经济增长的趋同和演化。

总之，1990～2002 年时段我国省市区经济增长不存在收敛现象，2002～2012 年时段经济增长存在显著的绝对 β 收敛和条件 β 收敛，且收敛速度快，地区间经济差异逐渐趋同，1990～2012 年总体时段省区经济增长存在显著的条件收敛现象，由于 1990～2002 年时段经济增长发散的影响，总体时段 1990～2012 年时段的收敛速度明显低于 2002～2012 年时段的收敛速度；另外，不同的稳态因子作为控制变量引入条件收敛方程，对我国省市区的经济增长的条件收敛的影响也不相同，其中，制度要素比传统要素对经济增长的收敛性的作用更明显，这也说明制度要素比传统生产要素更具有进发力，适度的制度安排和变迁能够促进经济增长的趋同，因此，为缩小区域经济差异应该提出更加有利的制度创新及制度改革。

194

8.3.4　研究结论

第一，对我国区域经济增长的现状分析，研究发现改革开放至 1992 年阶段我国经济增长较缓慢，1992 年之后我国经济增长开始显著提升，2001 之后我国加入世贸组织经济水平开始快速提升；研究我国经济增长的空间差异，发现经济实力较强的地区主要集中在东部沿海地区，其次是中部地区，区域经济发展不平衡问题存在已久。

第二，对我国区域经济增长进行收敛检验，实证结果表明：1978～1991 年期间我国省区经济存在收敛，1992 年之后差异开始扩大（1992～1996 年），从 1997 年之后的几年先经历了波动随后平稳，直到 2004 年之后（2004～2012 年）省区经济增长再一次出现收敛；绝对收敛表明以 10 年为一时段，从 1999 年之后的 5 个时间段（1999～2008 年、2000～2009 年、2001～2010 年、2002～2011 年、2003～2012 年）存在绝对收敛现象；条件收敛表明：1990～2012 年总体时段省区经济增长存在显著的条件收敛现象，1990～2002 年时段我国省市区经济增长不存在收敛现象，2002～2012 年时段经济增长存在显著的绝对 β 收敛和条件 β 收敛。

　　第三，不同的稳态因子作为控制变量引入条件收敛方程，对我国省市区的经济增长的条件收敛的影响也不相同，实证结果表明，制度要素比传统要素对经济增长的收敛性的作用更明显。

第 9 章 制度要素对我国区域经济 增长影响的空间计量分析

本章在前面章节研究的基础上量化制度变迁对区域经济增长的影响，研究制度变迁在区域经济发展不平衡中充当的角色。首先，对制度要素与区域经济增长实证研究的方法进行回顾；其次，分别采用传统的计量经济分析和空间计量经济分析，将不考虑空间效应的面板数据（Panel Data）的传统计量经济模型和纳入空间溢出效应空间计量经济模型进行对比研究，确定制度变迁变量适用的数据分析模型，进而估计制度变迁对区域经济增长的真实贡献；最后，弥补现有研究不足，本章实证分析了制度变迁对区域经济增长的间接贡献。

9.1 制度要素与区域经济增长的传统计量分析

本节在第 3 章建立较完善的制度变迁指标体系的基础上，根据已有的数据资料结合 2012 年国家统计局对当年及此前的 GDP 作的重大修正整理出新的面板数据，采用包含制度变迁变量的扩展索罗增长核算模型，基于静态面板数据模型和动态面板数据模型度量制度变迁因素对我国区域经济增长的贡献大小。

9.1.1 理论模型的构建及扩展

我们将索罗模型可以写作：

$$Y = \lambda F(K, L)$$

其中，Y 代表产出，K 代表资本投入，L 代表劳动力投入，λ 代表

"索罗余数",它是代表扣除资本、劳动对经济增长的贡献之后的其他要素,可归结为广义的技术进步。利用柯布—道格拉斯生产函数的形式,我们得到包含资本和劳动力的简单生产函数:

$$Y = \lambda K^{\alpha} L^{\beta}$$

α、β 分别代表资本、劳动力的产出弹性,我们在李子奈(2002)、冯英俊(2003)、康继军(2006)的研究基础上,将广义的技术进步概况为科学技术进步和资源配置效率的提高,它们分别是技术创新和制度创新的结果,即我们可以将 λ 定义为:

$$\lambda = \lambda' e^{\beta_1 Urban + \beta_2 Open + \beta_3 Market + \beta_4 Finance + \beta_5 Gover}$$

因为各分类制度变量对经济增长的作用可能会高于线性水平,因此我们尝试着以指数的形式将其引入。其中,Urban、Open、Market、Finance、Govern 分别为城市化、对外开放、市场化、金融化和政府管理五项制度变量(在前文已有说明),代表制度创新的投入,λ'可解释为技术创新。由此我们得到包含各制度变量的扩展索罗增长模型:

$$Y = \lambda' e^{\beta_1 Urban + \beta_2 Open + \beta_3 Market + \beta_4 Finance + \beta_5 Govern} K^{\alpha} L^{\beta}$$

两边取对数得到制度对区域经济增长影响的模型:

$$\ln Y = c + \alpha \ln K + \beta \ln L + \beta_1 Urban + \beta_2 Open + \beta_3 Market + \beta_4 Finance + \beta_5 Govern$$

模型的被解释变量为 Y,即人均产出;解释变量分别是 K、L、Urban、Open、Market、Finance、Govern。这时的常数项 $c = \ln\lambda'$,则作为除资本存量 K、劳动力 L、制度变量(Urban、Open、Market、Finance、Govern)之外的解释产量增长的余量,可以解释为技术进步。

9.1.2 静态与动态面板数据模型估计及分析

1. 变量的选取及数据来源

本节研究以 31 个省、直辖市和自治区为研究对象,为了有效度量我国改革开放以来制度因素对区域经济增长的影响,样本区间从 1978 ~ 2012 年。其中,制度变迁变量(Urban、Open、Market、Finance、Govern)的数据已在第 3 章研究中得到,另外,本节采用 GDP 表示产出 Y,采用各地区年末就业人数表示劳动力总量 L;物质资本 K 是资本存量值,数据来源已在前面有所介绍,在此不做赘述。

2. 静态面板数据模型的实证检验

（1）单位根检验。

在面板数据模型在回归之前，首先要检验数据的稳定性，以避免出现伪回归，从而确保估计结果的有效性。本部分利用 Eviews7.2 软件，对 1978 ~ 2012 年 31 省市区各变量（LNY、LNK、LNL、Urban、Open、Market、Finance、Govern）数据进行单位根检验。由于面板数据的单位根检验存在相同根和不同根情形下的单位根检验，我们采用混合（Summary）的检验方法，表 9 - 1 列举了面板数据相同根下 LLC 检验和不同根下 ADF 检验的 p 值。

表 9 - 1 面板数据的平稳性检验

变量	LLC - - p	ADF - - p	稳定性	变量	LLC - - p	ADF - - p	稳定性
LNY	0.0164	0.0015	平稳	Urban	0.0205	0.0432	平稳
LNL	0.0023	0.0007	平稳	Market	0.0002	0.0166	平稳
LNK	1.0000	0.9971	非平稳	DLNK	0.0328	0.0000	平稳
Govern	0.5061	1.0000	非平稳	DGovern	0.0023	0.0000	平稳
Open	0.9890	0.5327	非平稳	DOpen	0.0000	0.0000	平稳
Finance	0.4812	0.0902	非平稳	DFinance	0.0000	0.0000	平稳

在显著性水平为 0.05 的水平下，由表 9 - 1 面板数据平稳性检验结果可得 LNY、LNL、Urban、Market 是平稳的，对于非平稳的面板数据一阶差分后变为平稳。

（2）模型的选择。

进行面板数据模型估计，需要对面板数据模型的合理形式进行选择，下面以 1978 ~ 2012 年面板数据模型的选择为例进行说明，其他模型的选择过程省略。根据单位根检验的结果，本节采用平稳变量进行面板数据模型回归，其中 LNK 为被解释变量，DLNK、LNL、Urban、DOpen、Market、DFinance、DGovern 为解释变量，分别运用变参数模型、变截距模型和不变系数模型进行回归，得到的残差平方和依次是 $S_1 = 137.6006$、$S_2 = 277.2017$、$S_3 = 1221.405$，计算得 $F_2 = 24.416$，$F_1 = 0.6958$，则由 $F_2 > F(240, 744)$；$F_1 < F(210, 744)$ 可知，因此我

们采用变截距模型。然后，建立变截距随机效应模型，利用 Hausman 检验得到表 9 - 2，由于 Hausman 检验 p 值大于显著性水平 0.05，则不能拒绝原假设，因此选择随机效应影响模型。

表 9 - 2　　　　　　　　　　　Hausman 检验结果

Test Summary	Chi - Sq. Statistic	Chi - Sq. d. f.	Prob.
Cross - section random	0.0000	7.0000	1.0000

基于以上分析，我们建立面板数据变截距随机效应模型：

$$\ln Y_{it} = c + \alpha D \ln K_{it} + \beta \ln L_{it} + \beta_1 Urban_{it} + \beta_2 DOpen_{it} + \beta_3 Market_{it}$$
$$+ \beta_4 Dfinance_{it} + \beta_5 Dgovern_{it} + v_{it} + \xi_{it}$$

其中 c 截距中常数项部分，v_{it} 为截距中随机变量部分，代表截面的随机影响，ξ_{it} 为残差项，i 代表截面成员，t 代表时间，i = 1，2，…，31；t = 1，2，…，35。

（3）静态面板数据模型的估计。

①制度变迁变量对经济增长影响总体分析。利用 Eviews8.0 软件建立 31 个省市区 1978 ~ 2012 年面板数据的随机效应变截距模型，表 9 - 3 模型 1 为全国总样本的分析结果，另外，为了更准确地描述制度变量对区域经济增长的影响，我们将 1978 ~ 2012 年分为两个阶段进行面板数据回归：1978 ~ 1991 年和 1992 ~ 2012 年。这样划分是因为 1992 年为我国区域经济差异的显著折点，覃成林（2002）等实证分析结果为表中的模型 2 和模型 3。其中模型中随机影响 v_{it} 的估计结果略。

表 9 - 3　　　　　　制度变量对经济增长影响静态面板模型估计

解释变量	模型 1 （1978 ~ 2012 年）	模型 2 （1978 ~ 1992 年）	模型 3 （1992 ~ 2012 年）
C	- 2.794246 *** （- 13.79468）	- 4.330119 *** （- 21.88526）	- 0.967671 ** （- 3.083848）
DLNK	3.338921 *** （9.542017）	0.292578 * （1.077022）	2.234668 *** （6.387441）

续表

解释变量	模型 1 (1978～2012 年)	模型 2 (1978～1992 年)	模型 3 (1992～2012 年)
LNL	0.835914 *** (29.06190)	1.193091 *** (41.79365)	0.764018 *** (17.97466)
Market	3.777054 *** (33.08894)	0.119879 *** (6.27771)	2.908083 *** (25.32018)
Urban	6.511561 *** (35.66013)	0.309348 *** (0.077188)	5.153833 *** (19.4496)
D Finance	0.560223 *** (4.730009)	0.309348 *** (4.007709)	0.229701 ** (1.98493)
D Govern	-0.853048 *** (-5.129112)	0.228075 ** (2.194209)	-1.032501 *** (-6.861054)
D Open	0.205597 (1.951708)	0.031744 (0.541039)	0.285936 *** (2.047379)
Ad - R2	0.878335	0.878335	0.852952
F	638.7282 ***	638.7282 ***	488.2409 ***

注：表中各变量系数下面的括号内为 t 统计量，***、**、* 分别表示在 1%、5% 和 10% 水平上显著。

从表 9-3 可以看出，3 个模型中产出的初始水平皆为负值，资本存量和劳动力的系数均为正，且在 5% 水平上均显著，资本存量的弹性系数明显大于劳动力的弹性系数，说明资本存量要比劳动力对经济增长的贡献大。将全国 31 个省市区放在一个样本里进行面板数据回归，我们发现 5 个制度变量中有 4 个是显著的，说明这 4 个制度变量对我国经济增长水平的高低具有显著的解释力。

第一，城镇化（Urban）变量在 3 个模型中均表现出显著的正向作用，且系数最大。这说明城镇化对我国经济增长的带动作用相对来说最大。其中模型 3 系数值远大于模型 2 中的参数，这也说明城镇化在 1992～2012 年期间对地区经济增长发挥的作用更大，城镇化水平每提高一倍能促进经济增长率提高 5.15%。

第二，市场化（Market）变量对我国经济增长的影响是比较大的且通过显著性水平检验，这也意味着中国的经济增长与市场化改革是存在很大关联的。特别是1992年邓小平南方谈话以后，市场化改革加快，市场化表现出更强劲的带动作用。

第三，政府管理（D Govern）变量在以上模型中的估计结果均表现显著，但参数在模型中的大小、方向又各不相同。在模型1中政府管理表现对经济增长的负效应，这说明改革开放至今政府管理在总体上对经济增长并未产生正向作用，而1978～1992年期间政府管理给经济增长呈现促进作用，1992～2012年期间表现为负效应。这可能是由于计划经济时代政府适当的管理和干预带动了经济发展，但实行市场经济之后政府过多的干预会对经济增长产生阻碍作用。

第四，金融化（D Finance）变量对经济增长的具有正向效应但系数较小，这可能是由于金融市场化程度在地区之间差异较大因而表现不明显。显然，东部地区金融市场化程度高成为促进东部经济快速增长的一个原因，而中部和西部地区金融化程度并不明显，其经济的发展主要还是靠国有力量来调控。因而总体上金融化表现出正向效应但作用并不明显。

第五，对外开放（DOpen）变量在模型1中不显著，原因可能是将全国作为一个整体来看很难得出明确的结论，而在模型2中不显著模型3中显著，这说明在1978～1992年期间对外开放与地区经济增长关系不显著而1992～2012年期间对外开放带动了经济的增长，但对外开放水平提高一倍仅带来经济增长率约提高0.286%，与其他制度变量相比，对外开放对地区经济发展水平的正向作用较低。

②制度变迁变量对区域经济增长影响地区分析。为了考察制度变量对我国区域经济增长贡献的大小，本部分将总体样本分东中西三个小样本进行面板数据回归，表9－4列举了东中西部地区面板数据回归结果。

表9－4　　　制度变量对区域经济增长影响的静态面板模型估计

变量	模型1（东部）	模型2（中部）	模型3（西部）
C	－2.189733 *** （－7.116696）	－7.131005 *** （－13.50100）	－2.720262 *** （－15.38516）
DLNK	0.750774 （1.082431）	1.556646 *** （2.706294）	1.286786 *** （3.94004）

续表

变量	模型1（东部）	模型2（中部）	模型3（西部）
LNL	0.779522 ** (18.26109)	1.380834 *** (20.11621)	0.820321 *** (33.22020)
Market	3.965450 *** (23.32431)	3.084607 *** (16.75054)	2.262462 *** (10.21634)
Urban	8.952901 *** (25.87638)	8.310969 *** (22.18956)	5.828385 *** (27.94957)
D Finance	0.435410 *** (1.850244)	0.360297 * (1.726673)	0.790403 *** (5.289205)
D Govern	− 1.341846 *** (4.835772)	− 0.089440 (− 0.312365)	− 0.638706 ** (− 2.375477)
D Open	0.182294 (1.441923)	2.390241 *** (2.688268)	0.532742 ** (1.185503)
Hausman 检验（p值）	1.0000	1.0000	1.0000
结论	随机效应	随机效应	随机效应
Ad − R2	0.853480	0.873958	0.880464
F	194.2687 ***	150.3914 ***	404.0087 ***

注：表中各变量系数下面的括号内为 t 统计量，＊＊＊、＊＊、＊分别表示在1%、5%和10%水平上显著。

从表9-4可以看出，模型均选择了随机效应模型，且拟合优度均在85%以上，检验方程是否显著的 F 检验的 F 统计量均显著，说明方程拟合效果良好。

第一，在模型1中资本存量（DLNK）和对外开放（DOpen）与经济发展水平的关系不显著，这就意味着在资本存量和开放度较高的东部地区，资本存量和对外开放已经不是东部地区经济发展差距的主要因素了。与全国总样本一样，城镇化（Urban）和市场化（Market）是对东部地区经济发展水平影响最大的两个制度变量，且与模型2和模型3相比，这种正向作用也是最大的。

第二，与模型1不同，在模型2和模型3中对外开放变量均表现出显著性系数却较小，这可能是因为该模型样本是中部和西部各省的数据，与东部地区相比，中部和西部各省的开放程度并不高，从而该系数较小。但就中部和西部地区而言，对外开放度仍是影响该地区经济发展水平差异的一个原因。

第三，在3个模型中，金融化（DFinance）变量和政府管理（DGovern）变量均呈现显著且符号相反。这说明在东中西部地区金融化始终是促进经济增长的有利因素，而政府管理在1978～2012年期间并没有发挥带动作用，这意味着政府职能、管理范围和调节方式的转变等还需要不断深入。

3. 动态面板数据模型的估计

静态面板数据模型将各分类制度变迁变量对经济增长的影响就分时段、分地区进行分析，但并未对我国制度变迁对经济增长的总体作用进行分析。本节将选择影响经济增长的制度及传统生产要素（资本、劳动与技术要素）进行回归分析。另外，对经济增长模型进行估计时，模型中的解释变量在很多情况下存在内生性问题，在本书第7章中，也明确讨论了制度及生产要素存在的内生性问题，此时再将制度及传统生产要素纳入经济增长模型进行最小二乘回归，不论是固定效应模型还是随机效应模型所得到的结果都是有偏的。为了得到更加稳健性的估计结果，本节将在扩展的索罗经济增长模型中加入被解释变量的滞后项作为解释变量，即将被解释变量的滞后项作为工具变量，建立动态面板数据模型，并利用阿雷拉诺（Arellanod）等提出的基于工具变量的广义矩估计（GMM）方法进行参数估计。

将制度变量和技术变量引入到扩展的索罗经济增长模型：

$$Y = \lambda' e^{\gamma \ln t + \delta \ln s} K^\alpha L^\beta$$

取对数后：$\ln Y = C + \alpha \ln K + \beta \ln L + \gamma \ln T + \delta \ln S$

建立动态面板数据模型如下：

$$\ln GDP_{it} = C + \ln GDP_{it-1} + \alpha \ln K_{it} + \beta \ln L_{it} + \gamma \ln T_{it} + \delta \ln S_{it} + \varepsilon_{it}$$

其中，α、β、γ、δ分别表示资本、劳动、技术、制度要素的产出弹性。GDP为经GDP指数平减后的真实GDP，K、L分别代表资本存量与劳动力，T为技术投入量，数据来源于专利授予数量，S代表制度变迁进步指数，数据来源于通过主成分分析得到的综合制度变量——制度变迁指数。基于数据可得，样本区间为1990～2012年。

（1）平稳性检验。

利用 Eviews8.0 软件，为消除异方差性对 1990～2012 年 31 省市区各变量取对数后（LNY、LNK、LNL、LNT、LNS）的面板数据进行单位根检验。显然，GDP、制度、资本、劳动力及技术的原变量都是非平稳的，经过一阶差分后，各变量平稳性均通过显著性 1% 的检验。因此，对非平稳变量接下来要检验其是否存在协整关系（见表 9－5）。

表 9－5　　　　　　　　　面板数据的平稳性检验

变量名	水平值			一阶差分值		
	LLC 检验	ADF 检验	结论	LLC 检验	ADF 检验	结论
LNY	0.25721 (0.6015)	25.5789 (0.9999)	非平稳	−8.48858 (0.0000)	233.386 (0.000)	平稳
LNK	3.95242 (1.0000)	24.2873 (1.0000)	非平稳	−4.40936 (0.0000)	123.399 (0.000)	平稳
LNT	5.46720 (1.0000)	6.99296 (1.0000)	非平稳	−29.4763 (0.0000)	693.861 (0.0000)	平稳
LNL	9.93237 (1.0000)	2.36214 (1.0000)	非平稳	−7.47670 (0.0000)	191.140 (0.0000)	平稳
LNS	13.2808 (1.0000)	1.26127 (1.0000)	非平稳	−15.5907 (0.0000)	364.598 (0.0000)	平稳

（2）协整关系检验。

上述分析表明，制度、资本、劳动力、技术及 GDP 均是一阶单整变量，此时若对于非平稳变量若存在稳定的动态均衡关系，即存在协整关系可对原变量进行回归分析。表 9－6 为面板数据协整检验得到的检验结果：KAO 检验结果表明 GDP、制度、资本、劳动力及技术四变量之间存在协整关系，Johansen 面板协整检验结果表明五变量之间至少存在 4 个协整关系。因此，对于非平稳变量存在协整关系，我们可以进一步利用原变量建立面板数据模型进行估计。

表 9 – 6　　　　　　　　　　面板数据的协整关系检验

检验方法	统计量名称	T 统计量值	P 值	结论
KAO 检验	ADF	– 7. 899199	0. 0000	存在协整
检验方法	原假设	Fisher 联合迹 统计量值（p 值）	Fisher 联合 λ – max 统计量（p 值）	结论
Johansen 面板协整检验	None	948. 4 (0. 0000)	537. 3 (0. 0000)	拒绝原假设
	At most 1	527. 3 (0. 0000)	288. 5 (0. 0000)	拒绝原假设
	At most 2	296. 5 (0. 0001)	191. 9 (0. 0000)	拒绝原假设
	At most 3	169. 2 (0. 0941)	146. 4 (0. 0000)	拒绝原假设
	At most 4	109. 9 (0. 0002)	109. 9 (0. 0002)	拒绝原假设

（3）动态面板数据模型的估计及分析。

利用 Eviews8. 0 软件得到下表的动态面板数据模型的稳健性估计结果，其中模型一是考虑传统生产要素（资本、劳动及技术要素）的经济增长模型；模型二是考虑制度及传统生产要素的经济增长模型。Sargan 检验用于检验各模型过度约束问题，表中所有模型 Sargan 检验的 J 统计量的值均不能拒绝模型过度约束正确的原假设，因此，工具变量的构造总体上是合理有效的。

表 9 – 7　　　　　　　　动态面板数据模型的稳健性估计结果

解释变量	1990 ~ 2002 年		1990 ~ 2002 年		2002 ~ 2012 年	
	模型一	模型二	模型一	模型二	模型一	模型二
LNGDP （ – 1）	0. 8750 *** (0. 000)	0. 8652 *** (0. 000)	0. 8550 *** (0. 000)	0. 8461 *** (0. 000)	1. 0008 *** (0. 000)	1. 0153 *** (0. 000)
LNK	0. 1066 *** (0. 000)	0. 0841 *** (0. 000)	0. 0604 *** (0. 000)	0. 0024 (0. 823)	0. 0240 (0. 282)	0. 0025 (0. 899)

续表

解释变量	1990~2002 年		1990~2002 年		2002~2012 年	
	模型一	模型二	模型一	模型二	模型一	模型二
LNL	0.0204 (0.3429)	0.1120 ** (0.0224)	0.4787 (0.343)	0.2215 *** (0.000)	0.1187 * (0.054)	0.1088 *** (0.000)
LNT	0.0007 (0.186)	0.0043 *** (0.0000)	0.0048 *** (0.000)	0.0016 (0.4424)	0.0014 *** (0.000)	0.0022 *** (0.000)
LNS		0.1905 *** (0.000)		0.3178 *** (0.000)		0.1288 *** (0.000)
Sargan 检验 （P 值）	36.7193 (0.1252)	31.8465 (0.238)	38.8306 (0.105)	34.1876 (0.161)	28.8317 (0.369)	26.1372 (0.456)

注：表中各变量系数下面的括号内为 t 统计量，***、**、* 分别表示在 1%、5% 和 10% 水平上显著。

对于表 9-7，我们进行以下分析：

①制度要素无论是在分段（1990~2002 年、2002~2012 年）还是在总体样本区间（1990~2012 年）都表现显著的正向带动作用，其中在 1990~2012 年时段的模型二中，制度要素的弹性系数为 0.1905，表明制度水平每提高 1%，经济增长会提高约 1.905%。显然，1990~2002 年时段的制度要素弹性系数高于 2002~2012 年时段，这说明制度要素不同时期对我国经济增长的促进作用也是不相同的。这也是和现实相符合，1990 年以后特别是 1992 年之后我国经济得到飞速增长，这在一定程度上和国家积极的政策和一系列的经济体制改革有紧密的关系。

②制度要素与其他的传统要素相比，其弹性系数是最高的。从表 9-7 看出，在 1990~2012 年时段的模型二中，制度要素的弹性系数高于劳动力的弹性系数，其次是资本要素。这和静态面板数据模型的估计结果是一致的，这也表明传统的生产要素对经济增长的促进作用已失去了原有的活力，而制度要素才是经济增长的主要原因。

③在加入制度要素的动态面板数据模型所得到的估计结果与原来仅有传统生产要素的模型存在很大差别，在 1990~2012 年时段的模型一中，劳动力和技术要素并没有表现出显著的正向作用，当加入制度要素时，模型二中的所有影响因素参数估计量均通过了显著性检验，这说明

制度要素能够影响传统要素对经济增长的发挥作用。当然，制度要素在不同时期的模型中对传统要素的影响程度也不尽相同，比如在 1990 ~ 2002 年时段的模型一中加入制度要素，劳动力的弹性系数变小了，但在 1990 ~ 2012 年时段当加入制度要素之后，劳动力的弹性系数显著提高到了 0.1120。这说明制度要素或能促进传统生产要素对经济增长的带动作用，或能减弱其作用。即制度要素在一定程度能够影响传统生产要素对经济增长的作用程度，基于此分析，我们假设：制度要素可以通过影响传统的生产要素如资本、劳动及技术要素的资源配置进而影响到经济的增长。制度要素是否会对经济增长存在一个间接的作用将在第四节分析中进行论证。

4. 结论与分析

基于以上静态面板模型和动态面板模型分析，我们得到以下结论：

第一，就制度要素与传统生产要素对经济增长的带动作用而言，制度变量都表现出最大的正向作用，因此制度变迁才是造成经济增长的主要原因。

第二，不同地区，不同的阶段，制度要素在我国经济增长中所发挥的作用不同，这说明制度要素对地区经济增长的影响确实存在明显差异，制度要素也是导致地区经济发展不平衡的主要原因。

基于本部分的实证研究结论，我国东部地区应积极发挥城镇化与市场化的积极作用，中西部地区需要加强对外开放程度，金融化始终是促进我国东中西部经济增长的有利因素因此要加以利用，积极引导金融化改革，另外要加强政府管理，设置合理的政府职能及管理方式。

9.2　制度要素与区域经济增长的空间计量分析：直接贡献

基于第 7 章研究结论，我们可以初步得到我国的制度变迁水平和 GDP 水平两者在空间上都处于一种非均衡的空间分布态势。因此，此时探索制度变迁水平与区域经济增长水平之间是否存在空间上相互溢出关系是有很有必要和研究意义的。

　　无论是省域经济还是区域经济，经济增长并非是独立的，要素的流动和政策的干预都会引起不同空间单元经济的关联和互动。传统的研究方法采用截面或面板数据模型回归都以观测单元观测值独立不相关为基本假设，将单个区域与其他区域视为相互独立的部分忽视了不同观测单元的空间关联也即忽视了地理空间效应对研究结果的重要影响，所得到的研究结果存在一定偏误。因此，将空间地理效应加入到回归模型中去才能得到更为准确的研究结果。现有研究（吴玉鸣，2004；李敬等，2014）已证明我国区域经济增长存在空间集聚效应。同样，省域及区域之间的制度变迁也会产生相互溢出效应，并且各省域的制度变迁水平也会影响到经济增长水平。为了实证分析我国制度变迁对区域经济增长的空间关联影响，本节将空间地理效应加入到回归模型中，包括空间截面数据回归模型和空间面板数据模型。

9.2.1　空间计量经济模型概述

　　恩瑟兰（1988）给出了空间计量经济模型的基本定义，是指在传统的计量经济学模型中考虑经济变量之间的空间效应，在此基础上进行模型的设定、估计结果、检验显著性以及预测的模型方法。这种方法的优点是将空间依赖性考虑到模型中，打破了传统经典统计学和计量经济学中观测值相互独立的基本假设，空间计量经济模型分析方法也是对传统方法的继承和发展。本节主要介绍两类空间计量经济学模型：空间截面数据回归模型和空间面板数据模型。

1. 空间截面数据回归模型

　　空间截面数据回归模型包括空间误差回归模型（Spatial Error Model，SEM）与空间滞后回归模型（Spatial Lag Model，SLM）。二者的定义不同，通常来说，当被解释变量之间的空间依赖性对模型显得非常重要而导致了空间相关时，换句话说，因变量的影响因素会通过空间传导机制对其他地区产生影响时即为空间滞后模型；当模型的误差项在空间上相关时或者空间效应是随机冲击作用结果时即为空间误差模型。

　　（1）空间滞后回归模型。

　　空间滞后模型又被称为空间自回归模型，其经济学含义是，如果所关注的经济变量存在着建立空间矩阵而表现的空间相关性，那么仅考虑其自身的影响因素将不能够理想的估计和预测因变量的变化趋势。这时，在模型中应该考虑合适的由地理空间结构造成的影响，便可以较好地控制因变量的变化趋势。其表达式如下：

$$y = \rho Wy + X\beta + \varepsilon$$

其中，y 是因变量，X 是解释变量，W 是空间权重矩阵，β 是参数向量，ρ 是空间滞后项 Wy 的参数，用来衡量观测值之间的空间相互影响的程度，ε 是白噪音干扰项。

（2）空间误差回归模型。

空间误差模型指的是模型中不仅存在空间总体相关还存在空间扰动相关。我们可以理解它的含义即当某个截面个体发生的冲击会随着这特殊的协方差结构形式而传递到相邻个体时，这种传递具有很长的时间延续性并且渐渐衰减。其表达式如下：

$$y = X\beta + \varepsilon$$

$$\varepsilon = \lambda W\varepsilon + \mu$$

其中，W 是空间权重矩阵，ε 是回归残差向量，μ 为正态分布的随机误差向量。λ 是自回归参数，衡量了样本观察值中的空间依赖作用，即相邻地区的观察值 y 对本地区观察值 y 的影响方向和程度。通常来说，当地区之间的相互影响因所在的相对位置不同存在显著差别时，我们就采用这种模型。

（3）模型的选择。

根据现有研究常用的检验空间计量模型拟合度的准则有极大似然值的对数值（LOGL）、AIC 和 SC，其规则是 LOGL 值越大越好，AIC 和 SC 值越小越好，这种情况下模型的拟合效果较好。另外，究竟要选择 SLM 模型还是要选择 SEM 模型一般使用的检验方法是两个拉格朗日乘数检验，即 LMLAG、LMERR 和稳健的 LMLAG、LMERR。根据的恩瑟兰（2004）的建议，在对模型进行回归，首先使用 OLS 估计，并进行相应拉格朗日检验。如果 LMLAG、LMERR 都不显著，则停止运行，保持结果。如果 LMLAG、LMERR 都显著，则继续进行稳健的 LMLAG、LMERR 的检验，如果稳健的 LMERR 显著则采用空间误差模型，相反则采用空间滞后模型。如果 LMLAG 和 LMERR 其中一个显著，则采用其相应的空间回归模型。

2. 空间面板数据回归模型

空间面板数据回归模型是包含了时间和横截面数据的空间模型，是在传统面板数据模型的基础上加入了空间地理位置，将面板数据模型的优点和空间计量经济学方法相结合，从而得到的模型估计更加有效。空间面板模型也可以看做是在空间截面数据模型的基础上加入了时间维度。恩瑟兰（2006）指出："空间面板的基本方法是：通过空间权重矩阵定义空间上的邻居，通过时间滞后定义时间上的邻居"。对于一般的空间面板数据模型通常有两种基本形式——空间面板滞后模型（SP-DLM）和空间面板误差模型（SPDEM）。

（1）空间面板滞后模型。

将空间滞后项引入到一般的面板数据模型即得到了空间面板滞后模型。考虑到空间单元的空间相互作用，其一般模型如下：

$$y_{it} = \rho \sum_{j=1}^{N} w_{ij} y_{it} + x_{it} \beta + u_{it} + \varepsilon_{it}, \quad \varepsilon \sim N(0, \sigma^2 I_N)$$

其中，i 和 t 分别表示截面个体和时期，x_{it}、y_{it} 分别是截面个体 i 在 t 时刻的解释变量和被解释变量的观测值。w_{it} 是空间面板数据模型的空间权重元素，ρ 是空间滞后项系数，u_i 是空间个体效应，ε 是白噪音干扰项。恩瑟兰（2006）指出，"空间滞后模型常被认为是空间交互过程的平衡结果正规表达，一个单元因变量的观测值由邻近单元的值联合决定"。

（2）空间面板误差模型。

空间面板误差模型与空间误差模型相一致，空间自相关表现在误差项中，它表示邻近单元因变量的误差冲击对本单元观测值的影响程度。其模型表达为：

$$y_{it} = X_{it} \beta + u_{it} + \phi_{it}$$

$$\phi_{it} = \lambda \sum_{j=1}^{N} w_{it} \phi_{it} + \varepsilon_{it}, \quad \varepsilon \sim N(0, \sigma^2 I_N)$$

其中，ϕ_{it} 表示空间误差自相关，λ 为空间误差项系数。w_{it} 是空间面板数据模型的空间权重元素，本节指的是 0 – 1 型空间权重矩阵形式，如果两区域相邻，则对应的权重元素值取 1，反之则取 0。

另外，空间个体效应 u_{it} 可分为固定效应和随机效应，固定效应中对于每个空间单元采用一个虚拟变量来对可变截距（u_{it}）进行测度，而随机效应中的可变截距被视为服从（0，σ_u^2）独立同分布的随机变量。进一步地，在固定效应或随机效应模型中又分为以下四种类型：$u_{it} = u_0$ 表示无特定效应类型；$u_{it} = \alpha_i$ 表示空间特定效应，u_{it} 的估计值存在空间异质；$u_{it} = \gamma_t$ 表示时期特定效应模型，u_{it} 的估计值存在时期异质；$u_{it} = \alpha_i + \gamma_t$ 表示时空特定效应模型，u_{it} 的估计值同时存在空间异质和时期异质。

（3）空间模型的选择。

第一，空间滞后或空间误差模型的选择，根据横截面数据的空间滞后与空间误差模型的判定原则，采用分块对角矩阵代替 LM – lag、LM – err 等传统计量计算公式中的空间权重矩阵 W，将 LM – lag、LM – err 检验扩展到空间面板数据分析。如果 LM – lag、LM – err 都显著，则继续进行 Robust – LM – lag、Robust – LM – err 的检验，如果稳健的 LM – err 显著则采用空间面板误差模型，相反则采用空间面板滞后模型。如果 LM – lag 和 LM – err 其中一个显著，则采用其相应的空间面板模型。

第二，固定效应（FE）与随机效应（RE）的选择，检验空间个体效应是否与模型中观测到的解释变量相关，如果不相关，则这个效应称为随机效应，否则应采用固定效应。我们采用埃洛斯特（Elhorst，2003）给出的空间 Hausman 检验方法。为了对比模型的区别及更加充分的利用数据信息，本部分将分别利用空间截面数据模型和空间面板数据模型研究制度变迁对区域经济增长的影响。

9.2.2　空间截面和空间面板数据模型估计及分析

本节将分别选取空间截面数据模型和空间面板数据模型对制度变迁与区域经济增长的直接贡献进行实证分析。其中，空间截面数据模型将采用 2012 年 31 省市区样本数据，并用 Geoda 软件对截面数据进行分析；空间面板数据模型将采用 1990～2012 年的我国 31 省市区的面板数据作为研究样本，利用 MATLAB R2012b 软件采用埃洛斯特（Elhorst，2003）和勒萨热（Lesage）等人编写的空间面板模型 MATLAB 软件包进行参数估计。

1. 空间截面数据回归及估计结果

（1）模型空间相关性检验及模型选择。

本节首先对模型进行最小二乘估计，得到一个初步的分析结果。以
2012 年 31 个省市区的 lnGDP 总量为被解释变量，以劳动力 lnK、资本
存量 lnK、技术 lnTech、制度变迁变量 lnSys 为解释变量得到以下具体模
型形式：

$$lnGDP = C + \alpha lnK + \beta lnL + \gamma lnTech + \delta lnSys + \varepsilon$$

运用 Geoda 软件对被解释变量和解释变量进行 OLS 估计，得到结果
如表 9 - 8 所示：OLS 估计的拟合优度为 0.9652，调整后的拟合优度为
0.9599，F 检验通过了 1% 显著性水平，说明模型整体较显著。误差项
正态性检验 Jarque - Bera 统计值为 3.5032，未通过 10% 显著性水平，
说明接受误差项服从正态性假设。异方差检验 Breusch - Pagan test 和
Koenker - Bassett test 的统计值分别为 2.6540、1.9354，均未能通过
10% 的显著水平，说明异方差性不显著，我们认为随机误差项不存在异
方差。根据恩瑟兰的判别准则：如果多重共线性的值超 30，则说明回
归模型中自变量存在多重共线性问题，OLS 估计的多重共线性值略大于
30，说明各自变量之间存在多重共线性问题但不影响参数的显著性。方
程中常数项及各解释变量系数估计值均通过了显著性检验，且方向为
正，这说明资本、劳动力、技术及制度变迁变量均对区域经济增长产生
显著的正向带动作用。

表 9 - 8　　　　　　　　　模型的空间相关性检验及选择

变量	回归系数	T 统计量	P 值	误差项正态性检验	DF	统计值	P 值
c	1.84567	3.23090	0.0033	Jarque - Bera	2	3.50319	0.1735
α	0.25509	5.02771	0.0000	异方差检验	DF	统计值	P 值
β	0.31920	4.25754	0.0002	Breusch - Pagan test	4	2.65393	0.6173
γ	0.22714	3.67862	0.0011	Koenker - Bassett test	4	1.93535	0.7477
δ	0.13231	1.32366	0.0408	多重共线性检验			
统计检验		统计值	P 值	Multicollinearity Condition Number		35.5659	
R - squared		0.9652		空间依赖性检验	MI/DF	统计值	P 值
Adjusted R2		0.9599		Moran's I（error）	0.2178	3.74771	0.0205
F 检验		180.614	0.0000	L - Multiplier（lag）	1	2.38773	0.0434

续表

变量	回归系数	T 统计量	P 值	误差项正态性检验	DF	统计值	P 值
模型拟合度				Robust LM （lag）	1	1.90349	0.0389
Log L		9.1606		L – Multiplier （error）	1	0.91984	0.3575
AIC		– 8.3212		Robust LM （error）	1	1.03561	0.3089
SC		– 1.15130		L – Multiplier （SARMA）	2	10.4233	0.0049

在空间相关性检验中，我们已经得到 1978～2012 年我国区域经济增长具有显著的正空间自相关性的结论，2012 年我国省域 GDP 总量的 Moran's I 指数为 0.271，表 9－8 中，OLS 估计回归诊断进行的空间依赖性检验残差的 Moran's I 指数为 0.2178，统计值为 3.7477 且 P 值小于 0.05，估计值显著有效表明残差之间存在着显著空间自相关性。那么，利用 OLS 估计忽视空间效应得到的估计结果必定是有偏和无效的。因此，我们需要采用加入空间因素的空间计量经济模型进一步进行实证分析。具体的对两种模型选择，依据恩瑟兰（2004）的建议进行判断。从上表可以看出，LM（lag）和 R－LM（lag）统计量的值均通过了 5% 的显著性水平，而 LM（err）和 R－LM（err）均不显著，此时，我们判定空间滞后模型（SLM）比 SEM 更为适合。

为了对比两个模型的分析结果，文将对两个模型（SLM、SEM）都加以分析，以验证我们的判别标准是否准确。

（2）空间滞后回归估计。

本部分利用空间滞后模型对制度变迁与区域经济增长的关系进行空间拟合估计，模型具体形式如下：

$$\ln GDP = C + \rho W \ln GDP + \alpha \ln K + \beta \ln L + \gamma \ln Tech + \delta \ln Sys + \varepsilon$$

其中，引入的 WlnGDP 表示的是相邻省份经济增长空间相互作用，ρ 是空间滞后项 WlnGDP 的参数，ρ 值的大小能够反映观测值之间的空间相互影响的程度。模型的拟合结果见表 9－9。

表9－9 空间滞后模型估计结果

变量	回归系数	Z 统计量	P 值	统计检验	统计值
c	2.00280	3.46647	0.000527	R－squared	0.9657
ρ	0.01428	1.62419	0.032504	模型拟合度	
α	0.26436	5.47905	0.000010	Log likelihood	10.1573
β	0.30082	4.25393	0.000021	Akaike info criterion	－9.7097
γ	0.24219	3.94657	0.000079	Schwarz criterion	－1.8942
δ	0.10380	1.03731	0.044239	残差 Moran'I	0.01128（0.3780）

比较 SLM 回归估计与 OLS 估计的结果，可以看出空间滞后回归的估计结果中拟合优度增加至 0.9657，但 SLM 模型采用的是极大似然估计方法，此时输出的拟合优度是一个伪 R^2，我们不将此作为判定模型更优的准则。模型的拟合度检验通常选择极大似然值的对数值（LOG－L）、AIC、SC 来度量（极大似然值的对数值越大越好，而 AIC、SC 越小越好这种情况下模型的拟合效果较好），比较表9－8，OLS 模型中 Log－L 值是 9.16062，AIC 统计值－8.32123，SC 统计值为－1.15130 与 SLM 模型中的值相比，很显然 Log－L 值增大了，而 AIC、SC 的统计值减小，这也说明 SLM 模型拟合效果更优。进一步，SLM 估计残差的 Moran's I 值很小为 0.01128 且没有通过显著性检验，这说明在考虑了地理空间效应后的模型中残差的空间自相关性已不存在了，空间滞后模型中的估计残差在空间上呈现随机分布。本节研究我国制度变迁与区域经济的空间关系时确定为空间滞后模型要好于选择 OLS 模型。

变量系数的估计值是 0.01428，且通过了显著性检验，该系数大于 0 说明相邻省份的经济增长在空间上会对本省份的经济增长起到带动作用，即区域经济增长的空间溢出效应明显，且邻近省份的 GDP 总量增加 1%，本省份 GDP 总量平均上升 0.01428%。系数的估计值也通过了 5% 的显著性检验，制度变迁变量表现出对经济增长的正向的带动作用，具体而言制度变迁指数每提高 1 个单位，省域 GDP 平均增加 0.1038%。与 OLS 估计相比，制度变迁指数系数的估计值有所下降，这说明考虑变量相邻经济增长的溢出效应后，由于在第 4 章讨论过制度变迁同样具有空间自相关性，因此制度变迁变量对邻近省份同样有空间外溢效应，这也就是说本省制度变迁进步不仅能够带来本省的经济增长，而且也能够拉动邻近省份的经济增长。所以在考虑空间效应后模型中，制度变迁系数估计值会有所减小。

（3）空间误差模型。

利用空间误差模型对我国省域 GDP 与资本、劳动力、技术、制度变迁变量进行空间拟合估计，该模型具体形式如下：

$$\ln GDP = C + \alpha \ln K + \beta \ln L + \gamma \ln Tech + \delta \ln Sys + \varepsilon$$

$$\varepsilon = \lambda W \varepsilon + \mu$$

其中，λ 是空间误差项 $W\varepsilon$ 的参数，衡量了样本观察值中的空间依赖作用，即本地区观察值 y 与相邻地区的观察值 y 随机冲击项有关。模型的拟合结果见表 9 – 10。

表 9 – 10   空间误差模型估计结果

变量	回归系数	Z 统计量	P 值	统计检验	统计值
c	1.87664	3.61099	0.000305	R – squared	0.9666
α	0.23597	5.14745	0.000000	模型拟合度	
β	0.42143	4.65643	0.000003	Log likelihood	10.0079
γ	0.24266	4.41308	0.000010	Akaike info criterion	– 9.5738
δ	0.02528	1.28433	0.076157	Schwarz criterion	– 1.6246
λ	0.22105	2.93003	0.003524	残差 Moran's I	0.027268 (0.2358)

从模型的拟合度来看，SEM 模型中极大似然值的对数值（LOG – L）为 10.0079，大于 OLS 估计中的 LOG – L 值但略小于 SLM 中的 LOG – L。SEM 模型中 AIC 和 SC 值分别为 – 9.5738 和 – 1.6246，小于 OLS 模型中的 AIC 和 SC 值但大于 SLM 中的 AIC 和 SC 值，根据模型拟合度检验原则（LOG – L 值越大，AIC 和 SC 值越小模型的拟合越好），说明 SLM 模型拟合优于 SEM 模型，SEM 模型优于 OLS 模型。另外，观察 SEM 估计残差的 Moran's I 指数值，其值为 0.027268 且没有通过显著性检验，这表明在 SEM 模型中用极大似然法估计，残差已是随机分布的。

空间误差模型表明，我国区域经济增长不仅与该省本身的经济增长水平有关，同时还与其他相邻省份经济增长的随机影响有关。模型估计结果说明区域经济增长中的这种随机影响对相邻省份的经济增长具有扩散带动效应。资本、劳动力、技术及制度变迁这些变量除了对本省份经济增长有直接影响外，其对经济增长的影响还包括在空间误差模型的残差中。也就是说，这些影响因素通过空间溢出效应影响到相邻省份经济的增长。

2. 空间面板数据模型估计及分析

（1）模型的空间相关性检验及模型选择。

为了比较估计结果并判定模型形式，本节首先对传统的面板数据模型进行混合的最小二乘估计，其模型形式如下：

$$\ln GDP_{it} = C + \beta_1 \ln K_{it} + \beta_2 \ln L_{it} + \beta_3 \ln Tech_{it} + \beta_4 \ln Sys_{it} + \varepsilon_{it}$$

采用 1990~2012 年的我国 31 省市区的面板数据作为研究样本，运用 MATLAB 软件对被解释变量和解释变量进行混合的 OLS 估计，得到一个初步的分析结果（见表 9-11）。

其中，模型的拟合优度为 90.43%，资本存量、劳动力、技术及制度变迁变量的系数估计值均通过了 5% 的显著水平检验，变量的系数估计值均为大于 0，这与我们的预期相一致，在混合面板数据模型中各影响因素对区域经济增长均表现出正向的带动作用。与截面数据回归模型中相比，各系数估计值均出现了变化，这也说明采用面板数据模型的必要性。

表 9-11　　　　　　空间相关性检验和模型选择

变量	回归系数	T 统计量	P 值	空间自相关性检验	统计值	P 值
β0	-0.2069	-2.9834	0.003	Moran's I（error）	18.51334	0.000
β1	0.4441	19.0746	0.000	L-Multiplier（lag）	314.5409	0.000
β2	0.4134	15.0425	0.000	Robust LM（lag）	125.7139	0.000
β3	0.1658	9.0940	0.000	L-Multiplier（error）	332.8981	0.000
β4	0.1305	8.2704	0.000	Robust LM（error）	144.0711	0.000
R-squared		0.9043				

混合面板数据模型的空间相关性检验中 Moran's I 值为 0.4875 且高度显著，说明在面板数据模型中亦存在显著的空间相关性。采用分块对角矩阵代替 LM-lag、LM-err 等传统计量计算公式中的空间权重矩阵

W，得到检验结果表明四种空间相关性检验统计量（LM - lag、Robust LM（lag）、LM - err、Robust LM（error））均高度显著。稳健的 LM（lag）与稳健的 LM（error）检验相比，统计值略小，但统计量高度显著。季民河（2011）在有关空间面板模型的选择问题上给出说明："空间滞后模型更容易从经济意义上解释经济增长问题，因此，即使空间滞后模型的统计量比空间误差模型差些，但只要其统计量检验显著，选择空间滞后模型更有说服力。"基于此，本书确定采用空间面板滞后模型研究制度变迁对区域经济增长的贡献。

（2）空间面板滞后模型估计。

本部分所研究的空间面板滞后模型的具体形式如下：

$$lny_{it} = \alpha lnK_{it} + \beta lnL_{it} + \gamma lnTech_{it} + \delta lnSys_{it} + \rho \sum_{j=1}^{N} w_{it}y_{it} + u_{it} + \varepsilon_{it}$$

本书采用 1978 ~ 2012 年的我国 31 省市区的面板数据作为研究样本，利用 MATLAB R2012b 软件采用埃洛斯特（Elhorst，2003）和勒萨热（Lesage）等人编写的空间面板模型 MATLAB 软件包进行参数估计，估计结果如表 9 - 12 所示，列出了 4 种固定效应下的空间面板滞后模型估计结果。

表 9 - 12　　　　　　　　固定效应空间面板滞后模型估计结果

模型变量	无特定效应	空间特定效应	时间特定效应	时空特定效应
lnk	0.361472 ***	0.341694 ***	0.186413 ***	0.381306 ***
lnl	0.248462 ***	0.112810 **	0.557812 ***	0.084404 **
lnt	0.235861 ***	0.004706 *	0.18026 ***	0.012661 **
lnsys	0.031843 **	0.023362 ***	0.100757 ***	0.039397 ***
ρ	0.190997 ***	0.642984 ***	0.035974 ***	0.166996 ***
R2	0.922300	0.996300	0.975100	0.997500
LOGL	249.95095	1297.0556	658.27407	1469.5363
H 检验（P 值）	-42.5835 (0.0000)	-19.5347 (0.0015)	-2193.9929 (0.0000)	167.7485 (0.0000)
结论	固定效应	固定效应	固定效应	固定效应

注：表中略去了具有特定效应的截距参数估计值。表中各变量系数下面的括号内为 t 统计量，*** 、** 、* 分别表示在 1%、5% 和 10% 水平上显著。

由表 9 - 12 可以看出，加入了空间滞后变量后，空间面板滞后模型的拟合优度 R2 均比普通面板数据模型的拟合优度要高，因此，空间面板滞后模型要优于传统的面板数据模型。Hausman 检验 p 值均小于 0.05，表明在在 95% 的置信水平上均拒绝随机效应的原假设，4 种模型均采用固定效应。4 种模型相比较，具有时空固定效应的空间面板滞后模型的极大似然值的对数值（LOGL = 1469.5363）最大，模型的拟合优度（0.9975）最高，说明基于时空特定固定效应的空间面板滞后模型最优。就空间面板滞后模型的系数 ρ 而言，在 4 个模型中其估计值均在 1% 水平上高度显著，综上说明，研究制度变迁对区域经济增长的贡献中考虑到空间效应和时期效应能够提高模型估计的准确性，我们得到的估计结果也更加可信。

4 个模型中解释变量的系数估计值均显著，说明资本、劳动力、技术、制度变迁均表现出我们理想的预期效果，在空间面板滞后模型中对区域经济增长的呈现正向拉动作用。与普通的面板数据模型的估计结果相比，4 个模型中系数的估计值都出现了不同程度的减小，表明相邻省域的相互影响被包含在原有贡献中，当考虑到空间滞后因素后，原有贡献值减小是因为剔除了相邻地区间的相互影响。

资本、技术、劳动力水平均在统计学意义上通过了显著性检验，并且实证结果与现实相符，说明资本积累、技术进步、劳动力数量的增加仍然是区域经济增长的重要的推动力。其中，系数估计值最大并且在 4 个模型中都高度显著的是资本变量，资本存量每增加 1%，经济增长将提高约 0.38%。这也预示着区域经济增长依然靠资本投入水平的拉动作用。对于制度变迁变量，在时空特定效应模型中，其系数估计值约为 0.04，且通过了显著性检验，虽然系数估计值不高，但是制度变迁仍是推动区域经济增长的影响因素之一。

9.3 制度要素与区域经济增长的 空间计量分析：间接贡献

制度变迁对经济增长的间接作用在本章 9.1 节有关制度变迁对经济增长影响面板数据模型研究中进行了假设：制度变迁可以通过影响传统的生产要素如资本、劳动及技术要素的资源配置进而影响到经济的增长。本节将用实证的方法对此假设进行论证。采用的方法是将各生产要素作为被解释变量，制度变迁作为一种解释变量进行回归，如果影响区域经济增长的生产要素能够被制度变迁这一变量所解释，则说明制度变迁能够影响生产要素，那么生产要素增加或减少必然会引起经济的增长速度，此时即证明了制度变迁对区域经济增长存在着间接贡献的假设。为得到更为准确的结果本部分将空间效应考虑到制度变迁与各生产要素的回归模型中去，直接采用空间面板数据模型量度制度变迁对生产要素的影响度，所用的模型公式与研究直接贡献类似，在此不作重复说明。实证结果表明，除了劳动力生产要素外，资本和技术要素对制度变迁的回归方程均表现为显著，具体结果如下。

9.3.1　资本要素对制度变迁的空间回归

1. 空间截面数据回归及估计

运用 Open Geoda10.0 软件对 2012 年 31 省市区的资本存量对数与制度变迁指数进行 OLS 估计，得到结果以下表所示：OLS 估计的拟合优度为 0.126，调整后的拟合优度为 0.096，但 F 检验通过了 5% 显著性水平，这说明方程是显著的。制度变迁参数的估计值显著为正，说明制度变迁指数每提高 1 个单位，资本存量平均增加 0.6453%（见表 9 - 13）。

表 9 - 13　　　　　模型空间相关性检验及选择

变量	回归系数	T 统计量	P 值	Schwarz criterion		95.6303	
CONSTANT	6.2344	5.1619	0.000	空间依赖性检验	MI/DF	统计值	P 值
SYS_2012	0.6453	2.0460	0.049	Moran's I（error）	0.184	2.095	0.036
R - squared（Adjusted）		0.126（0.096）		LM（lag）	1	8.926	0.003
F		4.1862	0.049	Robust LM（lag）	1	6.777	0.009
模型拟合度				LM（error）	1	2.231	0.135
Log likelihood		-44.3811		Robust LM（error）	1	0.083	0.774
Akaike info criterion		92.7623		LM（SARMA）	2	9.009	0.011

在空间依赖性检验中，残差的 Moran's I 指数为 0.184 且 P 值小于 0.05，表明残差之间空间自相关性显著，说明应选择空间计量经济模型，由表中可以看出，LM（lag）和 R – LM（lag）统计量的值均表现出极强的显著性水平，而 LM（err）和 R – LM（err）均不显著，所以我们判定 SLM 是合适的模型（见表 9 – 14）。

表 9 – 14   LNK 对制度变迁的 SLM 估计

变量	回归系数	Z 统计量	P 值	统计检验	统计值
W_LNK_2012	0.2958	3.2445	0.0012	模型拟合度	
CONSTANT	3.6842	2.8424	0.0045	Log likelihood	– 39.628
SYS_2012	0.6490	2.4990	0.0125	Akaike info criterion	85.256
Moran's I（Lag – residu）		– 0.0037	0.632	Schwarz criterion	89.558

表 9 – 14 为资本要素对制度变迁的空间滞后模型估计结果，与表 9 – 10 中的 Log – L、AIC、SC 值比较，Log – L 值变大而 AIC、SC 值变小说明模型的拟合度显著提高了，且此时残差 Moran's I 指数极小且不显著，说明模型的估计残差已不存在空间自相关性而是呈随机分布状态。滞后项系数的估计值是显著为正，说明相邻省份的资本存量在空间上会对本省份的资本积累起到促进作用，即资本要素空间溢出效应明显。

2. 空间面板数据回归及估计

基于数据可得，本节仍采用 1990 ~ 2012 年的我国 31 省市区的面板数据作为研究样本，运用 MATLAB 软件对资本变量和制度变迁变量首先进行混合的 OLS 估计，得到一个初步的分析结果（见表 9 – 15）。

表 9 – 15   混合的面板数据估计和空间相关性检验（资本对制度变迁）

变量	回归系数	T 统计量	P 值	Moran's I（0.21744）	8.25690	0.00
C	1.443658	24.17717	0.00	L – Multiplier（lag）	82.4605	0.00
SYS	0.542088	28.52421	0.00	Robust LM（lag）	18.5681	0.00
R – squared		0.5337		L – Multiplier（error）	66.2367	0.00
空间自相关性检验		统计值	P 值	Robust LM（error）	2.3443	0.13

其中，模型的拟合优度约为 53.37%，但制度变迁变量的系数估计值高度显著，说明在不考虑其他影响因素的情况下，制度变迁能够影响资本要素的变化。在空间自相关性检验中，残差的 Moran's I 指数约为 0.2174 且统计量高度显著，表明残差并不是随机分布而是存在显著空间自相关性，此时得到的结果忽略了空间效应所得到的结果存在一定的偏误，因此，我们将空间效应加入到普通的面板数据模型中，即采用空间面板数据模型进行实证分析。由表 9-15 中可以看出，LM（lag）和 R-LM（lag）统计量的值均表现出极强的显著性水平，而 Robust-LM（err）未通过 5% 的显著性水平，我们判定空间面板滞后模型要优于空间面板误差模型。

表 9-16 为资本要素对制度变迁的空间面板滞后模型的估计结果。表中 4 个模型的拟合优度高于传统面板数据模型的估计结果，说明空间面板数据模型优于传统的面板数据模型。4 个模型中 Hausman 检验均拒绝了随机效应的原假设，因此均采用固定效应模型。其中，时空特定效应中参数估计量均未通过显著性检验，且调整后的 R2 很低，说明固定效应中不包含时空特定效应，对此模型不予考虑。其他模型中滞后项系数（W * dep. var）的估计值均显著为正，说明相邻省份的资本存量在空间上会对本省份的资本积累起到促进作用，即资本要素存在空间溢出效应。空间特定效应模型的极大似然对数值为最大且调整后 R2 最大，因此空间特定效应模型是最为理想的模型。该模型中制度变迁系数估计值为 0.354166，表明制度变迁变量每提高 1 个单位，能够带来资本积累约 0.35% 的增加量。

表 9-16 **固定效应空间面板滞后模型估计结果（资本对制度变迁）**

模型变量	无特定效应	空间特定效应	时间特定效应	时空特定效应
SYS	0.428111	0.354166	0.389907	-0.017401 (0.15)
W * dep. var	0.557936	0.841945	0.119985	-0.038970 (0.46)
R2	0.5521	0.9834	0.6108	0.9885
corr-R2	0.5294	0.9298	0.3444	0.0033

模型变量	无特定效应	空间特定效应	时间特定效应	时空特定效应
LOGL	-402.33882	713.94198	-322.96359	933.80621
H 检验 （p 值）	-252.1309 (0.0000)	6.4315 (0.0401)	-443.6510 (0.0000)	-379.8776 (0.0000)
结论	固定效应	固定效应	固定效应	固定效应

9.3.2 技术要素对制度变迁的空间回归

1. 空间截面数据回归及估计

运用 Open Geoda10.0 软件对 2012 年 31 省市区的技术要素对数与制度变迁指数进行 OLS 估计，得到结果如表 9-17 所示：OLS 估计的拟合优度为 0.26，F 检验统计量为 10.1638 且通过了 1% 显著性水平，这说明方程是显著的。制度变迁参数的估计值也通过了 1% 显著性水平，说明制度变迁指数每提高 1 个单位，技术变量平均增加 1.4417%。与制度变迁与 LNK 的 OLS 估计结果相似，此时模型中残差存在空间自相关性，且依据恩瑟兰（2004）判断准则，选取空间滞后模型。

表 9-17　　　　　　　　　空间相关性检验及模型选择

变量	回归系数	T 统计量	P 值	Schwarz criterion		117.971	
CONSTANT	3.9770	2.2965	0.0291	空间依赖性检验	MI/DF	统计值	P 值
SYS_2012	1.4417	3.1881	0.0034	Moran's I (error)	0.223114	2.4571	0.0140
R - squared (Adjusted)		0.260 (0.234)		Lagrange Multiplier (lag)	1	10.6966	0.0011
F		10.1638	0.0034	Robust LM (lag)	1	7.4479	0.0064
模型拟合度				LM (error)	1	3.2949	0.0695
Log likelihood		-55.5515		Robust LM (error)	1	0.0463	0.8297
AIC		115.103		LM (SARMA)	2	10.7428	0.0046475

累的差异会产生不同的经济增长速度，而加大资本投入水平，可以显著地推动本地区的经济增长，也是减小区域经济发展差异的一个重要途径。

就制度变迁要素而言，无论哪个模型，制度变迁的系数值均通过了显著性检验，这表明制度变迁的改革和创新也是经济增长水平提高的有力要素。与 OLS 模型相比，在考虑空间效应的模型中制度变迁系数指减小了，这说明在考虑空间效应后制度变迁不仅对本省的经济增长有促进作用，对相邻省份的经济增长也起到带动作用，制度变迁存在明显的外溢性。这与第 7 章研究制度变迁的空间自相关性分析结果（制度变迁指数存在显著的空间正自相关性）是一致的。在空间计量经济模型与传统的计量模型的显著差异性也说明在研究制度变迁与区域经济增长的问题中，传统的计量经济模型中忽视了空间效应得到的估计结果是不准确的，因此应考虑到空间效应的影响。

就空间滞后项系数而言，其在空间计量模型中均通过了 5% 的显著性水平，可见空间效应也是影响经济增长水平的一个不可忽视的因素。区域经济的增长并非独立存在的，要素的流动和政策的干预都会引起区域内部省份乃至区域间经济的空间联动。由于经济增长"空间溢出"效应的存在，与发达地区相邻的省份往往会获得较多的发展机会，从而造成区域经济在空间上的集聚，这是造成区域经济空间差异的一个重要原因。新一轮的改革之际，中央政府高度重视地区经济的协调发展，目的也是促进各区域间的空间联系进而缩小地际差异。因此，在协调区域经济发展的过程中不能只依靠市场机制的调节而应该通过政策引导，加强区域之间的相互联系与贸易往来，充分发挥经济发达地区对落后地区的带动和辐射效应，以促进落后地区的经济发展和区域经济均衡发展。

2. 制度变迁间接贡献分析

本节的研究中将制度变迁作为各生产要素的解释变量进行回归估计，得到显著性结果论证了理论假设，制度变迁确实能够影响生产要素发挥作用。由此可以得到：制度变迁通过影响生产要素间接地影响到区域经济增长。即制度变迁对经济增长存在间接贡献。在以上的实证估计中，除了劳动力要素对制度变迁的回归结果不显著外，以资本、技术要素为被解释变量的方程均通过了显著性检验，这可能是由于劳动力人口存在着大量的流动性，因而在省际面板数据样本区间内受制度变迁的作

225

用未能显著的表现出来。

就分析资本和技术两要素而言，制度变迁对资本的影响系数小于其对技术要素的影响系数，这说明制度变迁进步对技术进步的促进作用是较大，合理的制度变迁安排能够有效地激励技术的创新和进步，这与我们的假设是相一致的。另外，制度变迁对资本的集聚也是显著正向作用，这是因为有效的制度变迁安排减少交易成本，促进社会及个人之见的经济交易效率使得资本得以积累。

就两个模型的空间滞后项系数而言，两者均显著为正。这说明资本要素和技术要素均存在显著的空间依赖性，空间外溢的存在使得相邻省份要素的提高会对本省份的要素积累起到积极的促进作用。

第9章为本书的核心章节，分别考量无空间效应和存在空间效应下制度变迁变量对区域经济增长的影响，依据空间计量经济模型将空间效应加入到制度变迁与经济增长关系的模型中，实证研究了制度变迁对区域经济增长的影响，包括直接和间接贡献两个方面。研究发现：

第一，对分类制度变量动力检验的静态面板模型的实证结果表明：不同地区，不同的阶段，分类制度变量对我国经济增长中所发挥的作用不同，制度要素对地区经济增长的影响存在明显差异，制度要素是导致地区经济发展不平衡的主要原因；对制度变量动力检验的动态面板模型的实证结果表明：制度要素与传统生产要素对经济增长的带动作用而言，制度变量表现出最大的正向作用。

第二，无论在直接贡献还是间接贡献的实证分析，考虑空间效应的空间计量经济模型均通过了显著性检验，模型的拟合度显著提高。其中，空间面板数据模型要优于空间截面模型，这说明空间效应是不容忽视的一个影响要素。

第三，制度变迁不仅对经济增长具有直接贡献，制度变迁还能够通过影响生产要素来间接带动经济增长。研究发现以资本、技术要素分别为被解释变量，制度变迁为解释变量的回归方程均通过了显著性检验。

第9章的实证研究证明两点：一是在研究制度变迁与经济增长关系中空间效应不容忽视，传统的计量经济模型忽略空间效应所得到的结果必然存在偏误；二是制度变迁对经济增长的间接贡献是显著存在的，现有研究忽视其间接作用得到的结果也必然低估了制度变迁的作用。基于此，本章内容弥补了现有研究的不足。

第10章 制度创新对策

10.1 研究结论

本书充分借鉴制度经济学、区域经济学、计量经济学和经济增长理论的已有研究成果，密切结合我国经济体制转型的实际情况，对我国区域经济增长的空间集聚特征、影响要素的特性与关系、区域经济增长的制度驱动性等问题进行了实证分析。首先对区域经济增长及制度影响理论与研究方法进行研究，在理论分析的基础上提出制度的内生性和空间外溢性的假说，其次构建模型，采用空间统计和计量分析等方法实证检验假设的正确性，对我国区域经济增长的收敛性进行分析，在此基础上对制度要素与区域经济增长的关系进行实证分析，验证制度要素对经济增长的影响具有空间外溢性的假说，并对制度变迁对经济增长的贡献进行量化，包括直接贡献和间接贡献两部分。

本书的研究得到以下结论：

第一，对区域经济差异及其制度影响的理论研究进行梳理并整理相关文献综述。研究发现近年来这些文献的大量出现表明制度作为资本、劳动和技术以外潜在决定经济发展水平的重要因素已经引起了经济学研究者越来越多的重视，讨论制度和制度差异对区域经济增长的作用正成为经济增长研究领域的一个重要方向。

第二，对区域经济差异及制度变迁进行测度并进行特征分析。其中，采用多个指标对中国区域经济发展的绝对差异、相对差异和空间差异进行定量测度和趋势分析，研究发现：（1）1978年以来我国的区域经济差距经历了一个先抑后升又降的曲折过程，即改革初期区域差距明显缩小，但是随着改革的推进与深入，区域差距又在波动中呈现扩大的趋势，但进入"十一五"时期后，区域差异又存在缩减的趋势。（2）20世纪90年代以前区域差异主要是东中西部之间的差异，进入90年代后中西部差异逐渐减小，截至21世纪我国区域差异主要表现为东部和西部地区之间的差异，中西部差异相差不大；另外，以城镇化、政府管理、市场化、经济的开放程度、金融化为五个制度分类变量并进行测度，以其中14个指标为基础制度变量利用因子分析法构造出样本期内的综合制度进步指数，研究发现各项制度创新的实施与推进在地域上存在显著区别，测度的指标也能较好地描绘中国制度变迁的整体特征，为后续研究提供数据支持。

第三，制度因素对中国区域经济增长贡献的差异进行计量分析。其中采用含制度变量的扩展索罗面板数据模型分阶段分地区进行研究，结果表明：（1）就资本、劳动力和制度变量对经济增长的带动作用而言，不管是总体还是分地区，不管是总体阶段还是分阶段制度变量都表现出最大的正向作用，因此制度因素才是决定经济增长的关键因素。（2）影响经济增长的主要制度变量对东部地区的促进作用最大，制度因素对地区经济增长的影响确实存在明显差异，这些因素也是导致地区经济不平衡的主要原因。

第四，基于三阶段DEA模型将制度环境变量纳入生产效率研究范围，测度制度环境变量调整前后我国区域生产效率水平的变化。研究发现：（1）经制度环境变量调整后，我国东中西部地区生产技术效率值总体上都有所减少，效率值仍然是东部地区高于中部，西部地区最低，其中下降幅度最大的是西部地区且下降幅度明显高于东中部地区，这说明制度环境变量对西部地区生产技术效率水平有重要的作用。（2）从东中西部地区间的差异来看，控制了制度环境变量后区际生产技术效率差异变大了，这说明制度环境变量对区际生产技术效率差异具有显著影响；各制度变量均对三种投入投入松弛具有显著影响，进而说明制度因素影响技术效率水平，而技术效率的不同又是造成区域经济增长不平衡的主要原因，因此制度因素的差异是造成区域经济差异的根本原因。

第五，使用层次聚类分析对制度同质化区域进行划分，采用多重方差分析法来确定聚类的数目，将我国31个省市区分为了四个类别，得到四类制度同质化区域：第一类包括北京、天津和上海；第二类包括江苏、广东、浙江、海南；第三类包括安徽、江西、广西、黑龙江、湖北、河北、辽宁、吉林、湖南、内蒙古、河南、福建、山东；第四类包括其余省份；对制度同质化区域间经济差异的方差分析，得到以下结论：类别间经济差异相对于类内省区间存在更显著的经济差异，而各类别的划分是基于制度相似性原理，则说明制度结构不同确实影响区域经济差异。

第六，利用协整分析与 Granger 因果关系检验研究不同制度形式的差异对区域经济差异的影响，得到以下结论：（1）城镇化差异、对外开放差异、市场化差异均与区域经济差异是协整的，存在长期均衡的关系。（2）城镇化差异、对外开放差异、市场化差异均是区域经济差异的 Granger 原因，说明城镇化的差异、对外开放的差异、市场化的差异均能够引起区域经济的差异；利用对区域经济差异显著的 3 个制度变量对各省区经济发展水平进行分位数回归分析以观察不同制度指标变化导致不同区域经济增长变动的程度。研究发现城镇化与市场化制度变量对区域经济增长率的边际效应均显著为正，但二者的边际效应表现不同，从低分位点到高分位点，城镇化的边际效应先增大后减小，市场化的边际效应稳步增强，且在高分位点上迅速提高。

第七，考察制度变迁的差异性特征，五大分类制度变迁变量的区际差异明显，东部地区制度水平较高，与中西部地区存在显著差异；利用主成分分析法得到综合制度变迁进步指数，用来反映我国制度变迁的深度和强度。

第八，利用空间统计方法研究我国区域经济增长的各因素的空间特性，研究发现制度要素及传统要素（资本存量和劳动力）都表现出显著的空间集聚特性。技术要素空间相关性不显著，这可能是由于我国技术投入量整体上的不足，省级之间的技术投入水平并没有给彼此造成一定的影响，因而技术投入量在地理空间上呈现出随机分布态势并没有显著的空间依赖。

第九，利用协整、格兰杰因果关系及贝叶斯向量自回归模型检验制度及生产要素的内生性，研究发现制度及生产要素与 GDP 变量之间存在长期稳定动态均衡关系，并且 GDP 均是引起制度要素及生产要素变化的 Granger 原因，BVAR 模型的脉冲响应分析表明，在长期 GDP 对制度及生产要素的冲击作用均表现出明显的正效应，验证了制度及生产要素的内生性的假设。

第十，对我国区域经济增长的现状分析，研究发现改革开放至1992 年我国经济增长缓慢，1992 年之后开始经济增长开始显著提升，2001 年之后我国加入世贸组织经济水平开始快速提升；研究我国经济增长的空间差异，发现经济实力较强的地区主要集中在东部沿海地区，其次是中部地区，区域经济发展不平衡问题存在已久。

第十一，利用 ESDA 对我国区域经济增长的空间自相关性进行检验，发现 1978～2012 年我国省市区 GDP 均存在显著正的空间自相关性，验证了我国省区经济增长存在空间依赖性的假设。由局部空间自相关性分析发现，东部沿海地区省份多属于高—高类型的省区，即经济水平高的省份与经济水平高的省份相邻，广大的西部省区多是低—低类型的省区，东部沿海与西部地区的经济表现出明显的空间依赖性。

第十二，对我国区域经济增长进行收敛检验，实证结果表明：1978～1991 年期间我国省区经济存在收敛，1992 年之后差异开始扩大（1992～1996 年），从 1997 之后的几年先经历了波动随后平稳，直到2004 之后（2004～2012 年）省区经济增长再一次出现收敛；绝对收敛表明以 10 年为一时段，从 1999 年之后的 5 个时间段（1999～2008 年、2000～2009 年、2001～2010 年、2002～2011 年、2003～2012 年）存在绝对收敛现象；条件收敛表明：1990～2012 年总体时段省区经济增长存在显著的条件收敛现象，1990～2002 年时段我国省市区经济增长不存在收敛现象，2002～2012 年时段经济增长存在显著的绝对 β 收敛和条件 β 收敛。

第十三，不同的稳态因子作为控制变量引入条件收敛方程，对我国省市区的经济增长的条件收敛的影响也不相同，实证结果表明，制度要素比传统要素对经济增长的收敛性的作用更明显。

第十四，对分类制度变量动力检验的静态面板模型的实证结果表明：不同地区、不同的阶段，分类制度变量对我国经济增长中所发挥的作用不同，制度要素对地区经济增长的影响存在明显差异，制度要素是导致地区经济发展不平衡的主要原因；对制度变量动力检验的动态面板模型的实证结果表明：制度要素与传统生产要素对经济增长的带动作用而言，制度变量表现出最大的正向作用。

第十五，无论在直接贡献还是间接贡献的实证分析，考虑空间效应的空间计量经济模型均通过了显著性检验，模型的拟合度显著提高。其中，空间面板数据模型要优于空间截面模型，这说明空间效应是不容忽视的一个影响要素。

第十六，制度变迁不仅对经济增长具有直接贡献，制度变迁还能够通过影响生产要素来间接带动经济增长。研究发现以资本、技术要素分别为被解释变量，制度变迁为解释变量的回归方程均通过了显著性检验。在研究制度变迁与经济增长关系中空间效应不容忽视，传统的计量经济模型忽略空间效应所得到的结果必然存在偏误；制度变迁对经济增长的间接贡献是显著存在的，现有研究忽视其间接作用得到的结果也必然低估了制度变迁的作用。

10.2　区域发展差异的效应分析

经济发展差异的存在和变化在任何时候都会对国家和区域的经济发展产生多方面影响。对于这种影响，由于代表不同的区域利益，人们的看法不尽相同。有的学者认为区域差异对于国家和区域的经济发展是有利的，如唐杰、李克等；有的学者则强调其对国家或经济发展的负面影响，如胡鞍钢、魏后凯等。本书认为，区域经济发展差异作为客观存在的一种经济现象，对国家和区域的经济发展既有正面的影响，也有负面的影响。

10.2.1　区域经济差异对经济发展的负面影响

区域经济发展差异对国家及各区域经济发展所产生的负面影响主要是这种差距的存在和变化会游到区域经济主体行为利己化，刺激、强化各区域经济发展的短期行为。主要体现在以下几个方面：

（1）导致、助长区域经济发展中的地方保护主义行为的盛行。由于各个区域都很关注自身利益的得失，因此在发展经济时不可避免地采取经济的和行政的手段，甚至是违背国家政策的手段去干预与本区域经济发展有关的一切事物。

（2）加剧市场分割现象。为了保护本区域的经利益，有的区域会借助行政的办法，画地为牢。分割市场，阻碍要素流动，从而降低了经济发展的总体效率。

（3）导致区域间的无序竞争。上述地方保护主义行为和市场分割现象，往往导致区域产业趋同，从而削弱了区域之间在经济发展方面的相互支持力。

（4）导致区域间两极分化，引发或加剧经济和社会的不稳定性。区域之间在资源利用和市场开发方面的无序竞争，往往不可避免地出现强者更强、弱者更弱的局面，导致区域差异进一步扩大，这不利于国家社会的长期稳定。

10.2.2　区域经济差异对经济发展的正面影响

区域经济发展差异对国家及各区域经济发展的正面影响主要是有利于各区域经济发展动力和竞争力的形成。这主要体现在：

（1）先发区域可以通过发挥先发优势，继续保持经济快速增长。区域先发优势是先发区域因其经济发展领先所产生的各种有利条件和先机。改革开放以来，我国东部沿海地区的经济发展水平一直处于领先地位，已获得了经济发展的先发优势。在区域先发利益的诱导下，东部地区可以继续通过技术和制度的率先创新，形成经济发展的动力。

（2）先发区域可以通过发挥后发优势，实施经济发展的追赶战略。区域后发优势是后发区域因其经济发展相对迟缓而形成的有利条件或存在的各种机遇，改革开放以来业已形成的东西经济发展差距使西部地区在经济发展落差中拥有这种后发优势。在区域后发优势利益引导下，西部地区可以通过技术模仿创新和制度移植变迁，从而形成经济发展的动力。

综上所述，区域经济差距可以说是一把双刃剑，一方面对国家或区域经济发展产生负面影响，另一方面又会对经济发展产生刺激和促进作用。区域经济差异的负面影响确实是不容忽视，如果忽视了这一点，就不可能正确地对待区域经济差异的变化，采取正确的对策去干预经济区域差异现象，从而给国家或区域经济发展带来损失。同时，我们也要注意不能因为顾及某些方面的利益而对区域差异对经济发展的负面影响失去客观评价，去任意夸大其负面影响。

10.2.3　对我国区域差异的理性认识

各种差异的存在自有其客观必然的一面，但若任其无节制地扩大，必然会加剧地区间发展的不平衡，进而导致贫富悬殊、地区不安定等问题的产生。因此，如何理性地认识这种差距，从而选择正确的发展模式，促进区域经济社会协调发展，已经成为一个社会广泛关注的问题。

1. 我国区域经济发展之路：均衡发展——非均衡发展——协调发展

从新中国成立到党的十一届三中全会的近 30 年间，我国的经济发展均是在区域均衡发展战略指导下进行的，虽然取得了巨大成就，但是长期均衡发展的努力并未使业已形成的非均衡布局及发展状况得到根本性改变，反而不断积累和显现出区域均衡战略的局限性。由于发展重心偏向内地，忽视了东部地区的发展，在区域均衡理论之下，效率受到了损害。一方面致使东部原有经济基础没有充分利用，其作用和潜力远远没能得到充分的发挥，进而影响国家整体经济的发展；另一方面对内地特别是西部的投入没有得到应有回报，浪费了人力、财力、物力，进而也影响了国家整体经济的发展。也就是说，这种区域均衡发展战略没有建立在生产力发展的客观规律上，生产力的配置带有极强的主观性和片面性。

自近代以来，我国区域经济发展布局一直是"东强西弱"。长期以来，人们视其为不合理布局，但却忽视了对这种布局产生原因的探讨以及其中的合理因素。近 30 年均衡布局与发展的实践，促使人们反思非均衡布局与发展的合理因素，正视非均衡发展的现实：由于历史的原因以及自然条件、资源条件、交通条件、经营管理水平、文化教育程度和物质技术基础的差异等因素，地区之间的经济发展不平衡状况客观存在着而且还将长期存在着。因此，要发挥各区域的有利条件，把条件较好地区的经济先搞上去。发达国家的实践也说明，完全均衡发展是不可能的，而非均衡发展既可行同时其效果又非常明显。对地域广阔的中国来说，实行区域经济非均衡发展战略就更具现实性。

但是，随着改革开放的不断深入，不平衡发展战略内生的一系列矛盾逐渐暴露，其中区域发展失衡特别是东西部发展差异不断扩大，不仅影响到国民经济健康运行，也关系到社会政治稳定、民族团结和边疆巩固。面对新的形势和任务以及暴露出的矛盾和问题，自20世纪90年代中期开始，区域经济协调发展战略引起越来越多的关注。在这一阶段，关于发展战略主要的观点有区域经济协调发展战略和非均衡协调发展战略：（1）1996年《国民经济和社会发展"九五"计划和2010年远景目标纲要》中，提出要按照市场经济规律和经济内在联系及地理自然特点，突破行政界限，在已有经济布局的基础上，以中心城市和交通要道为依托，逐步形成长江三角洲及沿江地区、环渤海地区、东南沿海地区、西南和华南部分省区、东北地区、中部五省区和西北地区7个跨省区市的经济区域，各经济区重点发展适合本地条件的重点和优势产业，避免地区间产业结构趋同，促进区域经济在更高起点上向前发展。（2）魏后凯（1995）提出了非均衡协调发展的战略思想。他指出，由于我国各地区的自然条件、资源禀赋、社会经济特点和投资经营环境差异较大，我国不同地区发展同一产业或同一地区发展不同产业的投入产出效果不尽相同，在国家所掌握的资源十分有限的条件下，为提高资源配置效率，保证国民经济的适度增长，国家必须集中有限的人力、物力和财力，采取重点开发的形式，并在资源分配和政策投入上对重点开发地区和重点产业倾斜。另外，国民经济是一个有机的整体，在这一有机体中，各地区之间、各产业之间都存在着一定的有机联系和相互依存关系，各地区、各产业的发展需要保持协调，这就要求国家实行的倾斜政策必须适度，必须以保持地区间和产业间的协调发展为前提。因此，适度倾斜和协调发展相结合就成为非均衡协调发展思想的核心内容。（3）曾坤生（2000）结合现代协同理论，提出了区域经济动态协调发展的观点。他认为经济发展的区域不平衡具有普遍规律性，要实现区域经济的协调发展，必须从整体经济的实际出发，结合区域经济发展的阶段特征，在一定时期内突出相应的发展重点，扶持能在较短时期内做到自立发展的区域或产业，培育区域自我发展能力，以争取在一个不长的时期内，实现整体经济的全面发展。适度重点倾斜与全面协调发展相结合，是动态协调发展思想的核心内容。

世纪之交，国家提出西部大开发战略，试图遏制和缩小东西部发展差异。党的十六大以来，逐步确立了以人为本、全面协调可持续的科学发展观，提出了统筹发展和构建和谐社会的新目标，进一步完善了区域发展新战略，即坚持西部大开发、振兴东北地区等老工业基地、促进中部地区崛起、鼓励东部地区加快发展。新的区域发展战略的核心是协调，通过统筹兼顾达到公平和效率的统一，促进区域协调发展。

2. 对我国区域差异的理性认识

在本书的第 4 章，我们通过测算得到一个结论：自改革开放以来，我国的地区差异经历了一个先减小后持续扩大的历程。20 世纪 80 年代中期以来，无论是从人均 GDP 角度，还是从经济区位熵角度，我国东中西部地区差异，特别是东西部地区差异越来越大，两极分化现象相当严重。2002 年以后，我国中西部地区经济发展逐步加快，虽然绝对地区差异仍然在扩大，但扩大的速度已经逐渐减缓。由于地区差异的发展变化受到多种因素（宏观经济政策、自然禀赋、交通条件、经营管理水平、文化教育程度和物质技术基础等）的影响，近年来影响地区差异变化的还存在一些周期性因素，导致我国地区差异存在不断扩大的趋势，本书的第 8 章的实证分析也表明，若不改变现有的经济背景，我国地区差异在未来的较长一段时期呈现出明显的"发散"趋势。但过去几年的经验表明，只要政府采取适当的政策措施，包括促进落后地区的经济增长，减少农民负担增加农民收入等，就可以减缓地区差异持续扩大的趋势，实现区域协调发展的目标。由此看来，就我国目前所处的发展阶段来说，改革开放以来地区差异的扩大是不可避免的，带有一定的客观必然性，差异不断扩大是符合客观经济规律的，而且这种不平衡状况还将长期存在。虽然近几年伴随着我国委、省政府关于区域经济协调发展一系列政策的出台，东中西部地区经济发展差异有了一定程度的缩小，但历史形成的巨大差异，绝不是短期内就可以从根本上改变的，缩小东中西部地区差异将是摆在各级政府面前的一项艰巨的长期任务。

在对待区域经济社会发展及地区差异问题上，我们必须正视现实，有所作为。必须运用历史的、辩证的观点去认识和分析。从全国经济长远发展的大局考虑，在我国东中西部地区差异问题上必须明确以下几点：

——我国地区之间的差异主要表现为东—中、中—西和东—西部地区之间的差异，而且尤以东西差异为甚。

——地区间的现实差异既有基础上的差异，也有发展中的差异，且

235

主要是发展中的差异，基础差异的存在扩大了发展中的差异，并对今后的发展仍将继续产生较大影响。

——地区差异的扩大是在各地区经济都取得长足发展的情况下发生的，是共同发展过程中差异的扩大化，并非是中西部地区经济发展的停滞所造成，只不过与东部地区相比较"相对迟缓"罢了。

——不能把地区差异的扩大完全看做是"坏事"，东部地区发展的快一些，为全国经济的发展树立了典型、积累了经验，是全国经济向更高水平迈进的巨大"拉动力"。另外，地区差异的存在，有利于落后地区发挥后发优势，从而调动各方面的积极性，加快其发展。

——地区差异必须适度，必须以不影响全国发展全局和社会稳定为前提，对地区差异扩大趋势不能听之任之、让其不断发展下去。关键是要把握好地区差异的"度"，根据经济发展的规律和要求，适时调整发展战略，把"差异"控制在适时和适度的范围内。

——我国现时正处在工业化中后期阶段，地区差异的继续拉大不可避免，地区差异的解决需要有一个较长的过程。从我国经济整体发展的现状和战略考虑，21 世纪前期，至少前 20 年，东部发达地区仍是全国国民经济发展的重点，东部地区的发展水平和发展层次不是西部落后地区短期内能够赶上的。

——缩小地区差异不能以抑制和牺牲东部地区的发展为代价，根本途径是继续实施"龙头带动、重点突破、促强扶弱"战略，推动东中西优势互补、良性互动、共同发展。要兼顾均衡与公平，在共同发展的过程中逐步缩小地区差异。

10.3 促进区域协调发展的制度创新对策

基于以上关于我国区域经济差异的测度及制度影响的定性和定量分析，我们得出制度变量能够很好地解释我国区域经济的差异。制度创新对于我国经济发展具有特殊意义，我国要实现经济增长方式的转变，完成体制转轨进程，继续保持高速经济增长，就必须努力克服各项制度障碍，构建完善的制度环境。基于此，我们提出以下促进我国区域协调发展的制度创新对策。

10.3.1　减轻城市化压力，积极稳妥推进城镇化

党的十七届三中全会提出，坚持走中国特色城镇化道路，促进大中小城市和小城镇协调发展，形成城镇化和新农村建设互促共进机制。"十二五"规划提出，"优化城市化布局和形态，加强城镇化管理，不断提升城镇化的质量和水平。"准确把握中国特色城镇化道路的精神实质，需要更加注重构建城镇化战略布局，更加注重城镇化发展的质量和效率，更加注重中小城市和小城镇发展，更加注重城镇化与新农村建设互促互进机制的形成。"十二五"时期的城镇化发展，要认真总结过去城镇化发展的经验教训，处理好大城市规模扩张与提高增长质量的关系，更加注重城镇化发展的质量和效率。我国的一线城市和中心城市，要坚决遏制城市发展中的"马太效应"，不能再走"摊大饼"式的外延扩张和人口无序增长的发展道路，而要重视内涵式增长，在加强公共服务设施建设，完善社会管理，提高城市化质量上狠下功夫。大城市发展应与区域经济发展水平相适应，与区域的资源、环境条件相适应，要着力提高单位土地的人口承载能力及集约化水平。处理好大城市发展与中小城市、小城镇建设的关系，更加注重推动中小城市和小城镇发展。

但随着时间的推移经济水平的提高，城镇对于各要素尤其是非农业人口的承载空间有一定的限度，当达到一定程度时随着各要素的集聚和规模的扩大，城镇化的这种正向边际效应就会逐渐减小。因此，我国在推进城镇化的进程中不能盲目追求数量的增加，而要注重质量和城镇化模式的选择，促进知识资本、先进技术、高端服务业等要素在城镇的合理流动和有效集聚，提高资源配置效率，充分发挥城镇的发展与集聚对区域经济增长的促进作用。构建符合中国发展规律、具有中国特色的城镇化格局——以城市群为主体、区域中心城市为依托、县域中心城市为支撑、小城镇和新型农村社区为基础。

10.3.2　加快市场化的改革进程，稳保经济增速

随着经济水平的提高，市场化改革对经济增长的带动作用也越来越大。市场化改革能够为中小型企业提供巨大的自由发展空间，极大地提

237

高了生产力，从而能够快速提高经济增长的速度。在国有经济大规模的改革之后，我国经济呈现出快速增长态势，这是因为对所有制结构的改革给经营形式灵活、竞争意识强的非国有及中小型企业提供了巨大的发展空间，非国有经济在国民经济中的地位越来越高。例如，2015年11月9日，贵州省获批全国首批电力体制改革综合试点，电力体制改革是以市场化为核心、方向和手段，促进电力企业加强管理，提高效率，引导电网合理投资，引导用户合理使用电力资源。2017年9月18日，中国石油天然气销售西南分公司在交易中心开展管道气网上竞价交易试点，当日挂出的1100万立方米天然气全部成交。本次交易由川渝两地9家客户成功摘单，成交16笔。

但最近几年这项改革进行到最大的几家国有企业，就停滞不前了，有报道指出，在中国的500强企业中，有近70%是国有企业。中国经济转型具有渐进式特点。中国的改革以市场化而不单纯以私有化为取向，但不能不触及竞争性市场和产权制度两个方面。中国的市场化有三个阶段：初始阶段创造竞争性市场，当前阶段推进国有经济的布局调整和国有企业的股权多元化，下一阶段是培育现代市场。我国经济要实现向集约型增长方式转变，在以后的改革策略中，仍应将市场化改革作为重点。

10.3.3 拓展改革开放的新思路，积极推进"一带一路"建设

2017年5月14～15日，"一带一路"国际合作高峰论坛在北京举行，习总书记出席高峰论坛开幕式，总书记在开幕式中强调"区域经济发展是现代经济的血脉，血脉通，增长才有力"，促进区域协调发展将保证经济持续发展。作为推动中国全方位对外开放的重大战略，"一带一路"将对全球经济格局及我国区域经济发展产生深远影响。2015年，"一带一路"倡议将全面铺开，具有可操作性的规划即将出台，从中短期看，该战略将在中国经济结构调整、金融市场发展等方面产生积极效应。"一带一路"倡议方案落实的中心地区关系到十八个省市，现阶段已经有24个省份明确提出"一带一路"的构建方案。其中西部地区包含新疆、陕西等十个省份，近期，国家开发银行与新疆探讨建立喀什经

济开发区，中巴经济走廊项目也正式启动了公路建设招标，促进巴基斯坦出海口瓜达尔港建设；宁夏提出建设中国—海合会自贸区先行区。中部包含了河南、江西等六个省，东部包含了江苏、福建等八个省，其中连云港拟申报建设中哈连云港自由贸易区，党中央、国务院提出建设"一带一路"和长江经济带重大战略，南京融入"一带一路"发展创新型、服务型、枢纽型、开放型、生态型等"五型经济"。

　　"一带一路"促进中国区域经济调整，并且与区域经济协调发展构成互动。其内在联系主要呈现为以下几点：第一，"一带一路"倡议可以解决现阶段区域经济发展不平稳的问题。我国东中西部区域经济受到基础和经济增长效率的影响，致使区域经济发展不稳定，但是依据"一带一路"可以加大东部产业转移和西部基础设施的投资构建，有助于解决区域经济发展不稳定的问题。第二，"一带一路"倡议提升区域经济的互通。我国东部区域经济对外贸易居多，规模不断拓展，但是长时间由于受到各个因素影响，会出现偏移，但是依据"一带一路"改变了之前东中西部的发展形势，提升了东中西部的互通联系。第三，"一带一路"有助于"三期叠加"背景下区域经济分层优化。可以让东部进入到产业结构优化升级的层次上，中西部还需要进行深入的产业基础投资和创新。正是由于各个区域的侧重点不一样，就需要分层次的改革。"一带一路"将产生积极的区域协同效应，推动沿线省区的全面开放，由此可以打破原来点状、块状对外开放的模式，改变区域发展的版图结构，强化地区间的互联互通与产业转移。

10.3.4　深化金融制度改革，提高资本配置效率

　　我国正处在转变经济发展方式、促进经济转型升级的关键时期。面对新形势，应进一步推进金融体系市场化改革，大力发展直接融资，改善金融结构，提高金融资源配置效率。这也意味着，资本市场在提高金融资源配置效率方面，应该发挥更大、更积极的作用。资本配置效率的持续改善受到经济体制的制约尤其是金融体制的制约。然而，各地区资本配置效率差异已成为影响区域经济绩效的重要原因，要想提高资本配置效率必然少不了金融制度的有利变革。我国东、中、西部地区金融制度的改进和创新始终是促进其经济增长的有利因素，但不加控制的金融

深化会使更多金融资源流向经济发达地区，从而导致我国区域经济增长差距的进一步扩大。因此，中央和地方政府应鼓励经济发达地区与欠发达地区金融机构加强合作，发挥发达地区高效金融体系的示范效应，给予经济欠发达地区更多政策优惠，使其经济水平快速提高，尽快消除其金融发展与经济增长之间的"门槛效应"，提高资本配置效率。

不断深化改革，提高金融资源配置效率，就是要让金融加快回归本源，让资本市场回归到发挥市场配置作用的本源。在中国经济转型升级的关键阶段，金融业回归本源，才能把更多的金融资源配置到经济社会发展的重点领域和薄弱环节。同时，要把发展直接融资放在重要位置，建设融资功能完备、基础制度扎实、市场监管有效、投资者合法权益得到有效保护的多层次资本市场体系。努力健全多层次资本市场体系，提高直接融资比重，这意味着在供给侧的存量重组、增量优化、动能转换过程中，直接融资和资本市场被赋予了更大的职责，也符合当前经济向创新驱动转型更加依赖直接融资的现实。从长远发展来看，推动更多金融资源通过资本市场进行配置，提高直接融资比重，是全球金融体系发展的趋势，也是经济社会发展的必然要求。提高金融资源配置效率，同时还要坚定不移地深化资本市场基础制度改革，加快修复和净化资本市场生态。随着经济发展水平的提高，直接融资比重不断提高，资本市场在金融体系中正发挥更大作用，越来越多的金融资源通过市场进行配置是一个共同的趋势。在这样的背景下，应把握当前金融改革深化的契机，让资本市场从实体经济的内在需求出发，发挥优化资源配置、引导要素有序流动的积极作用。

10.3.5 完善政府规制改革，提高政府管理效能

在一定意义上，中国经济生活中到处存在规制，旨在为市场运行及企业行为建立规则，确保市场的有序运转。20 世纪 80 年代以来，中国在规制改革方面采取了一些手段，并取得了积极的效果。例如，航空业由于有多家新航空公司进入，改变了以往由中国民航独家经营的垄断局面，通过竞争，航空业的服务水平有了明显的提高。电信业则由于中国联通的加入，结束了中国电信业邮电部统一组网，独家经营的垄断局面，竞争促使电信产品的服务质量提升，价格趋于下降。这表明引入竞

争对中国规制改革有重要意义。然而当前中国，由于政府通过规制立法来阻止竞争而产生的行政性垄断仍然大量存在，这种人为垄断形式的存在限制了竞争，恶化了市场竞争秩序，损害了政府威信和执法效率，造成了消费者福利的损失。

转型时期政府对企业行为的规制，既表现为一种放松规制的过程，也表现为一种强化规制的过程。但在现实中，政府规制既存在着越位的情形，也存在着缺位的情形，必须对政府规制进行改革。我国转型经济中的政府规制改革，应走松紧结合的道路，一方面逐步放松原有经济体制时期所遗留下来的高度的计划管制；另一方面则逐步建立起适应社会主义市场经济体制的规制政策与制度，这是由经济转型的特点所决定的。在当前，规制重构应主要抓好以下几个方面：第一，矫正政府失灵，对规制者进行规制。为体现政府规制的合理性和公正性，必须通过对行政职权的重新规范（张克中，2002），首先要规范或取消各种机构的立法资格，同时调整各级政府机关审批权限，向许可证制度开刀，其次要政企分离。第二，放松规制，培育产权多元化市场。可以采取通过引入民间投资主体自由进入竞争性环节，或是能够参与垄断环节的特许权竞争等民营化形式，对现有垄断企业进行股份制改造，使其成产权多元化的现代公司制企业，培育不同的市场交易主体，完善市场交易机制。第三，充分培育和发展民间协会、中介组织等社会团体组织。中国香港注重社会监督的力量取得了较好的效果，比如公共交通是放开的，任何人都有权申请经营交通运输的牌照，但是，牌照的数量是有限的，想拿到牌照必须通过拍卖，牌照在公众监督下进行拍卖，老百姓有监督权。充分培育和发展中介组织，加强消费者的知情权，提高政府规制的社会监督能力，在垄断性行业建立专业消费者、民间团体组织的监督，这也是我们为促进和培育公平竞争市场需要解决的重要问题。

10.3.6　加大对中西部地区的政策支持

研究表明，不管是区域经济增长水平还是制度水平，东部都属于领先地区，而中西部地区相对落后，特别是西部地区。为此，2015 年 7 月 28 日，为适应经济发展新常态下的新形势新要求，国家发改委拟会同有关部门和中部六省共同研究编制《促进中部地区崛起规划（2016 ～

2025 年)》，进一步明确今后十年促进中部地区崛起的工作思路和重点任务，加大对中部地区发展的政策支持，推动中部地区全面崛起，更好地发挥对全国发展的支撑作用。国家发展与改革委员会、商务部于2017 年 2 月最新发布了《中西部目录》，坚持扩大开放与区域协调发展相结合，积极发挥《中西部目录》的作用，扩大中西部地区鼓励外商投资产业范围，加大对中西部地区吸引外资的政策支持力度。

诚然，制度变迁的推动作用能否有效的发挥还与当地已有的资源禀赋条件相关，东部地区较早地形成了良好的资本资源、人力资源以及经济资源使其能够实现较好的资源配置，再加上有利的制度环境，因此东部地区经济增长水平遥遥领先。然而，西部地区在初始资源禀赋就不利的条件下，有利的制度改革和创新会尤为重要，因此，对于中西部地区的发展来说，我国中央政府应制定其相适宜的制度改革与政策扶持，对于效果好的政策应大力实施。同时，鼓励部分经济发达地区的地方政府和企业要从大局出发，在区域经济均衡发展中勇于承担责任，将部分经济资源，尤其是人力资本与技术资源向中西部地区转移。尽可能地消除中西部落后地区的技术瓶颈与制度变迁障碍，为中西部经济落后地区的资本配置和技术效率的提高提供良好的政策支持，尽可能地推动中西部经济乃至全国经济的均衡发展。

附　录

1978～2012 年全国 31 省市 GDP 总量

年份	北京	天津	河北	山西	内蒙古	辽宁	吉林	黑龙江	上海	江苏	浙江	安徽	福建	江西	山东
1978	109	83	183	88	58	229	82	175	273	249	124	114	66	87	225
1979	120	93	203	106	64	245	91	187	286	299	158	128	74	104	252
1980	139	104	219	109	68	281	99	221	312	320	180	141	87	111	292
1981	139	108	223	122	78	289	111	228	325	350	205	171	106	121	347
1982	155	114	251	139	93	315	122	248	337	390	234	187	118	134	395
1983	183	123	283	155	106	364	150	277	352	438	257	216	128	144	460
1984	217	148	332	197	128	438	174	318	391	519	323	266	157	169	582
1985	257	176	397	219	164	519	200	355	467	652	429	331	200	208	680
1986	285	195	437	235	182	605	227	401	491	745	502	383	223	231	742
1987	327	220	522	257	212	719	298	455	545	922	607	443	279	263	892

年份	北京	天津	河北	山西	内蒙古	辽宁	吉林	黑龙江	上海	江苏	浙江	安徽	福建	江西	山东
1988	410	260	701	317	271	881	369	552	648	1209	770	547	383	326	1118
1989	456	283	823	376	293	1004	392	631	697	1322	849	616	458	376	1294
1990	501	311	896	429	319	1063	425	715	782	1417	905	658	522	429	1511
1991	599	343	1072	469	360	1200	464	822	894	1601	1089	664	620	479	1811
1992	709	411	1279	551	422	1473	558	960	1114	2136	1376	801	785	573	2197
1993	886	539	1691	680	538	2011	719	1198	1519	2998	1926	1037	1114	723	2770
1994	1145	733	2187	827	695	2462	938	1605	1991	4057	2689	1321	1644	948	3845
1995	1508	932	2850	1076	857	2793	1137	1991	2499	5155	3558	1811	2095	1170	4953
1996	1789	1122	3453	1292	1023	3158	1347	2371	2958	6004	4189	2093	2484	1410	5884
1997	2076	1265	3954	1476	1154	3583	1464	2668	3439	6680	4686	2347	2871	1606	6537
1998	2376	1375	4256	1611	1263	3882	1577	2774	3801	7200	5053	2543	3160	1720	7021
1999	2678	1501	4514	1667	1379	4172	1682	2866	4189	7698	5444	2712	3414	1854	7494
2000	3161	1702	5044	1846	1539	4669	1952	3151	4771	8554	6141	2902	3765	2003	8337
2001	3711	1919	5517	2030	1714	5033	2120	3390	5210	9457	6898	3247	4073	2176	9195
2002	4330	2151	6018	2325	1941	5458	2346	3637	5741	10607	8004	3520	4468	2450	10276
2003	5024	2578	6921	2855	2388	6003	2662	4057	6694	12443	9705	3923	4984	2807	12078
2004	6060	3111	8478	3571	3041	6672	3122	4751	8073	15004	11649	4759	5763	3457	15022

续表

年份	北京	天津	河北	山西	内蒙古	辽宁	吉林	黑龙江	上海	江苏	浙江	安徽	福建	江西	山东
2005	6886	3698	10096	4180	3896	8009	3620	5512	9164	18306	13438	5375	6569	4057	18517
2006	7861	4344	11516	4715	4842	9251	4275	6201	10366	21645	15743	6131	7584	4671	22077
2007	9353	5050	13710	5733	6091	11024	5285	7065	12189	25741	18780	7364	9249	5500	25966
2008	10488	6354	16189	7056	7762	13462	6424	8310	13698	30313	21487	8874	10823	6480	31072
2009	12153	7522	17235	7358	9740	15212	7279	8587	15046	34457	22990	10063	12237	7655	33897
2010	14114	9224	20394	9201	11672	18457	8668	10369	17166	41425	27722	12359	14737	9451	39170
2011	16252	11307	24516	11238	14360	22227	10569	12582	19196	49110	32319	15301	17560	11703	45362
2012	17879	12885	26575	12113	15988	24801	11938	13692	20101	54058	34606	17212	19702	12949	50013

年份	河南	湖北	湖南	广东	广西	海南	重庆	四川	贵州	云南	西藏	陕西	甘肃	青海	宁夏	新疆
1978	163	151	147	186	76	16	67	185	47	69	7	81	65	16	13	39
1979	190	188	178	209	85	17	76	206	55	77	7	95	68	15	14	46
1980	229	199	192	250	97	19	85	229	60	84	9	95	74	18	16	53
1981	250	220	210	290	113	22	91	242	68	94	10	102	71	17	17	59
1982	263	242	233	340	129	29	101	275	79	110	10	112	77	20	18	65
1983	328	263	257	369	135	31	111	311	87	120	10	123	92	22	21	79
1984	370	328	287	459	150	37	131	358	108	140	14	149	103	26	25	90
1985	452	396	350	577	181	43	152	421	124	165	18	181	123	33	30	112

年份	河南	湖北	湖南	广东	广西	海南	重庆	四川	贵州	云南	西藏	陕西	甘肃	青海	宁夏	新疆
1986	503	442	398	668	205	48	170	458	140	182	17	208	141	38	35	129
1987	610	518	469	847	242	57	190	531	166	229	18	245	160	43	40	149
1988	749	627	584	1155	313	77	240	660	212	301	20	315	192	55	50	193
1989	851	717	641	1381	383	91	278	745	236	363	22	358	217	60	59	217
1990	935	824	744	1559	449	102	300	891	260	452	28	404	243	70	65	261
1991	1046	913	833	1893	519	121	342	1016	296	517	31	468	271	75	72	336
1992	1280	1088	987	2448	647	185	420	1177	340	619	33	532	318	88	83	402
1993	1660	1326	1245	3469	872	260	553	1486	418	783	37	678	372	110	104	495
1994	2217	1701	1650	4619	1198	332	756	2001	524	984	46	839	454	138	136	662
1995	2988	2109	2132	5933	1498	363	1016	2443	636	1222	56	1037	558	168	175	815
1996	3635	2500	2540	6835	1698	390	1187	2872	723	1518	65	1216	723	184	203	901
1997	4041	2856	2849	7775	1817	411	1360	3241	806	1676	77	1364	794	203	225	1040
1998	4308	3114	3026	8531	1911	442	1441	3474	858	1831	92	1458	888	221	245	1107
1999	4518	3229	3215	9251	1971	477	1492	3649	938	1900	106	1593	956	239	265	1163
2000	5053	3545	3551	10741	2080	527	1603	3928	1030	2011	118	1804	1053	264	295	1364
2001	5533	3881	3832	12039	2279	579	1766	4294	1133	2138	139	2011	1125	300	337	1492
2002	6035	4213	4152	13502	2524	643	1990	4725	1243	2313	162	2253	1232	341	377	1613

续表

年份	河南	湖北	湖南	广东	广西	海南	重庆	四川	贵州	云南	西藏	陕西	甘肃	青海	宁夏	新疆
2003	6868	4757	4660	15845	2821	714	2273	5333	1426	2556	185	2588	1400	390	455	1886
2004	8554	5633	5642	18865	3434	820	2693	6380	1678	3082	220	3176	1688	466	537	2209
2005	10587	6520	6511	22367	4076	905	3070	7385	1979	3473	251	3773	1934	543	606	2604
2006	12363	7581	7569	26160	4829	1032	3452	8638	2271	4007	291	4524	2277	640	711	3045
2007	15012	9231	9200	31084	5956	1223	4123	10505	2742	4741	342	5466	2704	784	889	3523
2008	18408	11330	11157	35696	7172	1459	5097	12506	3333	5700	396	6851	3176	962	1099	4203
2009	19480	12961	13060	39483	7759	1654	6530	14151	3913	6170	441	8170	3388	1081	1353	4277
2010	23092	15968	16038	46013	9570	2065	7926	17185	4602	7224	507	10123	4121	1350	1690	5437
2011	26931	19632	19670	53210	11721	2523	10011	21027	5702	8893	606	12512	5702	1670	2102	6610
2012	29810	22250	22154	57068	13031	2855	11459	23850	6802	10310	696	14451	6802	1885	2327	7466

资料来源：《中国统计年鉴》（1980～2013）。

附录 B　1978~2012 年全国 31 省市区城镇化——指标数据

年份	北京	天津	河北	上海	福建	山东	辽宁	广东	海南	江苏	浙江	黑龙江	山西	河南	安徽
1978	0.450	0.387	0.103	0.502	0.116	0.087	0.256	0.140	0.116	0.134	0.120	0.253	0.151	0.079	0.090
1979	0.471	0.408	0.109	0.519	0.121	0.090	0.275	0.147	0.118	0.134	0.128	0.267	0.162	0.079	0.092
1980	0.485	0.421	0.112	0.533	0.111	0.093	0.298	0.153	0.121	0.131	0.136	0.245	0.168	0.084	0.095
1981	0.499	0.434	0.114	0.542	0.130	0.096	0.309	0.156	0.125	0.147	0.142	0.284	0.172	0.087	0.100
1982	0.510	0.442	0.119	0.551	0.134	0.102	0.316	0.163	0.129	0.165	0.162	0.287	0.173	0.091	0.104
1983	0.517	0.448	0.124	0.560	0.137	0.109	0.324	0.167	0.131	0.171	0.173	0.294	0.169	0.096	0.108
1984	0.520	0.461	0.137	0.573	0.146	0.130	0.340	0.184	0.138	0.187	0.196	0.303	0.197	0.103	0.116
1985	0.529	0.491	0.154	0.586	0.150	0.139	0.358	0.201	0.153	0.201	0.208	0.289	0.209	0.118	0.135
1986	0.517	0.502	0.161	0.598	0.163	0.141	0.358	0.211	0.158	0.224	0.217	0.316	0.207	0.121	0.141
1987	0.520	0.497	0.168	0.582	0.157	0.150	0.365	0.221	0.163	0.221	0.223	0.302	0.214	0.132	0.148
1988	0.523	0.497	0.172	0.587	0.162	0.169	0.369	0.227	0.169	0.231	0.228	0.310	0.218	0.137	0.153
1989	0.527	0.496	0.169	0.587	0.164	0.177	0.369	0.228	0.173	0.230	0.224	0.310	0.219	0.135	0.152
1990	0.542	0.493	0.164	0.610	0.167	0.179	0.370	0.232	0.172	0.227	0.223	0.316	0.226	0.137	0.151
1991	0.545	0.498	0.164	0.595	0.174	0.184	0.373	0.242	0.179	0.230	0.225	0.321	0.221	0.139	0.153
1992	0.554	0.501	0.175	0.601	0.185	0.195	0.379	0.255	0.185	0.240	0.228	0.324	0.226	0.146	0.164
1993	0.554	0.511	0.182	0.606	0.199	0.207	0.389	0.269	0.197	0.257	0.244	0.324	0.232	0.155	0.184
1994	0.567	0.519	0.193	0.624	0.207	0.226	0.393	0.276	0.203	0.269	0.255	0.330	0.238	0.165	0.186

续表

年份	北京	天津	河北	上海	福建	山东	辽宁	广东	海南	江苏	浙江	黑龙江	山西	河南	安徽
1995	0.516	0.522	0.204	0.629	0.209	0.261	0.395	0.278	0.205	0.279	0.259	0.332	0.250	0.174	0.192
1996	0.515	0.521	0.217	0.637	0.215	0.269	0.395	0.282	0.207	0.285	0.263	0.337	0.247	0.183	0.196
1997	0.527	0.523	0.221	0.641	0.220	0.271	0.389	0.280	0.216	0.289	0.267	0.344	0.249	0.190	0.202
1998	0.516	0.521	0.224	0.641	0.222	0.268	0.387	0.278	0.209	0.293	0.270	0.320	0.248	0.198	0.206
1999	0.514	0.526	0.221	0.643	0.228	0.272	0.392	0.274	0.208	0.313	0.279	0.331	0.248	0.191	0.209
2000	0.479	0.469	0.226	0.536	0.229	0.276	0.391	0.274	0.208	0.328	0.294	0.327	0.245	0.197	0.218
2001	0.483	0.472	0.231	0.511	0.234	0.284	0.394	0.278	0.212	0.340	0.307	0.328	0.249	0.202	0.223
2002	0.498	0.472	0.238	0.515	0.296	0.297	0.389	0.301	0.220	0.352	0.321	0.331	0.253	0.208	0.231
2003	0.505	0.485	0.266	0.516	0.287	0.319	0.390	0.360	0.225	0.381	0.335	0.333	0.267	0.215	0.242
2004	0.552	0.491	0.273	0.547	0.332	0.334	0.400	0.376	0.283	0.399	0.349	0.351	0.271	0.229	0.250
2005	0.551	0.491	0.281	0.544	0.313	0.359	0.406	0.408	0.291	0.411	0.361	0.362	0.279	0.248	0.266
2006	0.558	0.490	0.304	0.540	0.329	0.368	0.406	0.413	0.292	0.422	0.371	0.367	0.292	0.258	0.281
2007	0.555	0.502	0.314	0.525	0.344	0.387	0.413	0.417	0.300	0.434	0.395	0.375	0.300	0.272	0.298
2008	0.551	0.493	0.319	0.519	0.356	0.393	0.419	0.417	0.306	0.448	0.404	0.379	0.304	0.280	0.311
2009	0.562	0.419	0.325	0.509	0.371	0.398	0.429	0.418	0.312	0.468	0.414	0.361	0.305	0.290	0.296
2010	0.572	0.404	0.323	0.465	0.371	0.391	0.423	0.418	0.327	0.485	0.443	0.369	0.304	0.303	0.324
2011	0.574	0.409	0.331	0.465	0.378	0.400	0.436	0.420	0.331	0.496	0.448	0.374	0.314	0.319	0.337
2012	0.574	0.414	0.339	0.465	0.388	0.412	0.447	0.426	0.338	0.505	0.454	0.377	0.324	0.334	0.350

年份	吉林	江西	湖北	湖南	广西	重庆	内蒙古	四川	贵州	云南	西藏	陕西	甘肃	青海	宁夏	新疆
1978	0.230	0.117	0.121	0.101	0.095	0.098	0.186	0.095	0.091	0.082	0.119	0.130	0.103	0.177	0.144	0.191
1979	0.241	0.120	0.130	0.109	0.093	0.103	0.191	0.100	0.092	0.085	0.123	0.131	0.107	0.185	0.147	0.196
1980	0.251	0.124	0.137	0.100	0.094	0.109	0.195	0.101	0.092	0.087	0.126	0.136	0.095	0.193	0.149	0.205
1981	0.258	0.130	0.140	0.114	0.095	0.106	0.201	0.105	0.093	0.091	0.113	0.137	0.110	0.195	0.150	0.209
1982	0.266	0.132	0.144	0.115	0.096	0.105	0.203	0.106	0.095	0.092	0.109	0.141	0.112	0.198	0.152	0.215
1983	0.269	0.137	0.148	0.119	0.097	0.102	0.208	0.109	0.096	0.095	0.108	0.144	0.122	0.202	0.156	0.220
1984	0.278	0.146	0.167	0.130	0.101	0.103	0.214	0.118	0.101	0.100	0.110	0.153	0.134	0.211	0.161	0.229
1985	0.293	0.164	0.192	0.129	0.108	0.153	0.227	0.131	0.114	0.108	0.115	0.171	0.141	0.229	0.175	0.236
1986	0.305	0.167	0.197	0.144	0.112	0.158	0.231	0.135	0.115	0.111	0.117	0.177	0.153	0.238	0.185	0.239
1987	0.310	0.169	0.201	0.141	0.106	0.161	0.244	0.137	0.113	0.112	0.123	0.178	0.165	0.239	0.194	0.243
1988	0.319	0.175	0.205	0.146	0.124	0.163	0.251	0.141	0.100	0.112	0.125	0.178	0.163	0.240	0.199	0.247
1989	0.318	0.174	0.204	0.149	0.113	0.164	0.252	0.140	0.116	0.112	0.118	0.180	0.165	0.235	0.204	0.248
1990	0.319	0.175	0.220	0.148	0.125	0.164	0.249	0.143	0.116	0.113	0.114	0.178	0.162	0.249	0.205	0.244
1991	0.323	0.178	0.221	0.150	0.128	0.168	0.252	0.148	0.117	0.115	0.117	0.181	0.164	0.245	0.208	0.247
1992	0.329	0.182	0.228	0.158	0.139	0.179	0.256	0.156	0.118	0.118	0.120	0.185	0.166	0.244	0.211	0.250
1993	0.338	0.199	0.237	0.173	0.153	0.185	0.264	0.166	0.121	0.122	0.120	0.192	0.173	0.252	0.213	0.253
1994	0.344	0.208	0.253	0.185	0.162	0.203	0.270	0.175	0.132	0.126	0.123	0.196	0.186	0.252	0.224	0.255

续表

年份	吉林	江西	湖北	湖南	广西	重庆	内蒙古	四川	贵州	云南	西藏	陕西	甘肃	青海	宁夏	新疆
1995	0.348	0.228	0.264	0.191	0.170	0.208	0.270	0.182	0.137	0.130	0.121	0.201	0.193	0.253	0.229	0.259
1996	0.347	0.231	0.271	0.204	0.173	0.225	0.271	0.190	0.144	0.143	0.125	0.207	0.197	0.251	0.232	0.262
1997	0.347	0.239	0.277	0.210	0.177	0.230	0.276	0.193	0.144	0.141	0.127	0.211	0.202	0.253	0.238	0.262
1998	0.328	0.239	0.283	0.214	0.180	0.234	0.277	0.198	0.145	0.140	0.129	0.211	0.209	0.254	0.237	0.260
1999	0.325	0.239	0.285	0.219	0.182	0.240	0.277	0.204	0.142	0.138	0.129	0.215	0.213	0.257	0.248	0.263
2000	0.321	0.246	0.304	0.211	0.192	0.248	0.283	0.215	0.145	0.148	0.133	0.224	0.215	0.254	0.249	0.253
2001	0.323	0.249	0.306	0.218	0.194	0.258	0.288	0.227	0.122	0.150	0.139	0.225	0.219	0.245	0.254	0.257
2002	0.329	0.258	0.309	0.226	0.195	0.267	0.294	0.236	0.128	0.153	0.145	0.238	0.227	0.256	0.258	0.261
2003	0.334	0.273	0.315	0.236	0.199	0.277	0.280	0.244	0.137	0.155	0.161	0.247	0.235	0.264	0.292	0.263
2004	0.344	0.283	0.392	0.245	0.205	0.285	0.289	0.257	0.143	0.160	0.167	0.257	0.240	0.273	0.304	0.267
2005	0.346	0.290	0.371	0.278	0.225	0.292	0.299	0.261	0.155	0.167	0.181	0.265	0.219	0.278	0.309	0.304
2006	0.348	0.297	0.370	0.286	0.236	0.298	0.301	0.274	0.166	0.174	0.185	0.278	0.223	0.287	0.321	0.308
2007	0.351	0.302	0.374	0.289	0.230	0.310	0.307	0.283	0.177	0.182	0.201	0.287	0.232	0.299	0.321	0.315
2008	0.355	0.307	0.382	0.293	0.232	0.318	0.314	0.293	0.183	0.189	0.209	0.296	0.188	0.301	0.321	0.316
2009	0.357	0.311	0.391	0.281	0.234	0.319	0.322	0.299	0.188	0.199	0.216	0.291	0.245	0.297	0.344	0.317
2010	0.358	0.296	0.384	0.283	0.240	0.414	0.328	0.324	0.271	0.207	0.220	0.317	0.274	0.299	0.342	0.307
2011	0.358	0.307	0.401	0.295	0.251	0.429	0.335	0.337	0.280	0.220	0.221	0.328	0.282	0.309	0.356	0.310
2012	0.360	0.320	0.414	0.305	0.261	0.445	0.342	0.351	0.292	0.235	0.221	0.347	0.294	0.317	0.362	0.314

资料来源：《中国统计年鉴》（1980～2013），数据由笔者整理得到。

附录C

1978～2012年全国31省市区市场化——指标数据

年份	北京	天津	河北	上海	福建	山东	辽宁	广东	海南	江苏	浙江	黑龙江	山西	河南	安徽
1978	0.092	0.037	0.010	0.146	0.351	0.301	0.089	0.264	0.015	0.051	0.471	0.056	0.093	0.267	0.070
1979	0.074	0.049	0.011	0.098	0.313	0.485	0.114	0.291	0.012	0.048	0.500	0.011	0.136	0.298	0.027
1980	0.094	0.075	0.027	0.114	0.312	0.488	0.140	0.328	0.009	0.308	0.520	0.016	0.202	0.349	0.023
1981	0.178	0.141	0.443	0.176	0.336	0.628	0.237	0.427	0.254	0.569	1.000	0.164	0.297	0.437	0.034
1982	0.145	0.143	0.497	0.136	0.382	0.491	0.215	0.389	0.221	0.533	0.503	0.149	0.271	0.381	0.387
1983	0.277	0.195	0.431	0.144	0.373	0.491	0.226	0.370	0.213	0.556	0.517	0.090	0.298	0.400	0.482
1984	0.246	0.215	0.429	0.179	0.391	0.521	0.242	0.381	0.188	0.482	0.580	0.165	0.285	0.445	0.493
1985	0.217	0.178	0.434	0.191	0.333	0.483	0.224	0.290	0.186	0.581	0.613	0.202	0.262	0.491	0.483
1986	0.165	0.151	0.419	0.167	0.321	0.453	0.222	0.268	0.188	0.581	0.601	0.179	0.247	0.500	0.458
1987	0.150	0.198	0.432	0.171	0.361	0.477	0.215	0.287	0.284	0.595	0.620	0.177	0.246	0.487	0.509
1988	0.183	0.200	0.472	0.190	0.394	0.480	0.213	0.281	0.254	0.586	0.631	0.177	0.271	0.482	0.513
1989	0.156	0.185	0.475	0.167	0.393	0.469	0.206	0.281	0.192	0.612	0.618	0.182	0.256	0.469	0.456
1990	0.140	0.177	0.374	0.153	0.398	0.448	0.171	0.287	0.142	0.622	0.573	0.174	0.258	0.475	0.465
1991	0.141	0.149	0.468	0.165	0.374	0.468	0.179	0.283	0.110	0.609	0.592	0.142	0.247	0.437	0.401
1992	0.135	0.189	0.403	0.229	0.454	0.429	0.169	0.346	0.088	0.595	0.570	0.116	0.181	0.407	0.406
1993	0.171	0.171	0.453	0.359	0.470	0.466	0.337	0.451	0.065	0.647	0.521	0.115	0.225	0.382	0.416
1994	0.207	0.160	0.526	0.358	0.538	0.515	0.332	0.576	0.075	0.641	0.517	0.173	0.220	0.420	0.503

续表

年份	北京	天津	河北	上海	福建	山东	辽宁	广东	海南	江苏	浙江	黑龙江	山西	河南	安徽
1995	0.389	0.175	0.558	0.416	0.550	0.537	0.340	0.518	0.088	0.641	0.676	0.221	0.235	0.456	0.500
1996	0.378	0.193	0.574	0.463	0.591	0.556	0.374	0.537	0.096	0.637	0.475	0.248	0.252	0.490	0.512
1997	0.370	0.152	0.564	0.419	0.590	0.569	0.367	0.536	0.137	0.625	0.463	0.207	0.260	0.512	0.583
1998	0.370	0.146	0.560	0.446	0.590	0.544	0.381	0.568	0.553	0.593	0.652	0.243	0.272	0.478	0.547
1999	0.372	0.139	0.542	0.469	0.567	0.531	0.399	0.595	0.561	0.583	0.606	0.284	0.306	0.502	0.546
2000	0.410	0.136	0.552	0.556	0.597	0.546	0.488	0.602	0.570	0.599	0.614	0.476	0.329	0.500	0.503
2001	0.508	0.131	0.602	0.619	0.573	0.588	0.514	0.647	0.177	0.611	0.629	0.461	0.365	0.519	0.505
2002	0.575	0.142	0.648	0.660	0.593	0.647	0.596	0.692	0.587	0.631	0.694	0.497	0.474	0.525	0.547
2003	0.655	0.121	0.670	0.669	0.619	0.697	0.658	0.704	0.669	0.626	0.723	0.527	0.569	0.571	0.598
2004	0.701	0.114	0.686	0.690	0.667	0.769	0.691	0.715	0.691	0.706	0.750	0.583	0.615	0.636	0.626
2005	0.682	0.101	0.711	0.650	0.665	0.824	0.706	0.712	0.579	0.762	0.740	0.564	0.553	0.688	0.651
2006	0.642	0.092	0.738	0.628	0.653	0.833	0.701	0.738	0.615	0.787	0.764	0.593	0.550	0.728	0.703
2007	0.661	0.077	0.772	0.601	0.648	0.853	0.724	0.754	0.679	0.829	0.748	0.589	0.576	0.786	0.714
2008	0.639	0.626	0.805	0.525	0.639	0.842	0.751	0.753	0.682	0.834	0.753	0.584	0.548	0.797	0.736
2009	0.523	0.596	0.761	0.481	0.622	0.838	0.769	0.675	0.628	0.806	0.736	0.589	0.496	0.811	0.717
2010	0.653	0.589	0.751	0.563	0.655	0.843	0.758	0.670	0.699	0.806	0.751	0.609	0.474	0.828	0.747
2011	0.772	0.649	0.825	0.687	0.726	0.871	0.804	0.784	0.736	0.829	0.775	0.621	0.607	0.848	0.788
2012	0.764	0.706	0.846	0.687	0.710	0.881	0.808	0.802	0.748	0.824	0.772	0.678	0.616	0.861	0.768

续表

年份	吉林	江西	湖北	湖南	广西	重庆	内蒙古	四川	贵州	云南	西藏	陕西	甘肃	青海	宁夏	新疆
1978	0.143	0.010	0.012	0.270	0.010	0.037	0.085	0.001	0.110	0.107	0.002	0.157	0.005	0.081	0.018	0.003
1979	0.118	0.023	0.021	0.306	0.016	0.076	0.043	0.196	0.146	0.138	0.002	0.176	0.004	0.090	0.015	0.027
1980	0.153	0.354	0.037	0.369	0.030	0.115	0.002	0.391	0.170	0.237	0.002	0.164	0.003	0.008	0.017	0.051
1981	0.186	0.391	0.119	0.442	0.031	0.354	0.052	0.361	0.205	0.251	0.002	0.237	0.168	0.175	0.068	0.075
1982	0.196	0.383	0.294	0.369	0.277	0.291	0.103	0.233	0.255	0.175	0.003	0.210	0.149	0.151	0.109	0.065
1983	0.249	0.357	0.346	0.550	0.362	0.346	0.153	0.245	0.304	0.174	0.001	0.189	0.131	0.157	0.090	0.069
1984	0.377	0.362	0.392	0.515	0.431	0.433	0.203	0.384	0.348	0.269	0.015	0.305	0.184	0.162	0.190	0.113
1985	0.399	0.419	0.401	0.475	0.428	0.332	0.254	0.362	0.359	0.309	0.149	0.314	0.234	0.151	0.170	0.114
1986	0.336	0.432	0.404	0.492	0.450	0.354	0.223	0.326	0.331	0.321	0.171	0.256	0.230	0.122	0.173	0.134
1987	0.299	0.450	0.391	0.476	0.374	0.381	0.267	0.321	0.369	0.336	0.253	0.282	0.199	0.106	0.198	0.127
1988	0.271	0.487	0.363	0.479	0.324	0.362	0.317	0.321	0.272	0.327	0.190	0.292	0.210	0.124	0.258	0.158
1989	0.275	0.457	0.345	0.450	0.424	0.389	0.251	0.301	0.268	0.385	0.138	0.295	0.206	0.124	0.240	0.174
1990	0.284	0.333	0.305	0.420	0.400	0.237	0.198	0.296	0.283	0.324	0.111	0.288	0.169	0.107	0.204	0.150
1991	0.249	0.354	0.292	0.396	0.395	0.249	0.189	0.285	0.265	0.276	0.173	0.317	0.169	0.101	0.175	0.123
1992	0.195	0.343	0.240	0.359	0.343	0.305	0.172	0.300	0.254	0.261	0.095	0.237	0.157	0.094	0.196	0.102
1993	0.181	0.295	0.280	0.366	0.391	0.368	0.179	0.376	0.268	0.279	0.083	0.247	0.216	0.105	0.215	0.140
1994	0.175	0.397	0.324	0.403	0.493	0.327	0.200	0.433	0.335	0.313	0.051	0.284	0.213	0.127	0.199	0.159

续表

年份	吉林	江西	湖北	湖南	广西	重庆	内蒙古	四川	贵州	云南	西藏	陕西	甘肃	青海	宁夏	新疆
1995	0.182	0.444	0.372	0.395	0.489	0.471	0.231	0.433	0.373	0.309	0.024	0.301	0.196	0.188	0.267	0.210
1996	0.184	0.503	0.397	0.447	0.504	0.502	0.245	0.478	0.357	0.333	0.072	0.311	0.284	0.171	0.219	0.196
1997	0.190	0.482	0.476	0.477	0.536	0.525	0.297	0.446	0.394	0.321	0.085	0.322	0.296	0.220	0.224	0.187
1998	0.168	0.465	0.462	0.462	0.516	0.478	0.356	0.390	0.380	0.281	0.076	0.297	0.321	0.235	0.284	0.164
1999	0.169	0.490	0.428	0.446	0.511	0.496	0.369	0.461	0.369	0.305	0.074	0.342	0.334	0.266	0.379	0.197
2000	0.475	0.490	0.397	0.462	0.502	0.522	0.361	0.517	0.354	0.332	0.052	0.365	0.327	0.336	0.371	0.460
2001	0.450	0.498	0.408	0.489	0.511	0.520	0.457	0.518	0.330	0.333	0.063	0.384	0.332	0.379	0.366	0.298
2002	0.567	0.533	0.432	0.509	0.518	0.616	0.489	0.544	0.330	0.370	0.049	0.430	0.336	0.372	0.421	0.518
2003	0.570	0.568	0.528	0.550	0.531	0.639	0.498	0.585	0.394	0.467	0.082	0.442	0.378	0.382	0.514	0.529
2004	0.614	0.602	0.596	0.556	0.573	0.592	0.518	0.613	0.416	0.536	0.186	0.473	0.380	0.471	0.603	0.346
2005	0.505	0.594	0.614	0.610	0.595	0.618	0.581	0.612	0.464	0.536	0.236	0.487	0.416	0.522	0.545	0.361
2006	0.580	0.604	0.588	0.628	0.634	0.583	0.625	0.625	0.497	0.519	0.321	0.504	0.446	0.531	0.484	0.383
2007	0.718	0.677	0.601	0.640	0.661	0.697	0.607	0.650	0.531	0.567	0.373	0.511	0.466	0.587	0.467	0.455
2008	0.678	0.740	0.608	0.649	0.665	0.677	0.623	0.641	0.512	0.595	0.322	0.549	0.446	0.562	0.393	0.595
2009	0.699	0.742	0.603	0.621	0.666	0.646	0.602	0.602	0.482	0.526	0.291	0.517	0.394	0.501	0.434	0.534
2010	0.642	0.761	0.633	0.656	0.678	0.612	0.623	0.603	0.483	0.526	0.279	0.532	0.457	0.493	0.578	0.580
2011	0.778	0.790	0.736	0.725	0.735	0.649	0.667	0.675	0.591	0.616	0.266	0.586	0.498	0.540	0.655	0.647
2012	0.785	0.795	0.762	0.721	0.760	0.651	0.674	0.685	0.611	0.633	0.349	0.586	0.561	0.538	0.738	0.593

资料来源：《中国统计年鉴》（1980～2013），数据由笔者整理得到。

255

附录D

1978～2012年全国31省市区金融化——指标数据

年份	北京	天津	河北	上海	福建	山东	辽宁	广东	海南	江苏	浙江	黑龙江	山西	河南	安徽
1978	1.5487	1.3718	0.9218	1.4527	0.9083	0.9923	0.8222	0.9232	0.5656	0.7062	0.6845	0.9523	0.8209	0.8943	0.4786
1979	1.7757	1.4335	0.8793	1.5120	0.9070	0.7571	0.8513	0.8852	0.6039	0.6967	0.6328	0.9291	0.7776	0.8425	0.4694
1980	1.8360	1.4254	0.9808	1.0855	0.9934	0.9178	0.9254	0.9819	0.6987	0.7963	0.7450	1.0036	0.9422	0.7976	0.4702
1981	2.2403	1.4911	1.0956	1.1762	1.0238	0.9233	1.0934	1.0629	0.7082	0.9139	0.7816	1.0679	0.9549	0.8605	0.0001
1982	2.5061	1.5831	1.0660	1.2269	1.0901	0.9069	1.1032	1.0767	0.7913	0.9331	0.7952	1.0911	0.9474	0.8652	0.0001
1983	2.5706	1.6303	1.1350	1.2653	1.1784	0.9145	1.0873	1.1909	0.8172	0.9446	0.8462	1.0733	0.9828	0.8017	0.0001
1984	2.6264	1.5896	1.2002	1.2459	1.3853	1.0318	1.0985	1.5601	2.2775	1.0698	0.9422	1.2817	1.0726	0.9910	0.0001
1985	2.5841	1.7368	1.1642	1.3103	1.2139	1.0659	1.1480	1.3894	1.5960	0.9729	0.9238	1.1884	1.1705	0.9548	0.5442
1986	2.8837	1.8159	1.3306	1.6854	1.3802	1.2217	1.3259	1.6032	1.6044	1.2101	1.0912	1.3111	1.3486	1.0635	0.0001
1987	2.9777	1.8926	1.3318	1.9146	1.2929	1.2754	1.4326	1.6079	1.6118	1.1956	1.1101	1.3215	1.4739	1.0237	0.0001
1988	2.5002	1.8198	1.1352	1.6515	1.2215	1.2477	1.4767	1.4772	1.8568	1.0422	1.0226	1.3595	1.3628	0.9594	0.0001
1989	2.6421	1.9226	1.1674	1.8266	1.2699	1.2875	1.5565	1.4100	1.7739	1.1169	1.1144	1.3898	1.4059	0.9885	0.5824
1990	2.9291	2.1840	1.3226	2.1888	1.4195	1.3902	1.8477	1.5448	2.0221	1.3228	1.3531	1.5538	1.5632	1.4626	0.0001
1991	2.9951	2.4048	1.3446	2.3729	1.5012	1.4314	1.9997	1.5935	2.1792	1.4781	1.4133	1.6632	1.7370	1.6256	0.0001
1992	3.0091	2.6582	1.3455	2.4942	1.6016	1.4427	2.0046	1.7122	3.3329	1.3593	1.4602	1.7126	1.7702	1.6123	0.8504
1993	2.9573	2.5136	1.2385	2.4220	1.4351	1.4062	1.7666	1.3603	3.0863	1.1924	1.3315	1.6762	1.7759	1.5123	0.0001
1994	3.0711	2.3573	1.1804	2.5717	1.2506	1.3117	1.8016	1.3043	2.9020	1.1582	1.3159	1.5701	1.7994	1.4921	0.7852

续表

年份	北京	天津	河北	上海	福建	山东	辽宁	广东	海南	江苏	浙江	黑龙江	山西	河南	安徽
1995	3.0608	2.3541	1.1486	2.6431	1.2546	1.3230	1.9702	2.1214	3.0581	1.2368	1.3288	1.6733	2.3339	1.4395	0.7066
1996	3.1252	2.4569	1.1741	2.7999	1.3563	1.3553	2.2247	2.2525	3.3286	1.4235	1.4287	1.7395	2.3141	1.4783	0.7338
1997	3.5826	2.4812	1.2553	3.0142	1.3735	1.4420	2.2304	2.4799	3.6439	1.5160	1.6156	1.8496	2.2475	1.6314	0.8121
1998	3.9563	2.5389	1.3687	2.9316	1.4241	1.5470	2.3460	2.6674	3.5558	1.6170	1.8132	2.0070	2.3729	1.7759	0.8466
1999	4.3261	2.5885	1.4054	2.9868	1.5172	1.6337	2.4153	2.8110	3.6295	1.6895	2.0066	2.1355	2.5592	1.8543	0.8646
2000	4.9883	2.4356	1.3311	2.8779	1.4751	1.6408	2.3721	2.6650	2.8685	1.6798	2.0718	2.0558	2.7531	1.8030	0.8219
2001	5.2355	2.4608	1.2965	3.2191	1.5908	1.6878	2.4217	2.7013	2.6069	1.7313	2.2187	2.0945	2.7096	1.8825	0.8026
2002	5.6862	2.5746	1.3345	3.7006	1.6481	1.8281	2.5370	2.8238	2.3049	1.8965	2.4808	2.1612	2.8441	1.9891	0.8358
2003	5.8993	2.8935	1.3188	3.9523	1.8091	1.8964	2.6930	2.8629	2.4161	2.1440	2.7586	2.1667	2.8838	2.0445	0.8603
2004	5.6476	2.7487	1.8168	3.7251	1.7950	1.7506	2.6898	2.6660	2.3327	2.1123	2.7117	1.9688	2.7518	1.8383	0.8197
2005	5.8987	2.7320	1.7017	3.9040	1.8751	1.6464	2.4878	2.5274	2.3607	2.0430	2.7573	1.7769	2.7079	1.6471	0.8026
2006	5.7832	2.6080	1.7409	3.8224	2.0153	1.6138	2.4412	2.4103	2.3997	2.0396	2.8354	2.2291	2.7397	1.6226	0.0002
2007	5.4010	2.6630	1.6721	3.7686	1.9577	1.5369	2.2860	2.3077	2.3283	2.0194	2.8074	2.1283	2.5623	1.4736	0.8210
2008	5.5864	2.4955	1.6964	3.9005	1.9764	1.5189	2.1961	2.2778	2.3454	2.0392	2.9672	1.6269	2.5599	1.4221	0.0002
2009	7.2421	3.3289	2.0588	4.9383	2.2116	1.7895	2.5182	2.8925	3.0931	2.4421	3.5813	1.9810	3.1955	1.6741	2.2455
2010	6.6615	3.2819	2.0523	5.0300	2.2759	1.8337	2.4956	2.7633	3.2605	2.4407	3.5614	1.9353	3.0660	1.6897	2.2738
2011	6.2562	2.8689	1.9460	4.9690	2.2335	1.7972	2.4144	2.6796	2.8951	2.3130	3.4347	1.8182	2.8556	1.6495	2.1655
2012	7.1606	2.8748	2.0913	5.1798	2.3091	1.9435	2.4500	2.7337	2.9502	2.4029	3.5156	1.9160	3.0676	1.7659	2.3107

续表

年份	吉林	江西	湖北	湖南	广西	重庆	内蒙古	四川	贵州	云南	西藏	陕西	甘肃	青海	宁夏	新疆
1978	1.0500	0.6462	0.9201	0.7014	0.8682	0.6822	0.9786	1.0096	0.8509	0.8600	1.3037	1.0736	0.9759	1.0869	0.9703	1.2882
1979	0.9892	0.6355	0.8402	0.6754	0.8605	0.6690	1.0031	1.0565	0.7800	0.8575	1.3916	1.0445	1.0178	1.3272	0.9401	1.1972
1980	1.0808	0.7533	0.9662	0.7585	0.8702	0.8415	1.0587	1.1881	0.8191	0.8766	1.2740	1.1280	0.9884	1.1962	0.9805	1.1888
1981	1.1659	0.8113	1.0612	0.7988	0.8576	0.9294	1.0973	1.2542	0.8225	0.9264	1.1718	1.1257	1.1775	1.3408	1.0072	1.2527
1982	1.2298	0.8298	1.1050	0.8114	0.8468	0.9340	1.0564	1.2253	0.8155	0.9418	1.2809	1.1446	1.1798	1.3489	1.0418	1.3234
1983	1.2054	0.8776	1.2414	0.8257	0.8956	0.9732	1.0887	1.1366	0.8170	0.9874	1.6140	1.1274	1.1225	1.3635	1.0514	1.2831
1984	1.2984	0.9721	1.2953	0.9281	1.0816	1.1837	1.0216	1.4218	0.8456	1.0446	1.1960	1.2451	1.3639	1.3123	1.3138	1.3999
1985	1.2286	0.9910	1.2191	0.8748	1.1789	1.0789	0.8950	1.3718	0.9335	1.1915	1.1667	1.3306	1.2370	1.4474	1.3911	1.3866
1986	1.6037	1.1447	1.4002	1.0021	1.3497	1.2697	1.1419	1.7627	1.1430	1.4122	1.2434	1.5349	1.4211	1.5518	1.5601	1.5183
1987	1.4553	1.2072	1.3947	1.0342	1.4357	1.4395	1.1737	1.8126	1.1573	1.3736	1.3075	1.5538	1.5510	1.7667	1.7552	1.5897
1988	1.3831	1.1534	1.2844	0.9728	1.2008	1.2780	1.1081	1.6219	1.0250	1.3024	1.5029	1.3640	1.4877	1.6536	1.6612	1.4556
1989	1.5016	1.1661	1.2984	1.0620	1.2752	1.2968	1.1918	1.6967	1.0604	1.2449	1.6836	1.4476	1.5251	1.7298	1.6854	1.5650
1990	1.7850	1.2970	1.3820	1.1941	1.3305	1.5556	1.3864	1.7994	1.2620	1.2565	1.4071	1.6415	1.7195	1.8341	1.9696	1.7424
1991	2.0370	1.4469	1.4842	1.2992	1.4301	1.7286	1.4809	2.0338	1.4252	1.3397	1.4219	1.7352	1.9353	2.0274	2.2662	1.7320
1992	2.0980	1.4940	1.4714	1.3900	1.5479	1.7239	1.5603	2.2037	1.5381	1.4239	1.4987	1.8426	2.0522	2.0283	2.3895	1.7818
1993	1.9892	1.7182	1.4767	1.3384	1.5228	1.5958	1.6367	2.1272	1.5519	1.4293	1.7526	1.7502	2.1235	1.9526	2.2786	1.7470
1994	1.8247	1.6753	1.4349	1.3084	1.4611	1.4752	1.6288	2.0244	1.4985	1.5510	2.0204	2.1125	2.1859	2.0185	2.2317	1.9126

续表

年份	吉林	江西	湖北	湖南	广西	重庆	内蒙古	四川	贵州	云南	西藏	陕西	甘肃	青海	宁夏	新疆
1995	1.8413	1.6749	1.4583	1.2469	1.4744	1.4092	1.6174	2.1727	1.5586	1.7280	2.2079	2.1504	2.3475	2.0635	2.1645	2.0639
1996	1.9652	1.7618	1.6081	1.3251	1.5104	1.4824	1.6682	2.2635	1.6549	1.8015	2.2293	2.2874	2.2857	2.2744	2.2595	2.2518
1997	2.1310	1.7784	1.5840	1.3663	1.6466	1.6576	1.7492	1.7537	1.8301	1.9845	2.2467	2.4253	2.4356	2.1498	2.3846	2.3043
1998	2.1966	1.8442	1.7440	1.4494	1.7311	1.8497	1.8339	1.8651	1.9293	2.0695	2.0652	2.6565	2.5018	2.2274	2.4722	2.3985
1999	2.6804	1.8786	1.7913	1.5393	1.8917	2.1397	1.7810	2.1503	1.9687	2.1467	1.9477	2.7577	2.5445	2.2262	2.5786	2.5237
2000	2.5047	1.8505	1.9931	1.4862	1.8665	2.3616	1.6963	2.1808	2.1084	2.2144	1.9151	2.6919	2.4448	2.3845	2.6429	2.3956
2001	2.5054	1.9155	2.0682	1.5999	1.8791	2.3594	1.7327	2.2721	2.2531	2.3164	2.2242	2.8561	2.5628	2.4712	2.6976	2.3849
2002	2.5308	1.9744	2.2160	1.7224	1.8723	2.5456	1.7440	2.3775	2.3780	2.3952	2.4938	2.9951	2.6591	2.5324	2.9237	2.4968
2003	2.4778	2.0606	2.3095	1.8166	1.9482	2.7338	1.6811	2.4651	2.5328	2.6225	2.5139	3.1467	2.7556	2.5495	3.1359	2.5238
2004	2.2801	1.9129	2.2032	1.7296	1.8736	2.7057	1.5837	2.3415	2.5881	2.5318	2.4036	2.9002	2.5998	2.6209	2.9851	2.3423
2005	2.1002	1.8400	2.1218	1.6905	1.7812	2.7511	1.5111	2.2543	2.5676	2.6284	2.5236	2.7645	2.4919	2.5246	3.0015	2.1887
2006	2.0664	1.7995	2.1006	1.6769	1.8051	2.5358	1.4647	2.2595	2.5636	2.7418	2.5735	2.5120	2.3846	2.4980	2.9131	2.1192
2007	1.8212	1.7114	1.9917	1.6018	1.7237	2.5039	1.3578	2.1947	2.4115	2.6909	2.5361	2.3661	2.2760	2.4654	2.6799	2.0719
2008	1.7426	1.6857	1.9455	1.5478	1.7221	2.4756	1.2793	2.3668	2.3322	2.6376	2.6512	2.3033	2.3559	2.3653	2.4862	1.9664
2009	2.0204	2.0435	2.2942	1.7855	2.1909	3.0167	1.5057	2.8941	2.6976	3.2253	2.8920	2.7320	2.8137	2.9454	2.9379	2.4849
2010	1.9397	2.0741	2.2382	1.7370	2.1541	3.0715	1.5591	2.9088	2.8490	3.3194	3.1494	2.6105	2.8025	3.0674	2.9428	2.5460
2011	1.7978	2.0008	2.0177	1.6534	2.0422	2.9291	1.5175	2.6998	2.7333	3.0891	3.4193	2.5035	2.7613	3.0374	2.7721	2.5200
2012	1.8311	2.1561	2.0679	1.7321	2.1325	2.9858	1.5678	2.7936	2.7458	3.0859	3.8719	2.5269	2.9845	3.3377	2.9193	2.6974

资料来源：《中国统计年鉴》(1980~2013)，数据由笔者整理得到。

附录 E   1978～2012 年全国 31 省市区对外开放——指标数据

年份	北京	天津	河北	上海	福建	山东	辽宁	广东	海南	江苏	浙江	黑龙江	山西	河南	安徽
1978	0.078	0.390	0.052	0.544	0.078	0.120	0.238	0.218	0.033	0.056	0.014	0.008	0.003	0.018	0.003
1979	0.090	0.442	0.063	0.524	0.082	0.152	0.328	0.215	0.044	0.066	0.017	0.011	0.004	0.019	0.006
1980	0.106	0.466	0.078	0.506	0.103	0.164	0.401	0.216	0.049	0.074	0.035	0.013	0.004	0.023	0.007
1981	0.119	0.477	0.103	0.475	0.116	0.171	0.451	0.285	0.074	0.098	0.063	0.018	0.008	0.030	0.016
1982	0.119	0.466	0.112	0.489	0.106	0.154	0.466	0.265	0.051	0.106	0.080	0.024	0.009	0.032	0.026
1983	3.330	0.442	0.105	0.474	0.102	0.152	0.397	0.280	0.048	0.113	0.088	0.036	0.010	0.032	0.029
1984	3.838	0.391	0.093	0.468	0.110	0.211	0.503	0.350	0.080	0.121	0.097	0.046	0.042	0.039	0.041
1985	2.336	0.388	0.165	0.447	0.151	0.241	0.531	0.382	0.122	0.133	0.118	0.060	0.060	0.044	0.056
1986	1.927	0.414	0.139	0.497	0.213	0.230	0.315	0.604	0.101	0.162	0.137	0.094	0.081	0.057	0.066
1987	1.598	0.466	0.181	0.548	0.256	0.258	0.356	0.928	0.178	0.167	0.141	0.110	0.087	0.077	0.084
1988	1.428	0.422	0.146	0.498	0.290	0.237	0.290	0.985	0.320	0.149	0.133	0.107	0.068	0.070	0.072
1989	1.247	0.383	0.151	0.498	0.311	0.224	0.304	1.021	0.407	0.148	0.158	0.106	0.073	0.071	0.068
1990	1.207	0.475	0.208	0.609	0.481	0.245	0.461	1.439	0.523	0.207	0.221	0.134	0.059	0.092	0.094
1991	1.158	0.425	0.206	0.639	0.609	0.261	0.478	1.654	0.722	0.246	0.286	0.169	0.102	0.106	0.108
1992	1.055	0.426	0.174	0.630	0.701	0.298	0.459	1.572	0.694	0.247	0.300	0.208	0.103	0.073	0.117
1993	0.972	0.394	0.155	0.556	0.657	0.270	0.384	1.360	0.641	0.226	0.262	0.185	0.098	0.060	0.115
1994	1.556	0.536	0.224	0.812	0.869	0.366	0.510	1.988	0.799	0.337	0.376	0.162	0.156	0.087	0.179

续表

年份	北京	天津	河北	上海	福建	山东	辽宁	广东	海南	江苏	浙江	黑龙江	山西	河南	安徽
1995	1.476	0.626	0.198	0.778	0.799	0.333	0.472	1.685	0.578	0.366	0.353	0.121	0.182	0.090	0.150
1996	0.999	0.666	0.176	0.750	0.694	0.331	0.417	1.559	0.532	0.375	0.313	0.100	0.199	0.066	0.128
1997	0.936	0.717	0.156	0.724	0.706	0.330	0.404	1.678	0.473	0.400	0.341	0.100	0.194	0.057	0.128
1998	0.848	0.707	0.138	0.756	0.603	0.280	0.348	1.507	0.432	0.416	0.334	0.070	0.149	0.048	0.118
1999	0.803	0.746	0.131	0.833	0.571	0.277	0.336	1.446	0.302	0.454	0.370	0.071	0.084	0.044	0.110
2000	0.945	0.902	0.138	1.037	0.638	0.321	0.412	1.524	0.294	0.588	0.503	0.094	0.110	0.052	0.131
2001	0.840	0.864	0.135	1.051	0.629	0.341	0.390	1.420	0.303	0.594	0.532	0.097	0.117	0.055	0.127
2002	0.762	0.949	0.142	1.126	0.714	0.351	0.392	1.587	0.286	0.710	0.601	0.112	0.120	0.060	0.130
2003	0.869	1.117	0.166	1.529	0.780	0.390	0.442	1.790	0.320	0.962	0.752	0.141	0.138	0.077	0.155
2004	0.970	1.385	0.216	1.965	0.931	0.448	0.510	1.940	0.363	1.212	0.896	0.157	0.199	0.091	0.167
2005	1.182	1.535	0.217	2.083	0.948	0.479	0.530	2.021	0.273	1.394	1.007	0.212	0.158	0.092	0.190
2006	1.238	1.562	0.215	2.205	0.938	0.502	0.536	2.110	0.340	1.486	1.108	0.251	0.156	0.100	0.214
2007	1.235	1.423	0.234	2.283	0.902	0.520	0.536	2.083	0.416	1.499	1.143	0.293	0.203	0.102	0.222
2008	1.284	1.149	0.254	2.091	0.789	0.489	0.481	1.744	0.387	1.295	1.061	0.298	0.205	0.100	0.213
2009	0.915	0.712	0.157	1.567	0.629	0.360	0.338	1.352	0.305	0.928	0.806	0.166	0.074	0.061	0.139
2010	1.025	0.746	0.182	1.735	0.706	0.405	0.360	1.456	0.304	1.054	0.906	0.220	0.094	0.071	0.167
2011	1.050	0.719	0.185	0.781	0.302	0.372	0.179	0.675	1.161	0.986	0.890	0.210	0.520	0.242	0.303
2012	0.965	0.672	0.161	0.732	0.277	0.351	0.172	0.627	1.039	0.886	0.806	0.234	0.465	0.252	0.279

续表

年份	吉林	江西	湖北	湖南	广西	重庆	内蒙古	四川	贵州	云南	西藏	陕西	甘肃	青海	宁夏	新疆
1978	0.009	0.019	0.032	0.030	0.092	0.019	0.005	0.004	0.004	0.033	0.026	0.004	0.019	0.007	0.057	0.009
1979	0.013	0.025	0.036	0.037	0.086	0.019	0.005	0.004	0.005	0.033	0.022	0.005	0.018	0.004	0.077	0.007
1980	0.018	0.023	0.033	0.044	0.089	0.018	0.009	0.006	0.008	0.029	0.021	0.006	0.015	0.007	0.071	0.009
1981	0.032	0.046	0.045	0.053	0.092	0.025	0.015	0.009	0.016	0.033	0.022	0.011	0.019	0.016	0.074	0.021
1982	0.032	0.040	0.050	0.056	0.087	0.026	0.021	0.012	0.019	0.033	0.021	0.017	0.019	0.017	0.072	0.039
1983	0.036	0.051	0.053	0.055	0.086	0.025	0.018	0.010	0.017	0.033	0.028	0.019	0.019	0.022	0.049	0.038
1984	0.055	0.057	0.057	0.058	0.087	0.026	0.023	0.018	0.020	0.032	0.017	0.029	0.021	0.026	0.053	0.071
1985	0.096	0.067	0.069	0.059	0.104	0.031	0.043	0.033	0.022	0.041	0.023	0.032	0.032	0.034	0.064	0.084
1986	0.125	0.083	0.096	0.075	0.120	0.043	0.058	0.046	0.030	0.057	0.028	0.052	0.045	0.043	0.098	0.093
1987	0.100	0.103	0.116	0.084	0.147	0.064	0.070	0.064	0.040	0.075	0.049	0.073	0.051	0.057	0.109	0.097
1988	0.090	0.099	0.106	0.070	0.113	0.066	0.072	0.059	0.039	0.074	0.049	0.077	0.047	0.050	0.109	0.102
1989	0.110	0.089	0.092	0.067	0.102	0.082	0.078	0.058	0.045	0.078	0.063	0.075	0.045	0.061	0.074	0.111
1990	0.144	0.132	0.114	0.103	0.147	0.111	0.096	0.072	0.063	0.100	0.052	0.103	0.066	0.081	0.104	0.114
1991	0.200	0.122	0.127	0.118	0.163	0.115	0.121	0.090	0.076	0.093	0.061	0.137	0.090	0.090	0.123	0.116
1992	0.233	0.137	0.122	0.156	0.195	0.104	0.157	0.090	0.085	0.093	0.088	0.151	0.112	0.103	0.139	0.142
1993	0.259	0.119	0.116	0.134	0.190	0.091	0.149	0.087	0.074	0.088	0.103	0.174	0.087	0.092	0.114	0.138
1994	0.380	0.163	0.172	0.145	0.261	0.163	0.162	0.128	0.142	0.187	0.395	0.247	0.130	0.134	0.177	0.194

续表

年份	吉林	江西	湖北	湖南	广西	重庆	内蒙古	四川	贵州	云南	西藏	陕西	甘肃	青海	宁夏	新疆
1995	0.219	0.149	0.156	0.111	0.278	0.143	0.136	0.116	0.133	0.202	0.113	0.204	0.061	0.122	0.226	0.200
1996	0.197	0.105	0.103	0.085	0.209	0.105	0.129	0.074	0.112	0.163	0.139	0.172	0.068	0.124	0.163	0.142
1997	0.113	0.117	0.106	0.085	0.227	0.108	0.120	0.066	0.108	0.152	0.128	0.145	0.080	0.097	0.188	0.147
1998	0.088	0.107	0.085	0.073	0.173	0.064	0.092	0.061	0.091	0.140	0.139	0.139	0.067	0.071	0.189	0.159
1999	0.111	0.087	0.074	0.068	0.107	0.067	0.119	0.060	0.070	0.116	0.160	0.125	0.055	0.058	0.161	0.185
2000	0.116	0.104	0.082	0.079	0.117	0.103	0.124	0.061	0.076	0.121	0.156	0.124	0.068	0.071	0.197	0.202
2001	0.126	0.085	0.076	0.077	0.091	0.101	0.129	0.065	0.068	0.119	0.098	0.099	0.076	0.084	0.197	0.117
2002	0.136	0.081	0.080	0.072	0.105	0.090	0.133	0.093	0.065	0.123	0.097	0.104	0.080	0.075	0.161	0.191
2003	0.174	0.105	0.091	0.080	0.123	0.117	0.116	0.102	0.080	0.132	0.123	0.116	0.112	0.126	0.217	0.354
2004	0.145	0.119	0.103	0.100	0.133	0.140	0.115	0.100	0.104	0.152	0.127	0.133	0.117	0.184	0.244	0.329
2005	0.143	0.122	0.119	0.100	0.136	0.142	0.117	0.108	0.087	0.160	0.126	0.096	0.126	0.114	0.227	0.449
2006	0.145	0.156	0.135	0.110	0.146	0.151	0.101	0.128	0.088	0.176	0.144	0.140	0.151	0.158	0.268	0.510
2007	0.147	0.185	0.138	0.113	0.163	0.164	0.105	0.133	0.098	0.199	0.155	0.144	0.153	0.100	0.243	0.664
2008	0.139	0.196	0.144	0.109	0.175	0.153	0.089	0.156	0.098	0.159	0.258	0.123	0.123	0.081	0.208	0.838
2009	0.091	0.158	0.103	0.065	0.165	0.099	0.051	0.142	0.057	0.120	0.113	0.086	0.060	0.047	0.105	0.425
2010	0.109	0.231	0.125	0.077	0.161	0.139	0.059	0.158	0.067	0.164	0.197	0.106	0.101	0.065	0.137	0.426
2011	0.133	0.163	0.102	0.878	0.167	0.202	0.211	0.191	0.083	0.159	0.247	0.098	0.099	0.070	0.144	0.448
2012	0.151	0.145	0.096	0.830	0.179	0.368	0.324	0.209	0.108	0.154	0.571	0.095	0.109	0.068	0.124	0.434

资料来源：《中国统计年鉴》（1980～2013），数据由笔者整理得到。

附录 F

1978～2012 年全国 31 省市区政府管制——指标数据

年份	北京	天津	河北	上海	福建	山东	辽宁	广东	海南	江苏	浙江	黑龙江	山西	河南	安徽
1978	0.176	0.176	0.177	0.176	0.228	0.142	0.190	0.145	0.102	0.114	0.141	0.180	0.250	0.164	0.160
1979	0.166	0.164	0.168	0.165	0.216	0.126	0.174	0.134	0.104	0.107	0.119	0.151	0.248	0.147	0.160
1980	0.136	0.142	0.129	0.139	0.173	0.103	0.146	0.100	0.109	0.091	0.096	0.117	0.199	0.123	0.118
1981	0.119	0.134	0.105	0.127	0.135	0.074	0.128	0.094	0.109	0.068	0.095	0.113	0.157	0.095	0.090
1982	0.145	0.187	0.103	0.166	0.139	0.074	0.127	0.090	0.090	0.063	0.093	0.113	0.161	0.095	0.090
1983	0.133	0.166	0.100	0.149	0.137	0.070	0.120	0.093	0.106	0.074	0.091	0.111	0.158	0.096	0.094
1984	0.118	0.127	0.108	0.123	0.131	0.067	0.124	0.093	0.122	0.075	0.089	0.113	0.174	0.098	0.089
1985	0.128	0.153	0.105	0.141	0.153	0.075	0.149	0.105	0.136	0.078	0.087	0.126	0.157	0.110	0.102
1986	0.156	0.179	0.123	0.116	0.169	0.092	0.125	0.124	0.131	0.089	0.101	0.153	0.175	0.138	0.121
1987	0.152	0.142	0.102	0.092	0.143	0.084	0.112	0.106	0.126	0.074	0.084	0.145	0.163	0.107	0.101
1988	0.129	0.135	0.096	0.100	0.129	0.088	0.108	0.100	0.121	0.067	0.082	0.134	0.144	0.102	0.087
1989	0.134	0.138	0.088	0.105	0.132	0.088	0.114	0.102	0.151	0.070	0.088	0.135	0.141	0.103	0.090
1990	0.137	0.129	0.097	0.097	0.131	0.082	0.115	0.097	0.170	0.071	0.089	0.130	0.133	0.096	0.094
1991	0.135	0.139	0.085	0.114	0.126	0.078	0.126	0.096	0.165	0.080	0.089	0.134	0.164	0.104	0.123
1992	0.103	0.113	0.079	0.077	0.108	0.066	0.101	0.090	0.137	0.059	0.069	0.107	0.117	0.091	0.092
1993	0.093	0.095	0.084	0.079	0.102	0.068	0.090	0.095	0.148	0.055	0.065	0.104	0.111	0.089	0.069
1994	0.086	0.094	0.074	0.096	0.084	0.057	0.091	0.090	0.120	0.049	0.057	0.089	0.108	0.077	0.071

续表

年份	北京	天津	河北	上海	福建	山东	辽宁	广东	海南	江苏	浙江	黑龙江	山西	河南	安徽
1995	0.102	0.097	0.067	0.104	0.082	0.056	0.098	0.089	0.117	0.049	0.051	0.088	0.105	0.069	0.075
1996	0.105	0.098	0.067	0.113	0.081	0.061	0.100	0.088	0.116	0.052	0.051	0.088	0.103	0.070	0.085
1997	0.114	0.111	0.068	0.119	0.078	0.065	0.095	0.088	0.116	0.055	0.051	0.088	0.097	0.070	0.090
1998	0.118	0.113	0.071	0.124	0.081	0.069	0.101	0.097	0.124	0.059	0.057	0.101	0.102	0.075	0.095
1999	0.133	0.118	0.078	0.127	0.082	0.073	0.110	0.104	0.119	0.063	0.063	0.125	0.111	0.085	0.106
2000	0.140	0.123	0.082	0.128	0.086	0.074	0.111	0.100	0.121	0.075	0.070	0.130	0.122	0.088	0.111
2001	0.151	0.135	0.093	0.136	0.092	0.082	0.126	0.110	0.136	0.077	0.087	0.151	0.143	0.092	0.124
2002	0.145	0.140	0.096	0.150	0.089	0.084	0.127	0.113	0.144	0.081	0.094	0.156	0.144	0.104	0.130
2003	0.146	0.136	0.093	0.163	0.091	0.084	0.131	0.107	0.148	0.084	0.092	0.149	0.146	0.104	0.129
2004	0.148	0.139	0.093	0.171	0.090	0.079	0.140	0.098	0.155	0.087	0.091	0.160	0.145	0.103	0.126
2005	0.154	0.141	0.097	0.180	0.090	0.079	0.150	0.102	0.167	0.091	0.094	0.156	0.160	0.105	0.133
2006	0.160	0.147	0.103	0.170	0.096	0.084	0.153	0.096	0.167	0.093	0.094	0.171	0.188	0.116	0.154
2007	0.168	0.160	0.111	0.175	0.098	0.088	0.158	0.099	0.196	0.098	0.096	0.187	0.174	0.125	0.169
2008	0.176	0.158	0.118	0.184	0.105	0.087	0.158	0.103	0.238	0.105	0.103	0.207	0.180	0.127	0.186
2009	0.191	0.195	0.136	0.199	0.115	0.096	0.176	0.110	0.294	0.117	0.115	0.244	0.212	0.149	0.213
2010	0.193	0.149	0.138	0.192	0.115	0.106	0.173	0.118	0.282	0.119	0.116	0.260	0.210	0.148	0.209
2011	0.200	0.159	0.144	0.204	0.216	0.110	0.176	0.126	0.309	0.127	0.119	0.270	0.210	0.158	0.125
2012	0.269	0.166	0.154	0.207	0.230	0.118	0.183	0.129	0.454	0.130	0.120	0.232	0.228	0.169	0.132

续表

年份	吉林	江西	湖北	湖南	广西	重庆	内蒙古	四川	贵州	云南	西藏	陕西	甘肃	青海	宁夏	新疆
1978	0.199	0.187	0.199	0.172	0.274	0.128	0.322	0.193	0.264	0.265	0.688	0.226	0.222	0.438	0.444	0.243
1979	0.196	0.169	0.149	0.141	0.265	0.117	0.328	0.182	0.241	0.278	0.685	0.207	0.210	0.449	0.402	0.244
1980	0.176	0.144	0.133	0.116	0.257	0.097	0.269	0.146	0.210	0.206	0.538	0.193	0.167	0.331	0.360	0.186
1981	0.143	0.116	0.107	0.101	0.248	0.071	0.210	0.123	0.196	0.167	0.419	0.161	0.158	0.316	0.353	0.163
1982	0.142	0.116	0.105	0.098	0.240	0.069	0.218	0.116	0.190	0.171	0.491	0.154	0.166	0.313	0.346	0.169
1983	0.129	0.121	0.108	0.100	0.231	0.072	0.216	0.118	0.187	0.202	0.571	0.152	0.170	0.329	0.339	0.186
1984	0.134	0.130	0.097	0.095	0.223	0.071	0.241	0.134	0.206	0.220	0.748	0.152	0.205	0.347	0.332	0.213
1985	0.172	0.143	0.110	0.108	0.214	0.076	0.209	0.152	0.198	0.222	0.580	0.152	0.194	0.306	0.325	0.208
1986	0.221	0.159	0.131	0.137	0.205	0.090	0.242	0.191	0.218	0.260	0.530	0.171	0.213	0.318	0.347	0.272
1987	0.179	0.144	0.118	0.119	0.197	0.079	0.215	0.165	0.190	0.235	0.516	0.154	0.199	0.283	0.298	0.227
1988	0.166	0.130	0.110	0.111	0.170	0.077	0.188	0.156	0.171	0.215	0.517	0.142	0.190	0.260	0.274	0.202
1989	0.172	0.129	0.112	0.119	0.152	0.079	0.191	0.171	0.195	0.226	0.545	0.142	0.190	0.260	0.248	0.193
1990	0.169	0.118	0.103	0.111	0.147	0.077	0.191	0.160	0.184	0.201	0.467	0.133	0.189	0.245	0.231	0.183
1991	0.171	0.126	0.109	0.122	0.146	0.079	0.185	0.160	0.181	0.214	0.491	0.124	0.189	0.243	0.240	0.156
1992	0.143	0.119	0.091	0.100	0.121	0.054	0.171	0.136	0.178	0.197	0.499	0.123	0.168	0.213	0.191	0.139
1993	0.143	0.113	0.086	0.106	0.123	0.053	0.164	0.141	0.161	0.256	0.577	0.111	0.170	0.206	0.186	0.131
1994	0.112	0.097	0.081	0.092	0.104	0.059	0.134	0.119	0.142	0.207	0.659	0.102	0.160	0.183	0.142	0.107

年份	河南	湖北	湖南	广东	广西	海南	重庆	四川	贵州	云南	西藏	陕西	甘肃	青海	宁夏	新疆
1995	0.106	0.094	0.077	0.082	0.094	0.065	0.119	0.114	0.134	0.192	0.622	0.099	0.146	0.172	0.131	0.118
1996	0.108	0.094	0.079	0.086	0.092	0.068	0.124	0.114	0.138	0.178	0.587	0.100	0.126	0.178	0.145	0.128
1997	0.115	0.095	0.078	0.081	0.094	0.074	0.124	0.085	0.141	0.187	0.506	0.106	0.134	0.180	0.150	0.119
1998	0.121	0.102	0.090	0.090	0.104	0.087	0.144	0.092	0.155	0.179	0.505	0.114	0.141	0.200	0.184	0.132
1999	0.139	0.112	0.104	0.097	0.114	0.101	0.154	0.100	0.182	0.199	0.514	0.130	0.155	0.233	0.187	0.143
2000	0.134	0.112	0.104	0.098	0.124	0.117	0.170	0.115	0.196	0.206	0.523	0.151	0.179	0.259	0.206	0.140
2001	0.154	0.130	0.125	0.113	0.154	0.135	0.196	0.138	0.243	0.232	0.763	0.174	0.209	0.338	0.277	0.177
2002	0.155	0.139	0.121	0.128	0.166	0.154	0.213	0.148	0.255	0.228	0.863	0.180	0.222	0.349	0.304	0.224
2003	0.154	0.136	0.114	0.123	0.157	0.150	0.197	0.137	0.233	0.230	0.801	0.162	0.214	0.313	0.232	0.195
2004	0.163	0.131	0.115	0.128	0.148	0.147	0.198	0.140	0.249	0.215	0.618	0.163	0.211	0.295	0.229	0.191
2005	0.174	0.139	0.119	0.134	0.150	0.159	0.189	0.147	0.263	0.221	0.753	0.169	0.222	0.312	0.264	0.199
2006	0.168	0.144	0.137	0.138	0.154	0.152	0.185	0.155	0.261	0.224	0.696	0.173	0.232	0.331	0.266	0.223
2007	0.167	0.156	0.137	0.144	0.169	0.164	0.197	0.167	0.276	0.238	0.818	0.183	0.250	0.354	0.263	0.226
2008	0.184	0.174	0.146	0.153	0.185	0.175	0.172	0.235	0.296	0.258	0.973	0.195	0.306	0.357	0.270	0.253
2009	0.203	0.204	0.161	0.169	0.209	0.202	0.198	0.254	0.351	0.316	1.067	0.225	0.368	0.450	0.319	0.345
2010	0.206	0.203	0.157	0.169	0.210	0.347	0.195	0.248	0.355	0.316	1.109	0.219	0.356	0.550	0.330	0.312
2011	0.208	0.217	0.164	0.179	0.217	0.396	0.208	0.222	0.395	0.329	1.280	0.234	0.357	0.579	0.336	0.346
2012	0.230	0.233	0.169	0.186	0.229	0.395	0.216	0.228	0.402	0.347	1.332	0.230	0.365	0.612	0.369	0.410

资料来源：《中国统计年鉴》（1980～2013），数据由笔者整理得到。

附录 G

1978～2012 年全国 31 省市区制度变迁进步指数

年份	北京	天津	河北	上海	福建	山东	辽宁	广东	海南	江苏	浙江	黑龙江	山西	河南	安徽	吉林
1978	2.145	2.164	1.199	2.732	1.895	1.810	1.754	1.901	1.118	1.277	2.015	1.513	1.369	1.613	1.129	1.667
1979	2.218	2.287	1.211	2.667	1.835	2.132	1.925	1.951	1.136	1.277	2.073	1.449	1.461	1.661	1.050	1.627
1980	2.312	2.378	1.286	2.589	1.857	2.197	2.099	2.060	1.165	1.805	2.171	1.441	1.641	1.757	1.049	1.740
1981	2.616	2.555	2.142	2.721	1.954	2.479	2.395	2.338	1.669	2.386	3.137	1.814	1.837	1.953	0.961	1.850
1982	2.645	2.589	2.253	2.687	2.058	2.206	2.379	2.263	1.611	2.361	2.236	1.804	1.788	1.856	1.653	1.901
1983	5.813	2.689	2.147	2.715	2.068	2.220	2.346	2.276	1.604	2.423	2.303	1.708	1.843	1.883	1.844	2.004
1984	6.230	2.692	2.172	2.792	2.181	2.399	2.505	2.490	1.989	2.352	2.497	1.931	1.920	2.041	1.891	2.306
1985	4.830	2.711	2.266	2.837	2.066	2.377	2.539	2.327	1.866	2.549	2.597	1.966	1.937	2.150	2.064	2.393
1986	4.422	2.722	2.271	2.956	2.168	2.354	2.390	2.557	1.863	2.680	2.650	2.032	1.975	2.212	1.888	2.421
1987	4.127	2.870	2.346	3.044	2.248	2.456	2.453	2.904	2.127	2.701	2.705	2.021	2.023	2.212	2.014	2.296
1988	3.914	2.814	2.345	2.973	2.330	2.467	2.410	2.920	2.272	2.643	2.705	2.044	2.030	2.190	2.020	2.229
1989	3.746	2.777	2.360	2.978	2.365	2.459	2.429	2.937	2.217	2.711	2.719	2.059	2.020	2.170	2.062	2.285
1990	3.780	2.910	2.249	3.187	2.573	2.468	2.583	3.366	2.291	2.832	2.753	2.122	2.065	2.329	1.944	2.412
1991	3.761	2.879	2.434	3.261	2.677	2.542	2.660	3.582	2.461	2.889	2.866	2.133	2.119	2.319	1.838	2.468
1992	3.677	3.029	2.300	3.417	2.957	2.522	2.635	3.682	2.715	2.849	2.856	2.136	2.012	2.237	2.103	2.421
1993	3.658	2.946	2.362	3.589	2.928	2.580	2.843	3.623	2.577	2.916	2.720	2.103	2.103	2.168	1.925	2.404
1994	4.303	3.024	2.566	3.889	3.213	2.766	2.964	4.426	2.700	3.014	2.830	2.175	2.164	2.278	2.365	2.468

续表

年份	北京	天津	河北	上海	福建	山东	辽宁	广东	海南	江苏	浙江	黑龙江	山西	河南	安徽	吉林
1995	4.491	3.138	2.614	3.997	3.178	2.841	2.993	4.264	2.572	3.080	3.124	2.261	2.380	2.351	2.323	2.348
1996	4.057	3.234	2.656	4.119	3.201	2.899	3.078	4.228	2.622	3.139	2.737	2.321	2.418	2.418	2.340	2.364
1997	4.129	3.212	2.646	4.074	3.221	2.948	3.043	4.393	2.746	3.171	2.796	2.285	2.413	2.505	2.506	2.344
1998	4.130	3.203	2.659	4.135	3.147	2.880	3.048	4.348	3.471	3.158	3.211	2.328	2.429	2.487	2.446	2.264
1999	4.188	3.246	2.623	4.264	3.108	2.881	3.099	4.375	3.389	3.225	3.221	2.460	2.485	2.536	2.445	2.411
2000	4.508	3.240	2.637	4.403	3.217	2.959	3.323	4.419	3.194	3.400	3.399	2.821	2.599	2.538	2.386	2.947
2001	4.676	3.210	2.729	4.583	3.202	3.083	3.371	4.429	2.384	3.464	3.518	2.805	2.669	2.606	2.390	2.913
2002	4.880	3.339	2.847	4.867	3.439	3.267	3.554	4.738	3.087	3.670	3.799	2.911	2.925	2.660	2.496	3.164
2003	5.198	3.557	2.956	5.315	3.575	3.452	3.762	5.057	3.314	4.003	4.088	3.000	3.158	2.791	2.641	3.198
2004	5.391	3.756	3.175	5.741	3.878	3.631	3.901	5.187	3.474	4.405	4.280	3.101	3.272	2.897	2.709	3.219
2005	5.612	3.860	3.207	5.812	3.877	3.779	3.905	5.271	3.198	4.678	4.395	3.082	3.117	2.979	2.800	2.964
2006	5.566	3.834	3.307	5.851	3.910	3.824	3.889	5.379	3.340	4.828	4.570	3.301	3.140	3.072	2.732	3.105
2007	5.492	3.714	3.388	5.829	3.878	3.891	3.903	5.365	3.525	4.936	4.604	3.318	3.200	3.170	3.009	3.311
2008	5.537	4.460	3.485	5.534	3.786	3.848	3.891	5.050	3.519	4.791	4.599	3.184	3.154	3.189	2.847	3.213
2009	5.446	4.106	3.420	5.242	3.698	3.804	3.900	4.714	3.553	4.550	4.518	3.139	3.109	3.267	3.320	3.288
2010	5.655	4.084	3.417	5.499	3.849	3.853	3.884	4.764	3.759	4.692	4.680	3.229	3.048	3.334	3.458	3.173
2011	5.800	4.072	3.547	4.863	3.622	3.884	3.809	4.261	4.510	4.660	4.686	3.221	3.647	3.544	3.654	3.419
2012	5.951	4.151	3.621	4.876	3.605	3.943	3.839	4.278	4.451	4.597	4.638	3.381	3.689	3.634	3.654	3.461

续表

年份	江西	湖北	湖南	广西	重庆	内蒙古	四川	贵州	云南	西藏	陕西	甘肃	青海	宁夏	新疆
1978	1.120	1.215	1.615	1.207	1.148	1.458	1.149	1.307	1.315	1.284	1.524	1.174	1.465	1.302	1.397
1979	1.150	1.231	1.696	1.208	1.229	1.394	1.543	1.360	1.381	1.320	1.557	1.191	1.559	1.311	1.425
1980	1.824	1.304	1.830	1.242	1.360	1.341	1.957	1.421	1.574	1.291	1.564	1.156	1.385	1.326	1.485
1981	1.941	1.502	2.013	1.245	1.841	1.463	1.926	1.496	1.624	1.242	1.711	1.554	1.755	1.434	1.566
1982	1.929	1.862	1.882	1.711	1.722	1.558	1.677	1.598	1.486	1.264	1.675	1.522	1.716	1.524	1.592
1983	1.909	2.009	2.238	1.889	1.830	1.669	1.680	1.691	1.502	1.355	1.638	1.489	1.742	1.477	1.597
1984	1.965	2.148	2.220	2.076	2.056	1.761	2.047	1.793	1.705	1.264	1.918	1.677	1.758	1.751	1.757
1985	2.119	2.196	2.129	2.124	1.926	1.864	2.025	1.863	1.843	1.526	1.990	1.761	1.811	1.765	1.781
1986	2.205	2.284	2.238	2.234	2.038	1.891	2.079	1.873	1.944	1.596	1.962	1.835	1.807	1.866	1.868
1987	2.280	2.282	2.217	2.126	2.160	2.020	2.104	1.957	1.982	1.800	2.038	1.835	1.847	1.991	1.884
1988	2.342	2.196	2.202	1.967	2.087	2.111	2.055	1.714	1.945	1.734	2.009	1.832	1.848	2.090	1.918
1989	2.278	2.152	2.174	2.149	2.158	2.015	2.034	1.745	2.044	1.684	2.039	1.838	1.871	2.039	1.988
1990	2.114	2.146	2.182	2.179	1.964	1.974	2.070	1.845	1.951	1.542	2.101	1.833	1.907	2.075	1.988
1991	2.191	2.161	2.181	2.217	2.044	2.012	2.137	1.869	1.879	1.679	2.217	1.915	1.949	2.120	1.939
1992	2.204	2.067	2.181	2.196	2.158	2.039	2.225	1.888	1.878	1.580	2.112	1.946	1.946	2.214	1.942
1993	2.185	2.155	2.187	2.300	2.243	2.080	2.364	1.914	1.915	1.637	2.138	2.070	1.951	2.201	2.005
1994	2.423	2.304	2.281	2.560	2.228	2.141	2.497	2.108	2.110	1.915	2.378	2.141	2.048	2.233	2.139

续表

年份	江西	湖北	湖南	广西	重庆	内蒙古	四川	贵州	云南	西藏	陕西	甘肃	青海	宁夏	新疆
1995	2.536	2.409	2.230	2.584	2.477	2.173	2.538	2.198	2.171	1.657	2.393	2.101	2.168	2.399	2.292
1996	2.639	2.461	2.348	2.567	2.550	2.209	2.626	2.186	2.223	1.786	2.429	2.266	2.191	2.281	2.268
1997	2.627	2.618	2.427	2.686	2.652	2.329	2.426	2.300	2.237	1.808	2.470	2.351	2.229	2.358	2.268
1998	2.604	2.626	2.416	2.629	2.583	2.442	2.352	2.288	2.169	1.756	2.480	2.416	2.259	2.495	2.258
1999	2.643	2.567	2.413	2.604	2.707	2.479	2.575	2.251	2.212	1.739	2.587	2.448	2.310	2.699	2.384
2000	2.661	2.601	2.426	2.607	2.863	2.455	2.710	2.272	2.303	1.692	2.629	2.422	2.493	2.735	2.851
2001	2.683	2.642	2.520	2.608	2.873	2.660	2.760	2.218	2.334	1.754	2.688	2.477	2.596	2.749	2.468
2002	2.778	2.735	2.600	2.635	3.114	2.738	2.880	2.258	2.433	1.809	2.841	2.531	2.609	2.890	2.992
2003	2.914	2.965	2.728	2.701	3.248	2.702	3.004	2.452	2.693	1.928	2.930	2.680	2.693	3.235	3.171
2004	2.971	3.209	2.750	2.782	3.185	2.728	3.044	2.541	2.828	2.112	2.955	2.653	2.950	3.408	2.755
2005	2.951	3.199	2.900	2.837	3.262	2.849	3.035	2.634	2.872	2.263	2.926	2.665	2.967	3.295	2.914
2006	3.000	3.156	2.954	2.945	3.156	2.908	3.100	2.715	2.898	2.463	2.953	2.724	3.034	3.212	3.001
2007	3.152	3.162	2.964	2.981	3.398	2.860	3.152	2.767	3.009	2.590	2.948	2.749	3.100	3.094	3.276
2008	3.285	3.183	2.969	3.002	3.356	2.868	3.216	2.718	3.026	2.630	2.999	2.631	3.011	2.869	3.674
2009	3.358	3.245	2.919	3.125	3.396	2.867	3.283	2.730	3.033	2.516	3.009	2.696	3.014	3.016	3.327
2010	3.442	3.296	2.989	3.143	3.544	2.938	3.344	2.926	3.111	2.645	3.071	2.899	3.049	3.318	3.415
2011	3.436	3.442	3.838	3.247	3.661	3.161	3.479	3.132	3.240	2.739	3.157	2.978	3.153	3.451	3.563
2012	3.491	3.522	3.827	3.348	3.854	3.302	3.564	3.216	3.294	3.311	3.192	3.188	3.242	3.642	3.501

资料来源：《中国统计年鉴》（1980～2013），数据由笔者整理得到。

附录 H

1990～2012 年全国 31 省市区资本 K 总量

年份	北京	天津	河北	上海	福建	山东	辽宁	广东	海南	江苏	浙江	黑龙江	山西	河南	安徽	吉林
1990	1240	310	617	1476	224	1256	284	974	56	1104	555	560	419	801	239	286
1991	1347	338	680	1629	240	1378	308	1110	65	1258	617	584	441	868	242	312
1992	1501	371	785	1845	260	1572	335	1329	124	1519	713	614	464	956	248	343
1993	1749	406	917	2157	298	1860	374	1664	170	1839	868	651	489	1062	277	400
1994	2115	452	1076	2636	363	2169	422	2060	228	2208	1076	694	520	1198	321	455
1995	2468	509	1270	3313	439	2501	462	2520	221	2617	1323	745	549	1366	368	508
1996	2769	575	1520	4116	528	2865	499	2945	192	3082	1608	807	580	1569	415	564
1997	3087	651	1813	4860	623	3273	537	3342	187	3586	1884	884	626	1804	461	606
1998	3466	741	2142	5519	737	3740	581	3830	200	4174	2186	983	702	2071	507	658
1999	3828	821	2493	6097	847	4243	624	4416	216	4805	2501	1070	792	2337	552	724
2000	4214	907	2809	6656	955	4820	675	4993	226	5457	2863	1159	878	2621	605	805
2001	4628	1011	3123	7266	1061	5447	734	5627	239	6141	3278	1266	973	2919	657	893
2002	5119	1135	3437	8010	1177	6228	803	6377	261	6963	3756	1384	1092	3262	718	1001
2003	5748	1302	3824	8795	1327	7198	897	7321	303	8085	4376	1507	1239	3686	793	1139
2004	6444	1468	4292	9714	1521	8381	1040	8351	353	9365	5112	1658	1443	4213	912	1318
2005	7094	1676	4946	10809	1781	9908	1223	9679	412	11030	5917	1843	1707	5038	1049	1575
2006	7697	1936	5732	12087	2107	11663	1463	11163	480	12870	6785	2089	2035	6174	1216	2034

续表

年份	北京	天津	河北	上海	福建	山东	辽宁	广东	海南	江苏	浙江	黑龙江	山西	河南	安徽	吉林
2007	8397	2270	6665	13569	2522	13478	1758	12852	496	14822	7727	2412	2425	7658	1415	2679
2008	8793	2720	7859	14879	3032	15448	2255	14527	533	16998	8642	2792	2827	9391	1650	3519
2009	9432	3392	9228	16678	3622	18217	2642	16856	588	19758	9682	3388	3439	11686	1926	4410
2010	10281	4226	10689	18122	4243	21269	3113	19574	665	22908	10869	3945	4155	14287	2259	5439
2011	11140	5185	12490	19412	4961	24455	3643	22429	757	26290	12067	4566	4959	17053	2643	6414
2012	12071	6362	14593	20794	5801	28118	4263	25701	861	30170	13397	5286	5918	20356	3092	7564

年份	江西	湖北	湖南	广西	重庆	内蒙古	四川	贵州	云南	西藏	陕西	甘肃	青海	宁夏	新疆
1990	551	365	456	200	166	285	494	220	33	20	573	380	65	74	278
1991	586	391	474	205	173	323	514	230	38	23	605	405	69	77	316
1992	663	428	505	219	192	375	539	242	45	25	644	434	73	82	372
1993	794	485	552	266	220	442	590	255	53	28	694	468	78	90	437
1994	939	569	606	325	248	505	657	275	61	31	750	515	82	97	512
1995	1092	672	672	383	295	566	710	291	70	37	816	569	88	104	586
1996	1245	807	762	444	326	645	789	314	79	40	887	632	98	110	660
1997	1424	960	851	499	365	740	870	346	92	44	964	712	112	118	733
1998	1608	1135	955	565	411	835	992	388	108	47	1114	792	121	129	817
1999	1798	1310	1071	640	460	932	1125	440	123	55	1265	893	140	144	904

续表

年份	江西	湖北	湖南	广西	重庆	内蒙古	四川	贵州	云南	西藏	陕西	甘肃	青海	宁夏	新疆
2000	2007	1495	1200	715	519	1038	1271	499	135	65	1438	1021	163	162	1007
2001	2255	1690	1346	792	590	1163	1433	578	148	77	1621	1185	195	185	1116
2002	2607	1890	1508	883	682	1375	1619	669	162	93	1827	1373	231	213	1261
2003	3109	2093	1695	992	789	1796	1850	771	182	112	2119	1583	271	254	1440
2004	3723	2343	1919	1140	901	2383	2133	876	205	135	2422	1826	313	300	1632
2005	4432	2652	2176	1347	1001	3239	2408	993	237	161	2815	2096	360	351	1860
2006	5232	3063	2489	1624	1073	4234	2686	1129	276	190	3345	2398	410	409	2146
2007	6096	3560	2874	1980	1175	5459	2995	1284	321	221	3935	2750	465	477	2427
2008	6978	4104	3391	2386	1362	6868	3342	1461	357	252	4768	3267	524	568	2676
2009	8270	4820	4035	3113	1669	8820	3617	1684	414	290	5715	3740	615	703	2966
2010	9643	5672	4847	4121	1891	10943	4100	1957	508	353	6932	4308	738	863	3370
2011	11153	6713	5749	5261	2200	13269	4620	2286	623	400	8253	4988	889	1014	3833
2012	12900	7946	6817	6715	2520	16091	5244	2671	764	454	9825	5775	1070	1191	4359

资料来源：《中国统计年鉴》（1980～2013），数据由笔者整理得到。

附录 I

1990~2012 年全国 31 省市区劳动力 L 总量

年份	北京	天津	河北	山西	内蒙古	辽宁	吉林	黑龙江	上海	江苏	浙江	安徽	福建	江西	山东	河南
1990	627	470	2955	1304	925	1897	1169	1436	788	4225	2555	2808	1348	1817	4043	4086
1991	634	480	3040	1332	963	1938	1195	1482	798	4273	2579	2877	1437	1875	4219	4216
1992	649	486	3106	1364	976	1958	1235	1483	807	4315	2600	2986	1490	1870	4303	4332
1993	628	503	3171	1384	1008	2006	1238	1500	787	4340	2616	3157	1531	1904	4379	4400
1994	664	513	3210	1404	1033	2009	1250	1515	786	4363	2641	3120	1554	2008	4382	4448
1995	665	515	3252	1425	1029	2028	1271	1543	794	4385	2622	3207	1567	2101	5207	4509
1996	660	512	3300	1441	1039	2032	1257	1558	851	4387	2625	3258	1594	2107	5228	4638
1997	656	513	3324	1439	1050	1967	1238	1648	847	4389	2620	3322	1613	2121	5256	4820
1998	622	508	3367	1398	1050	1959	1131	1700	836	4390	2613	3379	1622	2094	5288	5000
1999	619	508	3322	1402	1057	1994	1120	1654	812	4391	2625	3399	1631	2089	5315	5205
2000	619	487	3385.71	1392	1062	2052	1164	1601	828	4418	2726	3451	1660	2061	5442	5572
2001	629	488	3409	1400	1067	2069	1167	1593	792	4436	2797	3463	1678	2055	5475	5517
2002	679	493	3435	1403	1086	2025	1187	1603	830	4473	2859	3501	1711	2131	5527	5522
2003	703	511	3470	1470	1005	2019	1203	1614	855	4500	2919	3545	1757	2168	5621	5536
2004	854	528	3517	1475	1026	2097	1222	1681	978	4537	2992	3605	1814	2214	5728	5587
2005	878	543	3569	1500	1041	2120	1239	1749	969	4579	3101	3670	1868	2277	5841	5662
2006	920	563	3610	1561	1051	2128	1251	1784	1005	4629	3172	3741	1950	2321	5960	5719

年份	北京	天津	河北	山西	内蒙古	辽宁	吉林	黑龙江	上海	江苏	浙江	安徽	福建	江西	山东	河南
2007	943	614	3665	1596	1082	2181	1266	1828	1024	4678	3405	3818	2015	2370	6081	5773
2008	981	647	3726	1614	1103	2198	1281	1852	1053	4701	3487	3916	2080	2405	6188	5835
2009	998	677	3792	1631	1142	2277	1297	1877	1064	4727	3592	3988	2169	2445	6294	5949
2010	1032	729	3855	1686	1185	2318	1312	1932	1091	4755	3636	4050	2242	2499	6402	6042
2011	1070	763	3962	1739	1249	2365	1338	1978	1104	4758	3674	4121	2460	2533	6486	6198
2012	1107	803	4086	1790	1305	2424	1356	2028	1116	4760	3691	4207	2569	2556	6554	6288

年份	湖北	湖南	广东	广西	海南	重庆	四川	贵州	云南	西藏	陕西	甘肃	青海	宁夏	新疆
1990	3040	3158	3118	2109	305	1569	4265	1652	1923	108	1576	1292	241	211	618
1991	3083	3222	3259	2171	318	1621	4425	1702	1990	110	1640	1302	245	219	639
1992	3119	3279	3367	2217	323	1663	4521	1739	2033	111	1672	1306	249	226	647
1993	3158	3346	3434	2275	333	1659	4557	1779	2072	112	1708	1418	253	229	656
1994	3197	3400	3493	2336	336	1730	4588	1828	2109	114	1720	1439	257	233	658
1995	3233	3467	3551	2383	335	1709	4619	1812	2149	115	1748	1483	262	241	676
1996	3276	3514	3641	2417	333	1687	4627	1783	2186	118	1776	1522	266	245	684
1997	3311	3560	3702	2454	342	1690	4641	1797	2224	120	1792	1530	270	257	715
1998	3328	3603	3784	2499	327	1687	4651	1844	2241	120	1788	1540	275	255	681
1999	3358	3601	3796	2515	327	1699	4654	1833	2244	124	1808	1489	279	272	694

续表

年份	湖北	湖南	广东	广西	海南	重庆	四川	贵州	云南	西藏	陕西	甘肃	青海	宁夏	新疆
2000	3385	3578	3989	2566	335	1661	4658	1866	2295	124	1813	1477	284	276	673
2001	3415	3608	4059	2578	338	1616	4665	2068	2323	126	1785	1489	286	279	685
2002	3443	3645	4134	2589	350	1552	4668	2106	2341	130	1874	1501	288	282	702
2003	3476	3695	4396	2601	360	1500	4684	2145	2353	133	1912	1511	290	291	721
2004	3507	3747	4682	2632	371	1471	4691	2186	2401	137	1941	1521	290	298	745
2005	3537	3801	5023	2703	379	1456	4702	2220	2461	144	1976	1391	291	300	792
2006	3564	3842	5177	2760	382	1455	4715	1953	2518	148	1986	1401	294	308	812
2007	3584	3883	5342	2769	400	1469	4731	1873	2574	158	2013	1415	299	310	830
2008	3607	3910	5472	2799	408	1492	4740	1867	2638	164	2039	1446	301	304	848
2009	3622	3935	5689	2849	425	1513	4757	1842	2685	169	2060	1489	303	329	866
2010	3645	3983	5870	2903	440	1540	4773	1771	2766	173	2074	1500	308	326	895
2011	3672	4005	5961	2936	459	1585	4785	1793	2857	186	2059	1500	309	340	953
2012	3687	4019	5966	2768	484	1633	4798	1826	2882	202	2061	1492	311	345	1010

资料来源：《中国统计年鉴》（1980～2013），数据由笔者整理得到。

附录 J

1990~2012 年全国 31 省市区技术 T 总量

年份	北京	天津	河北	山西	内蒙古	辽宁	吉林	黑龙江	上海	江苏	浙江	安徽	福建	江西	山东	河南
1990	2268	637	713	382	170	1786	621	660	924	1455	989	296	276	282	1273	621
1991	2369	607	918	380	153	1894	546	667	1025	1482	1217	255	277	300	1569	595
1992	3265	897	1252	481	242	2371	778	951	1215	2086	1577	351	352	428	2108	834
1993	5806	1698	2358	853	438	4302	1316	1971	2146	3757	2946	915	850	807	4019	1669
1994	3914	1064	1591	554	337	2715	918	1477	1451	2436	2028	597	733	507	2647	1267
1995	4025	1034	1580	569	415	2745	824	1403	1436	2413	2131	574	933	509	2861	1145
1996	3295	899	1526	521	326	2447	681	1201	1610	2578	2410	555	1196	495	2630	1241
1997	3327	940	1560	487	372	2624	679	1288	1886	2960	3167	637	1547	611	2907	1233
1998	3800	1042	2090	644	523	3162	1051	1517	2334	3787	4470	933	2318	765	4127	1803
1999	5829	1508	3011	920	723	4906	1550	2378	3665	6143	7071	1422	2934	1011	6536	2871
2000	5905	1611	2812	968	775	4842	1650	2252	4050	6432	7495	1482	3003	1072	6962	2766
2001	6246	1829	2791	1047	743	4448	1443	1870	5371	6158	8312	1278	3296	999	6725	2582
2002	1061	102	190	161	53	385	157	138	341	334	188	99	63	63	322	2590
2003	2261	241	275	276	80	644	233	229	880	626	429	139	137	97	580	256
2004	9005	2578	3407	1189	831	5749	2145	2809	10625	11330	15249	1607	4758	1169	9733	3318
2005	10100	3045	3585	1220	845	6195	2023	2906	12603	13580	19056	1939	5147	1361	10743	3748
2006	11238	4159	4131	1421	978	7399	2319	3622	16602	19352	30968	2235	6412	1536	15937	5242

续表

年份	北京	天津	河北	山西	内蒙古	辽宁	吉林	黑龙江	上海	江苏	浙江	安徽	福建	江西	山东	河南
2007	14954	5584	5358	1992	1313	9615	2855	4303	24481	31770	42069	3413	7761	2069	22821	6998
2008	17747	6790	5496	2279	1328	10665	2984	4574	24468	44438	52953	4346	7937	2295	26688	9133
2009	22921	7404	6839	3227	1494	12198	3275	5079	34913	87286	79945	8594	11282	2915	34513	11425
2010	33511	11006	10061	4752	2096	17093	4343	6780	48215	138382	114643	16012	18063	4349	51490	16539
2011	40888	13982	11119	4974	2262	19176	4920	12236	47960	199814	130190	32681	21857	5550	58843	19259
2012	50511	19782	15315	7196	3084	21223	5930	20268	51508	269944	188463	43321	30497	7985	75496	26791

年份	湖北	湖南	广东	广西	海南	重庆	四川	贵州	云南	西藏	陕西	甘肃	青海	宁夏	新疆
1990	721	1126	889	298	25	192	853	136	362	4	631	166	59	35	139
1991	671	1174	1348	347	32	226	1006	130	310	4	566	190	45	62	135
1992	744	1572	1708	414	39	294	1307	184	341	1	816	208	63	91	196
1993	1560	2766	4546	820	121	531	2356	315	686	3	1941	439	100	168	454
1994	1051	1620	3149	631	66	360	1600	248	439	3	1321	344	58	120	358
1995	1017	1515	4611	665	108	371	1648	274	569	2	1085	257	65	111	312
1996	998	1256	5273	646	69	357	1487	259	602	2	968	73	43	105	362
1997	1041	1333	7173	705	167	339	1505	337	692	6	946	73	56	84	328
1998	1265	1623	10707	853	239	612	1971	418	832	10	1129	349	62	96	462
1999	2228	2523	14328	1232	342	1078	2921	620	1185	14	1569	494	123	150	859

续表

年份	湖北	湖南	广东	广西	海南	重庆	四川	贵州	云南	西藏	陕西	甘肃	青海	宁夏	新疆
2000	2198	2555	15799	1191	320	1158	3218	710	1217	17	1462	493	117	224	717
2001	2204	2401	18259	1099	303	1197	3357	642	1347	22	1354	512	101	231	755
2002	2209	2347	22761	1054	199	1761	3403	615	1128	7	1524	397	85	216	627
2003	420	346	953	83	28	125	342	79	173	4	169	83	17	54	75
2004	3280	3281	31446	1272	278	3601	4430	737	1264	23	2007	514	70	293	792
2005	3860	3659	36894	1225	200	3591	4606	925	1381	44	1894	547	79	214	921
2006	4734	5608	43516	1442	248	4590	7138	1337	1637	81	2473	832	97	290	1187
2007	6616	5687	56451	1907	296	4994	9935	1727	2139	68	3451	1025	222	296	1534
2008	8374	6133	62031	2228	341	4820	13369	1728	2021	93	4392	1047	228	606	1493
2009	11357	8309	83621	2702	630	7501	20132	2084	2923	292	6087	1274	368	910	1866
2010	17362	13873	119343	3647	714	12080	32212	3086	3823	124	10034	1868	264	1081	2562
2011	19035	16064	128415	4402	765	15525	28446	3386	4199	142	11662	2383	538	613	2642
2012	24475	23212	153598	5900	1093	20364	42218	6059	5853	133	14908	3662	527	844	3439

资料来源:《中国统计年鉴》(1980~2013),数据由笔者整理得到。

参 考 文 献

[1] Anselin, Luc. Spatial Econometrics: Methods and Models [J]. *Boston: Kluwer Academic Publishers*, 1998.

[2] Anselin, Luc. Geographical Spillovers and University Research: A Spatial Econometrics Perspective, Growth and Change [J]. *Gatton College of Business and Economics*, University of Kentucky, 2004, 31 (4): 501 – 505.

[3] Scully: The Institutional Framework and Economic Development [J]. *Journal of Political Economy*, 1988 (3).

[4] Gwartney, J. Lawson, R. and Block. W.: Economic Freedom of the World, PB975 – 1995 [R]. *Vancouver: The Fraser Institute*, 1996.

[5] Hall, R. and Ch. Jones.: Why Do Some Countries Produce so much more Output Perworker than Others [J]. *The Quarterly Journal of Economics*, 1999.

[6] Chari, Kehoe, Mc Grattan.: The Poverty of Nations: A Quantitative Investigation [R]. Minneapolis: Federal Reserve Bank of Minneapolis, Research Department Staff Report 204, 1997.

[7] Barro: Notes on Growth Accounting [R]. Cambridge: National Bureau of Economic Research, Working Paper 6654, 1998.

[8] Feder J.: Fractals [M]. New York and London: Plenem Press, 1998.

[9] Grossman, G1M, Krueger, A1B.: Economic Growth and the Environment [J]. The Quarterly Journal of Economics, 1995 (2).

[10] Ying, Longgen: Understanding China's Recent Growth Experience: A Spatial Econometric Perspective [J]. *Annals of Regional Science*, 2003 (3).

［11］Elhorst, P.: Specification and Estimation of Spatial Panel Data Models［J］. *International Regional Sciences Review*, 2003（26）.

［12］LI Pei: Metropolitan Economic Growth and Spatial Dependence: Evidence from a Panel of China［J］. *China Economic Review*, 2008（2）.

［13］Victor Brajer, Robert W1 Mead, Feng Xiao: Searching for an Environmental Kuznets Curve in China's Air Pollution［J］. *China Economic Review*, 2011（3）.

［14］Gehendra Kharel: *Impacts of Urbanization on Environmental Resources: A Land Use Planning Perspective*［D］. Arlington: Univ. of Texas, 2010.

［15］Edward L.: Glaeser, Rafael LaPorta, Florencio Lopez – de – silanes. Andrei Shleifer. DoInstitutions Cause Growth?［J］. *Journal of Economic Growth*, 2004.

［16］Acemoglu, Daron: Simon Johnson and James Robinson. The Rise of Europe: Atlantic Trade, Institutional Change, and Economic Growth［J］. *American Economic Review*, 2005（3）.

［17］Brun, J. F., J. L. Combes and M. F. Renard. Are There Spillover Effects between the Coastal and Noncoastal Regions in China?［J］. *China Economic Review*, 2002（13）: 161 – 169.

［18］Groenewold, N., G. Lee and A. Chen. Regional Output Spillovers in China: Estimates from a VAR Model［J］. *Papers in Regional Science*, 2007（86）: 101 – 122.

［19］潘文卿:《中国的区域关联与经济增长的空间溢出效应》，载于《经济研究》2012 年第 1 期。

［20］吴玉鸣、徐建华:《中国区域经济增长集聚的空间统计分析》，载于《地理科学》2004 年第 6 期。

［21］青木昌彦著，周黎安译:《比较制度分析》，上海远东出版社 2001 年版。

［22］德布拉吉·瑞著，陶然译:《发展经济学》，北京大学出版社 2002 年版。

［23］巴罗著，李剑译:《经济增长的决定因素：跨国经验研究》，中国人民大学出版社 2004 年版。

［24］张可云著：《区域经济政策》，商务印书馆 2005 年版。

［25］谈儒勇：《中国金融发展和经济增长关系的实证研究》，载于《经济研究》2002 年第 3 期。

［26］蔡定萍：《浅析集体经济与经济增长的关系》，载于《江苏统计》2000 年第 12 期。

［27］白雪梅、赵松山：《我国对外开放与经济增长因果关系的实证研究》，载于《数量经济技术经济研究》1999 年第 11 期。

［28］曹顺霞：《我国非公有制经济的政策演变及其作用》，载于《广西社会科学》2002 年第 1 期。

［29］舒元、徐现祥：《中国经济增长模型设定：1952—1998》，载于《经济研究》2002 年第 11 期。

［30］李小宁：《经济增长的制度分析模型》，载于《数量经济技术经济研究》2005 年第 1 期。

［31］林毅夫、蔡昉、李周：《中国经济转型时期的地区差距分析》，载于《经济研究》1998 年第 6 期。

［32］沈坤荣、付文林：《中国的财政分权制度与地区经济增长》，载于《管理世界》2005 年第 1 期。

［33］严冀、陆铭、陈钊：《改革、政策的相互作用和经济增长——来自中国省级面板数据的证据》，载于《世界经济文汇》2005 年第 1 期。

［34］卢中原、胡鞍钢：《市场化改革对我国经济运行的影响》，载于《经济研究》1993 年第 6 期。

［35］江晓薇、宋红旭：《中国市场经济度的探索》，载于《管理世界》1995 年第 6 期。

［36］顾海兵：《中国经济市场化程度最新估计与预测》，载于《管理世界》1997 年第 2 期。

［37］金玉国：《1984—1995 年中国经济增长的宏观制度解析》，载于《统计研究》1998 年第 5 期。

［38］金玉国：《宏观制度对转型时期中国经济增长的贡献》，载于《财经科学》2001 年第 2 期。

［39］金玉国：《中国政治型交易费用的规模测算与成因分解——个基于分位数回归模型的实证研究》，载于《统计研究》2008 年第 12 期。

［40］金玉国：《国民经济市场化进程的统计评价与实证分析》，载于《中国软科学》2005 年第 32 期。

［41］樊纲、王小鲁、张立文、朱恒鹏：《中国各地区市场化相对进程报告》，载于《经济研究》2003 年第 3 期。

［42］樊纲、王小鲁：《中国市场化指数——各地区市场化相对进程 2004 年度报告》，经济科学出版社 2004 年版。

［43］樊纲、王小鲁、张立文：《中国各地区市场化进程 2000 年报告》，载于《国家行政学院学报》2001 年第 3 期。

［44］王立平、龙志和：《中国市场化与经济增长关系的实证分析》，载于《经济科学》2004 年第 2 期。

［45］汪锋、张宗益、康继军：《中国各地区的市场化进程对经济增长的影响》，载于《财经科学》2005 年第 6 期。

［46］王文博、陈昌兵、徐海燕：《包含制度的中国经济增长模型及实证分析》，载于《当代经济科学》2002 年第 2 期。

［47］刘文革、高伟、张苏：《制度的度量与中国经济增长——基于中国 1952—2006 年数据的实证分析》，载于《经济学家》2008 年第 6 期。

［48］孙浩：《制度与中国经济增长》，华中科技大学论文，2009 年。

［49］周达、刘瑞：《中国宏观调控的调控区域划分研究》，载于《中国工程经济》2009 年第 4 期。

［50］税常峰、董焰：《交通视角下中国区域划分的模糊聚类分析》，载于《北京交通大学学报》2012 年第 6 期。

［51］陈晓红、王玉娟、万鲁河、解瑞峰：《基于层次聚类分析东北地区生态农业区划研究》，载于《经济地理》2012 年第 1 期。

［52］刘红、唐元虎：《现代经济增长：一个制度作为内生变量的模型》，载于《预测》2001 年第 1 期。

［53］曹阳：《区域经济发展的差异性与制度发展的非均衡》，载于《经济学家》2001 年第 4 期。

［54］胡乃武、闫衍：《中国经济增长区际差异的制度解析》，载于《经济理论与经济管理》1998 年第 1 期。

［55］王文博、陈昌兵、徐海燕：《包含制度的中国经济增长模型及实证分析》，载于《当代经济科学》2002 年第 2 期。

［56］孙斌栋、王颖：《制度与区域经济增长——中国实证分析》，

载于《上海经济研究》2007年第12期。

[57] 何春杰：《制度对区域经济增长影响的实证分析》，载于《生产力研究》2003年第4期。

[58] 张光南、李军：《制度、最优政府规模与经济增长》，载于《统计研究》2008年第3期。

[59] 蒲小川：《制度与区域经济发展差异——基于面板数据的实证分析》，载于《世界经济情况》2007年第10期。

[60] 张新杰：《中国区域经济发展与制度创新的实证研究》，载于《经济理论与经济管理》2009年第1期。

[61] 吴玉鸣、徐建华：《中国区域经济增长集聚的空间统计分析》，载于《地理科学》2004年第6期。

[62] 吴玉鸣：《中国区域经济发展差异收敛的非线性分形分析》，载于《南都学坛》2004年第5期。

[63] 卢中原、胡鞍钢：《市场化改革对我国经济运行的影响》，载于《经济研究》1993年第12期。

[64] 傅晓霞、吴利学：《制度对中国经济增长贡献的实证分析》，载于《南开经济研究》2002年第4期。

[65] 胡晓珍：《制度创新作用于经济增长的途径及其量化研究》，华中科技大学论文，2010年。

[66] 雷韵、谢里、罗能生：《制度与经济增长：基于中国数据的经验研究》，载于《统计与决策》2012年第16期。

[67] 邓庆远：《影响我国区域经济差异的政府宏观调控与制度创新因素》，载于《经济经纬》2005年第4期。

[68] 杨开忠：《中国区域经济差异变动研究》，载于《经济研究》1994年第12期。

[69] 魏后凯：《跨世纪我国区域经济发展与制度创新》，载于《财经问题研究》1998年第12期。

[70] 张军、吴桂英、张吉鹏：《中国省际物质资本存量估算：1952—2000》，载于《经济研究》2004年第10期。

[71] 魏后凯：《外商直接投资对中国区域经济增长的影响》，载于《经济研究》2002年第4期。

[72] 林毅夫：《中国的经济发展战略与地区收入差距》，载于《经

济研究》2003 年第 3 期。

[73] 康继军：《中国转型期的制度变迁与经济增长》，重庆大学论文，2006 年。

[74] 蒲小川：《中国区域经济发展差异的制度因素研究》，复旦大学论文，2007 年。

[75] 张馨之：《中国区域经济不平衡发展的空间分析》，华南理工大学论文，2006 年。

[76] 代琳琳：《制度变迁与经济增长——基于开封市数据的实证检验》，河南大学论文，2008 年。

[77] 牟芳华：《山东省经济区域划分及区域经济差距的测度分析》，载于《山东社会科学》2006 年第 7 期。

[78] 张继红、吴玉鸣、何建坤：《专利创新与区域经济增长关联机制的空间计量经济分析》，载于《科学学与科学技术管理》2007 年第 1 期。

[79] 吴玉鸣：《空间计量经济模型在省域研发与创新中的应用研究》，载于《数量经济技术经济研究》2006 年第 5 期。

[80] 杨友才：《引入制度因素的经济增长模型与实证研究》，山东大学，2009 年。

[81] 杨冬梅：《区域经济差异趋势研究收敛抑或发散——基于山东区域经济差异的实证分析》，载于《山东社会科学》2010 年第 3 期。

[82] 刘长鑫：《中国区域经济发展差异中的制度因素分析》，载于《内蒙古农业大学学报（社会科学版）》2011 年第 4 期。

[83] 高远东：《中国区域经济增长的空间计量研究》，重庆大学论文，2011 年。

[84] 季民河、武占云、姜磊：《空间面板数据模型设定问题分析》，载于《统计与信息论坛》2011 年第 6 期。

[85] 彭文慧：《社会资本与我国区域经济增长趋同的空间计量经济学研究》，华中科技大学论文，2012 年。

[86] 郭文：《人力资本与我国区域经济收敛性研究》，厦门大学论文，2012 年。

[87] 刘玉博：《河南省区域创新能力及其空间收敛性分析》，郑州大学论文，2012 年。

［88］胡健、焦兵：《空间计量经济学理论体系的解析及其展望》，载于《统计与信息论坛》2012 年第 1 期。

［89］邓向荣、刘文强：《金融集聚对产业结构升级作用的实证分析》，载于《南京社会科学》2013 年第 10 期。

［90］万道侠、杨冬梅：《制度对区域经济增长影响的综述》，载于《对外经贸》2013 年第 8 期。

［91］万道侠、杨冬梅：《中国区域经济差异的测度及预测》，载于《广西财经学院学报》2014 年第 1 期。

［92］杨冬梅、万道侠：《产业结构、城市化与环境污染——基于山东的实证研究》，载于《经济与管理评论》2014 年第 2 期。

［93］杨冬梅、万道侠、金戈、张静：《我国区域生产效率的差异性研究》，载于《山东财经大学学报》2015 年第 3 期。

［94］曲顺兰：《高新技术企业自主创新能力再造策略研究——基于企业、市场与政府的视角》，经济科学出版社 2014 年版。

［95］陈斐：《区域空间经济关联模式分析——理论与实证研究》，中国社会科学出版社 2008 年版。

［96］杨冬梅、万道侠：《影响我国区域经济增长的制度要素解读》，载于《理论学刊》2017 年第 1 期。

［97］杨冬梅、万道侠、王琳：《制度要素、空间溢出与区域经济增长——基于空间面板数据模型分析》，载于《山东社会科学》2016 年第 12 期。

［98］茹少峰：《宏观经济模型及应用》，科学出版社 2014 年版。

后　　记

　　本书是在笔者主持的国家社会科学基金项目《我国区域经济增长的制度影响与空间计量研究》最终成果与教育部人文社会科学研究项目《我国区域经济差异的制度考量与实证研究》最终成果的基础上形成的。

　　区域经济发展差异研究是一项综合性系统工程，内涵丰富，涉及面广，政策性强。本书作者限于自身能力，以及由于时间紧、教学科研任务重等原因，对有些问题未能展开深入探讨，加之统计资料和其他一些主客观条件的限制，势必也会对分析结论的准确性造成一定影响，因而可能会导致本书研究存在不当或错讹之处，敬请各位专家同仁不吝赐教。我们今后将继续密切关注区域经济发展理论前沿和我国区域经济发展实践，以求进一步改进我们的研究。

　　在本书的研究过程中，我们得到了山东省政策研究室、山东省教育厅、山东大学经济研究院、山东财经大学领导及专家的热忱指导，得到了山东财经大学科研处、统计学院、经济学院、数学与数量经济学院等部门专家学者的鼎力帮助，在此一并表示感谢。

杨冬梅

2017 年 7 月